李志清作品

李志清作品

張愛玲在香港

吳邦謀 著

商務印書館

責任編輯　林雪伶　朱嘉敏
裝幀設計　Sands Design Workshop
排　　版　周　榮
印　　務　龍寶祺

張愛玲在香港

作　　者　吳邦謀
出　　版　商務印書館（香港）有限公司
　　　　　香港筲箕灣耀興道 3 號東滙廣場 8 樓
　　　　　http://www.commercialpress.com.hk
發　　行　香港聯合書刊物流有限公司
　　　　　香港新界荃灣德士古道 220–248 號荃灣工業中心 16 樓
印　　刷　金杯印刷有限公司
　　　　　九龍觀塘海濱道 177 號海裕工業中心 6 樓
版　　次　2025 年 7 月第 1 版第 1 次印刷

　　　　　ISBN 978 962 07 4726 7
　　　　　ISBN 978 962 07 4753 3（精裝）
　　　　　Printed in China

序一

吳邦謀先生的《張愛玲在香港》，是其《尋覓張愛玲》的續篇，兩書前後相隔五年，分別為張愛玲辭世廿五及三十週年的紀念。自上世紀八十年代，有關張愛玲的研究已成顯學，有關的分析珠玉紛陳。當中邦謀先生「從物及人及文」的研究進路可謂別樹一幟，在張愛玲研究中有其不可取代的地位。這種從物出發的研究進路，我稱之為「藏品研究」。

「藏品研究」跟佚文勾沉有密切的連繫，唯其範圍比佚文勾沉更廣，重點亦稍有不同。佚文勾沉從「散佚」的角度出發，強調缺塊跟完整圖景之間的連繫，代表學者自然是陳子善教授。子善教授潛心勾沉張愛玲的佚文，著有《說不盡的張愛玲》、《看張及其他》、《研讀張愛玲長短錄》和《沉香譚屑 —— 張愛玲生平和創作考釋》等專書，對理解張愛玲的創作脈絡和還原歷史情境貢獻深遠。子善教授在研究界有「張愛玲未忘人」的尊稱，其實其佚文勾沉除張愛玲外，還及於郁達夫、梁實秋和徐志摩等，皆以作家為研究中心，對象讀者多為研究者和文學愛好者。

相對於佚文勾沉，「藏品研究」更着眼物品的收藏和藏品的物質肌理。邦謀先生是一位收藏家，會上天下地搜羅收購跟研究課題相關的物品，包括著作、畫作、照版、報刊、雜誌、廣告和戲橋場刊等。關於張愛玲在 1932 年發表於聖瑪利亞女校（St. Mary's Hall）年刊《鳳藻》(The Phoenix) 第 12 期的處女作〈不幸的她〉，子善教授在 1995 年談到時重點在於張愛玲對女性心理和命運的關注，邦謀先生則在《尋覓張愛玲》交代此刊現存只兩本，一本由其收藏，另一本存於上海市檔案館。談到 1954 年今日世界社發行的初版的《秧歌》，邦謀先生會告訴讀者手上版本的上任收藏家是誰、內頁又蓋上了怎樣的鈐印。

邦謀先生這種對藏品物質性的關注，為其研究帶來了一種質實的歷史感和社會性。邦謀先生是一位工程師，任職於香港國際機場。我最初知道他的名字，是因為他的啟德機場研究，那時候他還沒有開始發表關於張愛玲的文章。邦謀先生在著作和演講的個人簡介，通常會先列出最近期的著作，唯如按出版年份來開列，會在其著述的書名看到這樣的一個脈絡：《從啓德出發》(2007)、《再看啟德．從日佔時期說起》(2009)、《說航空．論飛機》(2011)、《香港航空 125 年》(2015)、《回到啟德：從收藏品看香港航空史》(2017)。這種從「出發」、「再看」進深到物理飛機模型、非物質航空文明和百年航空史的進路，很能說明以收藏品為方法的讀史方式。當中的「再看」、「重到」，都跟張愛玲研究中的「再讀」(《再讀張愛玲》)、「重探」(《張愛玲學重探》) 和「重訪」(《重訪張愛玲》) 相呼應。

邦謀先生在《尋覓張愛玲》的〈前記：摩擦力與小說〉曾把摩擦力 (friction) 和小說 (fiction) 聯想在一起。摩擦力就是一個物體在另一個物體表面上滑動時，這兩個物體在接觸面上所產生的阻力。文學其實也構成了生活中的摩擦力，因為文學的本質，就是要人在日常生活中慢下來，細意感知和體會生命。作為一位熱愛文學的工程師和收藏家，邦謀先生很樂意在書裏向讀者分享他閱讀文本的心得。是以他的書在重視藏品物質性的同時，總有種平易近人的文藝氣息。有關張愛玲的故事或「物語」娓娓道來，令讀者可以安心走進文學的世界。

陳子善教授在《尋覓張愛玲》的序中說，該書「是一本別致的張愛玲簡傳，由簡練明快的文字與豐富生動的圖像資料組成的一部圖文並茂、相得益彰的張愛玲簡傳」。如果說《尋覓張愛玲》代表着一種藉着藏品向大眾讀者介紹張愛玲的熱情，這本續篇《張愛玲在香港》便代表着一個聚焦的專題，藉着藏品把話題延展。「在香港」的，不止是張愛玲，還有邦謀先生。他藉着香港的地緣，整理出一條以香港為焦點的討論線索。本書其中一個亮點，是蘭心照相館地址的發現。大家都知道張愛玲 1954 年的揚眉女子照拍於香港蘭心照相館，但這個照相館到底在哪裏、跟上世紀四十年代上海福煦路的蘭心照相館是否有關，長期是一個謎，直到邦謀先生在 2024 年查考到香港蘭心攝影公司的中英文名稱和地址。因《華僑日報》曾是我的研究課題，是以看到邦謀先生引用 1954 年《華僑日報》有關香港蘭心照相館開幕的報導，尤為驚喜。

本書第一章「影視流光」討論張愛玲的香港影劇改編，是筆者一直關注的議題。香港是首個改編張愛玲作品的地方，筆者在撰寫拙作《重訪張愛玲：改編 · 翻譯 · 研究》時，曾嘗試查找此劇，唯其已失傳，現存資料僅演員名單、劇照和網上的歌曲〈泣相思〉。邦謀先生收藏了該劇的黑膠大碟唱片，非常珍貴。這張唱片由新加坡凱旋唱片公司出品、香港總代理文志唱片發行，可見當時香港跟南洋的連繫。

書中「影視流光」這一章，以張愛玲作品的改編貫串，交織出一幅豐富的文化流動圖景。章中論述的改編涉及不同的類型和文類，包括張愛玲自行把小說〈傾城之戀〉改編為舞台劇、把電影劇本《不了情》改寫為小說〈多少恨〉，以至其他編導把張愛玲的小說改編為電影和電視劇。邦謀先生在本書首次介紹所藏的 1944 年張愛玲〈傾城之戀〉舞台劇本，這是極為重要的研究材料，希望日後有機會細讀。至於其他編導的張愛玲改編，章中對改編者以至相關的電台和電影公司皆有深入淺出的介紹，為讀者提供了理解張愛玲研究和香港廣播史的社會文化脈絡。

提到本書首度曝光的資料，我最感興趣的並非張愛玲 1944 年《傳奇》初版簽名本上的英文簽名 "Eileen"，而是她在 1933 年發表於聖瑪利亞女校年刊《鳳藻》的英文作品 "Something About Our Lady Moon"（關於我們的月亮女神），相信這篇少作可以加深我們對早期張愛玲的理解。至於 1966 年原刊於香港《星島晚報》的十多篇《怨女》小說初稿，大概亦會引起關注和迴響。邦謀先生在本書自序提到許鞍華《半生緣》1997 年的電影首映慈善戲票，這場首映背後的故事很有趣，可以連着「從張愛玲到張國榮」一節來讀，展開一種喬琪喬誤入《半生緣》的想像。

邦謀先生的研究，啟於啟德，愛及愛玲，此中因緣，實為文學研究者之幸。收藏家與學者各有追求，本可動如參商。我作為讀者，當初讀到邦謀先生的啟德研究，也沒想過要認識作者。2020

愛玲年，祖師奶奶百年誕辰，我有幸跟邦謀先生同時接受報刊的訪問，才成為未有謀面的網友。今年三月八日女神節，一本讀書會和文化沙龍在油麻地中華書局舉辦題為「何以女生？What a Girl's Life! —— 重覓張愛玲的成長故事」的講座，由張彧博士主持，邦謀先生、黃峪博士和我擔任講者，我才得以跟這位傳說中一擲千金的神秘收藏家會面。邦謀先生的講題是「收藏張愛玲」，當天他戴着黑框眼鏡，穿着學院風西裝褸，充滿熱情地為大家講解張愛玲的出生日期和作品封面。書局的二樓人來人往，好些讀者停下腳步，得以看到邦謀先生隨手拿出價值不菲的各種珍貴版本。

演講後主持人邀請講者到書店旁的咖啡店談天，邦謀先生告訴我，他跟學界其實連繫不多。這一點令我覺得很奇怪，收藏家熱心搜集資料，學者需要資料支持論述，兩者原應是好友。其後我在邦謀先生的臉書上讀到「喬風隨筆第489篇」，記述了當天講座的點滴。隨筆的最後部分，提到我在講座談及〈紅玫瑰與白玫瑰〉中嬌蕊在電車重遇振保時，對他說了一句「你是這裏下車罷？」可能因為那天是三八國際婦女節，嬌蕊那個「除了男人之外總還有別的」的領悟和那句似的逐客的「你是這裏下車罷？」的逐客令，讓聽眾生出了莫大的共鳴。人生路上，並不是每個人都會陪伴我們到沼底站，我們不必問神「為何任我身邊愛人，離棄了我下了車，你怎可答允」。總有人上車，也總有人下車。曾遇過不止一位研究張愛玲的朋友，說在有生之年會一直做張愛玲的研究，令我想到〈早班火車〉的「願永不分散，祈求路軌當中，永沒有終站」。在研究的路上，但願我們都有自己的堅持，都會遇到新朋友、新的同路人。

誠意向大家推薦邦謀先生的《張愛玲在香港》，盼望大家在文學閱讀的路上得到共鳴，在研究的旅途得以收藏種種賞心悅目的風景。

何杏楓

何杏楓
香港中文大學中國語言及文學系教授、中國研究中心主任

2025 年 6 月 16 日

序 二

讀《張愛玲在香港》，就像經歷一場跨越時空的文化之旅，它不僅是對張愛玲文學生命的深情回望，更是對香港這座城市文化記憶的細緻梳理。吳邦謀先生以其獨特的收藏家眼光與學者的嚴謹態度，將張愛玲的文學軌跡、個人經歷與香港的歷史風貌緊密交織，呈現出一部兼具歷史意義與閱讀趣味的著作。

張愛玲與香港的緣分，始於 1939 年她負笈香港大學的求學歲月。這段經歷不僅塑造了她的世界觀，更成為她文學創作的重要源泉。在日軍炮火下的香港，她親歷了戰爭的殘酷與人性的複雜，這些體驗後來化為《傾城之戀》中白流蘇與范柳原的亂世愛情，以及《沉香屑 —— 第一爐香》裏葛薇龍在殖民地上流社會的沉淪與覺醒。香港於她而言，既是避風港，也是觀察人性與時代的絕佳舞台。

本書以豐富的史料與藏品，重現了張愛玲與香港的多重連結。其中特別珍貴的是 1944 年《傳奇》初版簽名本，上有她早期的英文簽名「Eileen」，這不僅是收藏界的瑰寶，更見證了她從香港返回上海後在文壇的崛起。此外，書中收錄的 1943 年《紫羅蘭》雜誌原刊《沉香屑 —— 第一爐香》，讓我們得以窺見她初登文壇時的驚人才華；而 1976 年麗的電視劇《半生緣》的黑膠唱片、1997 年許鞍華電影《半生緣》的首映戲票等，則記錄了她的作品如何在影視改編中獲得新生。

吳邦謀先生對張愛玲的研究不僅停留在文本層面，更深入探討了她的創作與香港社會的互動。例如，書中詳細分析了《傾城之戀》從小說到舞台劇、電影的改編歷程。1944 年，張愛玲親自將小說改編為舞台劇，在上海新光大戲院連演 80 場，盛況空前；1984 年，許鞍華導演將這個作品搬上銀幕，周潤發與繆騫人演繹的范柳原與白流蘇，開創了張愛玲作品影視化的新篇章。這些改編背後的故事，不僅展現了張愛玲文學的持久魅力，也折射出不同時代對她作品的解讀與再創造。

書中還揭示了許多鮮為人知的細節。比如，張愛玲在上海聖瑪利亞女子中學期間的英文作品《Something About Our Lady Moon》，展現了她早年的英文寫作才華；而 1966 年香港《星島晚報》連載的《怨女》初稿，則讓我們看到她在創作過程中的思考與調整。這些珍貴的文獻，為研究張愛玲的學者提供了新的線索，也讓普通讀者能更貼近她的創作世界。

在「影視流光」一章中，梳理了張愛玲作品在影視界的深遠影響。從 1947 年她編劇的首部電影《不了情》，到 1957 年為國際電影公司撰寫的《情場如戰場》(由亞洲影后林黛主演)，再到 1997 年許鞍華執導的《半生緣》，她的故事總能跨越媒介，觸動不同時代的觀眾。特別有趣的是，書中提及 1984 年電視劇《儂本多情》如何從《第一爐香》中汲取靈感，張國榮飾演的詹時雨與商天娥飾演的莫笑儂，演繹了一段充滿張愛玲風格的愛恨糾葛。

「人生兩憶 —— 記憶與回憶」是本書的點睛之筆。吳邦謀先生透過老照片、手稿與收藏品，探討了張愛玲如何以文字對抗時間的流逝。無論是張愛玲在蘭心照相館留下的身影，還是香港淺水灣酒店的老照片，這些影像與張愛玲筆下的文字相互映照，形成一種跨越時空的對話。正如張愛玲在《半生緣》中所寫：「日子過得真快，尤其對於中年以後的人，十年八年都好像是指顧間的事。可是對於年輕人，三年五載就可以是一生一世。」這種對時間的敏感與對記憶的執著，正是她文學魅力的核心。

《張愛玲在香港》不僅是一部傳記或研究文集，更是一場文化尋蹤之旅。它邀請讀者跟隨張愛玲的足跡，從港大的教室到淺水灣的酒店，感受她如何在動盪的時代中堅持創作的純粹。吳邦謀先生的文字兼有文史研究者和收藏家的熱情，讓這本書成為張愛玲愛好者與研究者的必讀之作。

在張愛玲逝世三十週年之際，這本書的出版別具意義。它提醒我們，真正的文學經典從不會被時間埋沒，反而會在不斷的閱讀與詮釋中煥發新的生命力。願讀者能透過本書，重新發現張愛玲文字的鋒芒與溫度，並在記憶與回憶的交織中，找到屬於自己的共鳴。

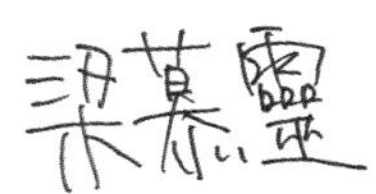

梁慕靈
香港都會大學人文社會科學院副院長
2025 年 5 月 30 日

序 三

記得去年暮春時節，從深圳北出發乘坐 10 個多小時的高鐵，目的地就是天津。繼之前去上海，這次也是一場「張愛玲之旅」。

雖則小女子也曾踏遍中國大好河山，但委實天津是第一次踏足的，也是錯誤地有些小覷了，細味之下，天津的文化、歷史底蘊太吸引了！當然，這次來天津，是衝着「張愛玲故居」的吸引力而來的。

當天一大清早，頂着只有五六度的冷空氣，來到和平區赤峰道 83 號，「張愛玲舊居」赫赫五個大字，當然是打卡為快了。看着這座民初小樓，滿滿的歷史感，卻又添加了濃濃的文青情懷。

我們坐在小樓高樓底客廳裏，一面品嚐着自選的精品咖啡，一面沉浸在民國的歷史氛圍：陳舊狹窄的木樓梯、鋼琴、絨布沙發、酸枝座椅、懷舊地燈、地磚等等，在在能撩起無盡的懷緬、思憶。

當然，不容錯過的，小樓也提供了許多不同款式民初服裝，包括各款旗袍給美女們沉浸式拍照，攝影師、打燈師傅也是挺用心地指導，如何擺出名士淑女的甫士，照片出來的效果，也是叫人十分滿意的。

寥寥數筆，襯托一下，邦謀兄的心血新作《張愛玲在香港》。祝願一紙風行，洛陽紙貴！

康妮・虞

2025 年 2 月 22 日

序 四

一切盡是懷緬　過去歷史的回憶
唯獨留下一處　所屬童年的往事
開創作家之路　成為一代的才女

她就是眾所周知、著名鼎鼎的文學界才女 —— 張愛玲！

我首次以遊客身分踏足天津赤峰道 83 號，進入了一間樓高三層，設有露台之「愛玲故事」咖啡廳。那一刻，穿上了一套中式旗袍的我，緩步走過位於地下層的咖啡廳，靜心坐下，細味品嚐一杯熱騰騰的咖啡，同時翻開一頁又一頁愛玲的書籍，感受她童年時的生活經歷，以及於天津舊居所留下的一事一物。過去的回憶，一一記載於典藏內。我耐心咀嚼每一頁文字，一個不留神走進了張愛玲的文字世界，回到 1922 年時的天津赤峰道 83 號……

眼前一片矇矇矓矓的景象，四周擺設尤為整齊乾淨，安置井然有序，如古色古香的傢具、傳統傢俬裝置、老古董、舊式鋼琴等。霎時，耳內傳出了一首首當時經典懷舊金曲，原來音樂是由來自一部古老留聲機，既動聽又令人回味。當我走到房間第一層時，聽到嘀嘀嗟嗟的打字聲音，彷彿看到張愛玲童年時的背影。再往前繼續走着，打開她的房間時，卻發現桌上只有一部冷冰冰的打字機，她就如泡沫一樣，瞬間消失得無影無蹤。我恨不得找到她，一邊走着一邊呼喚她的名字。驀然，感到一股強大的力量按着我肩膀，原來是我的同行者。

剛才的夢境疑幻似真，離開了愛玲咖啡廳後，她的背影又再次浮現於我的腦海。這趟旅程帶給我難忘的體驗與回憶，讓我依依不捨又刻骨銘心，決心繼續尋覓張愛玲！

在此，祝願吳邦謀先生的新書出版一紙風行！名揚四海！

凱程

吳凱程

2025 年 2 月 13 日

自序

2025年，正值張愛玲誕辰105週年、逝世30週年，華語文學界將再次掀起一股「張學」熱潮。這位以《金鎖記》《第一爐香》《傾城之戀》《紅玫瑰與白玫瑰》等作品影響數代讀者的文學界「祖師奶奶」，其生平與創作始終散發着迷人的魅力。值此紀念之際，筆者繼《尋覓張愛玲》後，再推出聚焦張愛玲香港歲月的全新作品——《張愛玲在香港》，透過數百件首次公開的珍貴藏品，為讀者揭開這位文學巨匠與東方之珠之間鮮為人知的文化姻緣。

《張愛玲在香港》最引人矚目的特色，在於其呈現的大量第一手珍貴文獻。筆者二十多年來，從全球各地搜集整理數百件與張愛玲相關的實物資料，其中不少是首次面世的稀有藏品，其中包括1944年《傳奇》初版簽名本（含張愛玲最早英文簽名）、1943年上海《紫羅蘭》雜誌原刊的《沉香屑·第一爐香》與《沉香屑·第二爐香》、1944年首度編劇的《傾城之戀》舞台劇本事、1976年麗的電視《半生緣》黑膠唱片，以及1997年許鞍華執導電影《半生緣》的首映慈善戲票等。

此外，特別值得文學界關注的是書中收錄的數件新發現文獻：1933年聖瑪利亞女校年刊《鳳藻》中張愛玲的英文作品〈Something About Our Lady Moon〉，是其現存早期的英文創作之一；1966年香港《星島晚報》連載的《怨女》初稿，為研究該小說的創作過程提供了珍貴文本；而 1986 年柯靈致桑弧的信件，更是提供《哀樂中年》編劇爭議的關鍵性文獻。這批文獻的系統性整理與刊佈，不僅填補了張愛玲研究領域的多項空白，更從實物文獻的角度，立體呈現了張愛玲文學創作的發展軌跡及其作品在不同歷史時期、不同藝術媒介中的傳播與接受過程。每一件藏品都是張愛玲文學版圖上不可或缺的拼圖，共同構成了理解這位文學大家創作全貌的重要依據。

《張愛玲在香港》在內容呈現上追求學術性與藝術性的完美結合，著名畫家李志清再次受邀為本書創作封面及插圖。其獨特的水墨風格將生動再現 1950 年代香港的城市風貌與張愛玲的生活場景。插畫中將巧妙融入張愛玲小說中的經典意象，如旗袍、街道、電車、月亮等元素。每件重要藏品都配有詳細的說明與歷史背景介紹，使讀者能夠深入瞭解其文化價值。通過那些被重新發現的文字與圖像，讀者將得以穿越時空，親歷張愛玲與香港這座城市深刻而微妙的文化對話。

本書得以順利出版，實有賴各方賢達的鼎力襄助。蒙著名畫家李志清先生惠賜墨寶，為本書增色添彩；香港中文大學中國語言及文學系教授、中國研究中心主任何杏楓教授，以及香港都會大學人文社會科學院梁慕靈副院長撥冗賜序，增添學術分量；上海畫家陸毅女士慷慨授權畫作使用，為本書增色；商務印書館總編輯毛永波先生、編輯出版部副經理林雪伶小姐及其團隊對出版及設計事宜給予專業指導。特別感謝愛妻淑貞與女兒凱程的全力支持，使我能專注完成此一著作。正是諸位師友親朋的襄助，方使本書得以以更臻完善的面貌問世。謹此致以最誠摯的謝意。

邦謀

吳邦謀

2025 年 5 月 25 日

前記　人生兩憶

人生在世，不管是大富豪，抑或是窮光蛋，活到最後都最小擁有「兩憶」，一個是記憶，另一個是回憶。回憶來自於難忘的記憶，有美好、有難堪、有歡笑、有悲哀、有成功、有失敗、有振奮、有失落等等。但大部分人都樂於回憶以前的美好光陰，想起當年怎樣風光、怎樣美好，怎樣成功！至於痛苦的感受、離別的情緒、失敗的悲傷，大多數人們就不欲牢記，但一些刻骨銘心的經歷，不管是怎樣也忘不掉了。所以，回憶可以選擇，記憶則難以自主，但記憶力隨着光陰及年歲增長而逐漸衰退，從而回憶以往事物便變得朦糊，變得不清。

要留住那份以往經歷及回憶，其中相機及照片的發明要記一功，將重要一刻的場面及人們當時的喜、怒、哀、樂的面容全都拍攝下來，把以往歷史的真實一面透過照片可以留住，正所謂「有相有真相」！例如張愛玲於「蘭心攝影公司」拍過的叉腰半身照，大多數看過她的芳容及姿勢，反而張愛玲時常提及的蘭心照相館的模樣少之又少，今次蘭心正門的舊照發現（見〈張愛玲與蘭心照相館〉一文），將這神祕的面紗揭開。

除了老照片外，收藏品更能傳承文化的歷史及藝術，肩負了史實証據的重責。我們可以從手稿、簽名本、舊書、舊雜誌、廣告及其他文獻等，近距離感受作者的文化底蘊，欣賞作者的美文佳句，更像構成一種跨越時空的對話，隱約聽見作者的聲音，以及背後歷史的迴響。例如作者收藏的 1942 年出版的張愛玲《傳奇》簽名本，從其手寫英文簽名 Eileen 的字跡瀟灑自如，筆鋒乾脆俐落，相信她對《傳奇》的銷售充滿信心，而從實體《傳奇》的封面設計及顏色選用，可以知道張愛玲當時的喜好及選擇。

香港，這座張愛玲筆下華麗而蒼涼的邊城，曾是她文學創作的重要驛站。她雖旅居香江先後三個短暫時期，即 1939 至 1942 年、1952 至 1955 年，以及 1961 至 1962 年，卻孕育出她創作生涯中最重要的轉折，更留下不可磨滅的記憶。張愛玲於三十至四十年代初在港大求學，戰火中斷了她的學業，卻點燃了創作的星火。五十至六十年代的另兩次駐足，完成了小說《秧歌》《赤地之戀》，以及中譯本《老人與海》《小鹿》《愛默森選集》等作品，刻下她在香港文學寫作的印記。淺水灣的美景、灣仔的熱鬧、半山的華貴大宅，經由她敏銳的觀察與獨特的筆觸，化為張愛玲小說中重要的景物。她若缺了這段邊城日子，筆下的故事將失去最動人的那一抹光影——既華麗又蒼涼，既喧囂又孤獨，恰如這座城市本身的氣質。

香港塑造了張愛玲，張愛玲也重塑了香港的文學世界。正如她在《傾城之戀》中所寫：「香港的陷落成全了她。」這座城市的繁華與滄桑，恰是她作品最好的注腳。香港的日與夜，在張愛玲筆下交織成一幅幅動人的文學景像。香港這座城也因她的書寫而獲得了超越時空的文學生命。收藏者具有歷史傳承及藏品守護的行為，為現代和未來留下可堪品味的過去。適逢 2025 年是張愛玲 105 歲壽辰，亦是她逝世 30 週年，筆者希望藉這三十八篇拙文及超過三百多件收藏品來紀念一代作家張愛玲。

《張愛玲在香港》通過珍貴文獻與藏品，重現這段相生相成的文學姻緣。謹以本書，獻給所有珍視香港文化記憶、熱愛張愛玲文學世界的讀者。願這些承載着張愛玲留下的文字與筆觸，能帶您穿越時空，感受她那段永不褪色的香江歲月。

李志清作品

目　錄

第二章　書話墨香

第三章　珍藏發現

第四章　愛玲往事

李志清作品

李志清作品

第一章

影視流光

張愛玲與電影

張愛玲不獨她的小說與散文聞名於世，其電影劇本的創作亦深受廣大讀者的讚賞及喜愛，展現了她在文學之外對電影世界的個人看法及感想，並將小說的故事及描述融入電影的情節中，將筆下的男女人物像白流蘇、范柳原、顧曼楨、沈世鈞、顧曼璐、祝鴻才、王佳芝、易先生、葛薇龍、喬琪喬、王嬌蕊、孟煙鸝、佟振保等，活現在銀幕之上，出現在你和我之間。張愛玲出色的小說曾多次被改編成影視作品或搬上大銀幕及舞台劇，而為人所知，作品包括《傾城之戀》、《半生緣》、《第一爐香》、《色戒》、《紅玫瑰與白玫瑰》、《不了情》、《太太萬歲》、《情場如戰場》、《金鎖記》、《怨女》、《南北一家親》等。

電影迷

張子靜回憶他的姊姊張愛玲在求學時期，除了愛看電影，更喜歡中外電影明星，包括中國影星阮玲玉、石揮、上官雲珠、陳燕燕、談瑛、蔣天流、藍馬、趙丹、顧蘭君等，外國影星則有奇勒基寶、慧雲李、賈利古柏（Gary Cooper）、瓊克勞馥（Joan Crawford）等。張愛玲牀頭亦經常放有美國荷里活電影雜誌如《Movie Star》、《Screen Play》等。1944 年 9 月，上海正值孤島時期，張子靜與友人出版了文藝刊物《飆》創刊號，在《飆》中刊有張愛玲所畫的一幅「無國籍的女人」素描畫及張子靜所作的〈我的姐姐張愛玲〉，內文寫有：「一回我們許多人到杭州去玩，剛到的第二天，她（張愛玲）看報上登着上海電影院的廣告——談瑛做的《風》，就非要當天回上海來看不可。大家夥怎樣挽留也沒有用，結果只好由我陪她回來。一下火車就到電影院，連趕了兩場，回來我的頭痛得要命，而她卻說：『幸虧今天趕回來看，要不然我心裏不知道多末難過呢！』」

從中可見，張愛玲一到杭州，知道上海正播映談瑛主演的電影，第二天急着搭火車回上海去看，便知她是一位百分百戲迷。其實，張愛玲早於 1937 年就讀於上海聖瑪利亞女校的時候，在其中學畢業年刊《鳳藻》就寫下了首篇影評，名為《論卡通畫之前途》。從這篇的評論上，她預見卡通動畫的廣泛發展及光明前途，它不僅取悅兒童，還受到不同年齡和階層的讀者喜歡。在張愛玲的《論卡通畫之前途》一文中，她表示：

未來的卡通畫能夠反映真實的人生，發揚天才的思想，介紹偉大的探險新聞，灌輸有趣味的學識。譬如說「歷史」，它就能供給卡通數不盡的偉大美麗的故事。這些詩一樣的故事，成年地堆在陰暗的圖書館裏漸漸地被人們遺忘了，死去了；只有在讀歷史的小學生的幻想中，它們有時暫時蘇醒了片刻。卡通畫的價值，為甚麼比陳列在精美展覽會博物院裏的古典的傑作偉大呢？就是因為它是屬於廣大的熱情的羣眾的。……卡通的價值決不在電影之下。如果電影是文學的小妹妹，那麼卡通便是二十世紀女神新賜予文藝的另一個玉雪可愛的小妹妹了。我們應當用全力去培植她，給人類的藝術發達史上再添上燦爛光明的一頁。

張愛玲以不足 17 歲的早慧，預見了卡通動畫的光明前途，認為它不僅僅是取悅兒童的無意識娛樂，還能夠反映真實的人生，發揚天才的思想，介紹偉大的探險新聞，灌輸有趣味的藝術知識。它屬於廣大的熱情的羣眾，其價值決不在電影之下。張愛玲早於上一世紀三十年代以個人的觀點及預見，便洞悉卡通動畫在新的世紀裏日新月異的發展，確是真知灼見。

劇本編審委員

1955 年 12 月，《國際電影》第三期雜誌上除介紹林黛訪台及緊張大師希治閣訪港外，還有一篇報道張愛玲成為國際影片發行公司「劇本編審委員會」四位要員之一，其餘三位包括姚莘農（筆名姚克）、孫晉三及宋之淇（即宋淇）。《國際電影》雜誌內容提及電影是綜合藝術，沒有羣策羣力是不會成功的。具有優秀演技和號召力的明星，固然能決定一部電影的成敗，但導演和編劇，以及攝影佈景等技術人員，都是最重要的幕後英雄。當時國際影片發行公司網羅了一流的名演員例如林黛、葛蘭及嚴俊，並且還聘請了有經驗和有聲望的導演和編劇，如岳楓和陶秦，製作一些水準以上的出品，同時又成立了一個「劇本編審委員會」，特邀請姚莘農、孫晉三、張愛玲、宋之淇四位負責主持，當時四人背景簡介如下：

姚莘農筆名姚克，是中國影劇界有名的編導專家。抗戰前他代表中國出席莫斯科蘇聯戲劇節，及在倫敦舉行之世界「筆會」，後入美國耶魯大學戲劇系專攻編劇及導演。作品有《清宮怨》、《楚霸王》、《銀海滄桑》等舞台劇本。電影劇本《清明時節》、《清宮秘史》、《豪門孽債》、《一代妖姬》等，均出其手筆。

孫晉三是中國專攻戲劇的大名家，出身於清華，是第一位考取留美庚款研讀戲劇一科的學生。當時張駿祥、曹禺一同投考，都落在他的後面。他在哈佛大學業後，遨遊歐美，考察戲劇，回國任南京中央大學戲劇教授。

宋之淇（即宋淇）畢業於燕京大學西洋文學系，在母校任教多年。他性嗜戲劇，在滬時領導過「金都劇團」，著名舞台劇《皆大歡喜》是他的成名作。擅長喜劇，林黛及嚴俊主演的《有口難言》電影劇本，就是他所寫的。

張愛玲是中國著名作家，是早期女編劇家。出身香港大學和上海的聖約翰大學，曾出版中、短篇小説集《傳奇》，即已風靡一時，其中《傾城之戀》由她本人改編為舞台劇。電影劇本寫過《不了情》與《太太萬歲》，都是當年最賣座的片子。近年致力於英文寫作，第一部長篇小説《秧歌》，曾連載於《今日世界》。現已赴美，她答應抵美以後，首先為國際公司寫一部電影劇本。

1947 至 1964 年間，張愛玲為文華影片公司和國際電影懋業公司（電懋）撰寫劇本而拍成電影的共有 11 部，沒有拍成的有兩部，按電影公映先後次序為：

文華影片公司

- 《不了情》（1947）
- 《太太萬歲》（1947）
- 《哀樂中年》（1949）

國際電影懋業公司

- 《情場如戰場》（1957）
- 《人財兩得》（1958）
- 《桃花運》（1959）
- 《六月新娘》（1960）
- 《南北一家親》（1962）
- 《小兒女》（1963）
- 《一曲難忘》（1964）
- 《南北喜相逢》（1964）

除了拍成電影的劇本外，尚有原稿下落不明的《紅樓夢》上、下集與《魂歸離恨天》。1964 年 6 月 20 日，電懋的老闆陸運濤在台灣遇上空難，未幾公司改組，宋淇離職，張愛玲再沒有為電懋公司服務，而《南北喜相逢》劇本成了張愛玲為電懋編寫的最後一部作品。

1947 年，電影《不了情》由導演桑弧及編劇張愛玲合作而成，是文華影片公司成立以來首次出品。圖為《不了情》電影本事。

1956 年，張愛玲一再叮囑國際影片公司無論如何都要由林黛主演《情場如戰場》，因為女主角的個性與外型，都是以林黛作對象來創作的。圖為《情場如戰場》電影廣告單張。

1958 年，岳楓執導電影《人財兩得》，張愛玲編劇，國際電影懋業公司出品。圖為《人財兩得》電影廣告單張。

1959 年，國際電影懋業公司以諷刺現實流線型大喜劇來宣傳《桃花運》，該電影由岳楓執及張愛玲編劇。圖為《桃花運》電影本事，封面為女主角葉楓。

電影《紅玫瑰白玫瑰》改編自張愛玲的同名短篇小說，由關錦鵬執導，陳冲、葉玉卿及趙文瑄主演，於 1994 年在香港公映，同年本片榮獲第 31 屆金馬獎最佳女主角（陳冲）、最佳改編劇本、最佳美術設計、最佳造型設計及最佳電影音樂五項大獎。圖為《紅玫瑰白玫瑰》電影廣告單張。

范柳原與白流蘇

1939年，張愛玲在港大攻讀文學士學位，期間她成績優異，獲得了兩份獎學金，卻因1941年日本侵戰爆發，香港淪陷，她被逼停學，並於1942年返回上海。在殘酷及無情的戰火下，張愛玲於漫天火光及炮聲隆隆中渡過艱難歲月，看盡炮火圍城下的生與死、離和別，卻仍能保持堅毅不屈的學習精神，締結了張愛玲和香港的半生緣。張愛玲將香港這陷落城市裏所見所聞，寫成經典小說《傾城之戀》，甫出版便震撼文壇！《傾城之戀》首次發表於1943年9月號及10月號的上海《雜誌》月刊上，及後收錄於1944年張愛玲首本小說集《傳奇》。張愛玲承着這股讀者熱愛《傾城之戀》之風氣，首次將這小說編成戲劇，由上海著名導演朱端鈞執導，於1944年12月16日在上海新光大戲院隆重獻演。結果《傾城之戀》舞台劇大受歡迎，由四幕八場話劇加演至八十多場，場場座無虛席，轟動一時！

張愛玲的《傾城之戀》描述婚姻失敗的上海女子白流蘇，她回到娘家後被家人冷嘲熱諷，生活處境日漸困苦。她在一個偶然的機會下，認識了一個浪漫不羈的南洋華僑范柳原。白流蘇為了生存和活得有尊嚴，便孤注一擲離開上海白家，遠赴香港，以搏取范柳原的愛情及爭取一個合法的婚姻地位。白流蘇、范柳原兩人在香港淺水灣酒店展開戀情，可是二人在戀愛與婚姻的議題上未能達到共識，白流蘇只好返回上海。及後范柳原着白流蘇再次來港繼續戀人關係，二人共賦同居。1941 年他們經歷日軍侵略香港，在戰爭的兵荒馬亂中，二人被命運緊繫在一起，成就了這段愛情，正如張愛玲在她創作《傾城之戀》小說中寫下：

> 香港的陷落成全了她。但是在這不可理喻的世界裏，誰知道甚麼是因，甚麼是果？誰知道呢？也許就因為要成全她，一個大都市傾覆了。傳奇裏的傾城傾國的人大抵如此。處處都是傳奇，可不見得有這麼圓滿的收場。

張愛玲的小說在文學界一直備受推崇，其作品因跌宕起伏的故事情節，細緻入微的男女心理描寫，若要從文字轉換成影視效果，確實不容易，結果令到眾多導演和編劇望而卻步，但卻激發部分電影人向難度挑戰。因此，每當張愛玲其作品被改編，都會受到文學及影視界的密切關注。在小說或電影故事裏，作者或導演會透過不同的人物塑造手法，帶來不同的形象效果，而在推動小說或電影故事的情節及發展方面，人物塑造擔當着很重要的角色，因此很多作者或導演會在肖像、語言、性格、行動和心理方面等等用心及着力地描寫。

小說主要以文字配以插圖來形容及描寫人物，作者必有他心中人物的模樣及性格，「死生契闊、與子相悅，執子之手、與子偕老。」張愛玲之《傾城之戀》引用《詩經》，為小說添上神秘及神采，白流蘇更被形容為一個永不過時的中國女人。但每位讀者都有無限的想像空間，猶如一千人看《紅樓夢》，腦海中便有一千個不同樣子及性格的林黛玉與賈寶玉。在電影作品中，導演根據小說中人物的肖像、種族、身分、年齡、性格、職業等特點來選定角色，並通過化妝、服裝、髮型、飾物等等來塑造形象，使人物更具體和更逼真，讓觀眾易於認識角色及投入小說中所發生的故事。

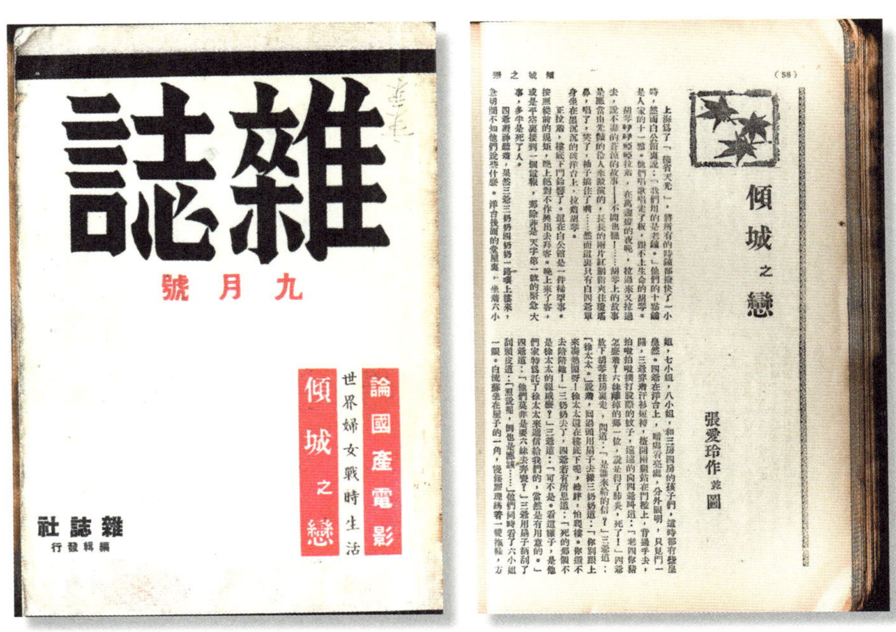

張愛玲首次於 1943 年 9 月號的上海《雜誌》月刊上發表《傾城之戀》，左圖為該刊物的封面，右下方印有粉紅底白字「傾城之戀」。右圖為《傾城之戀》內文。

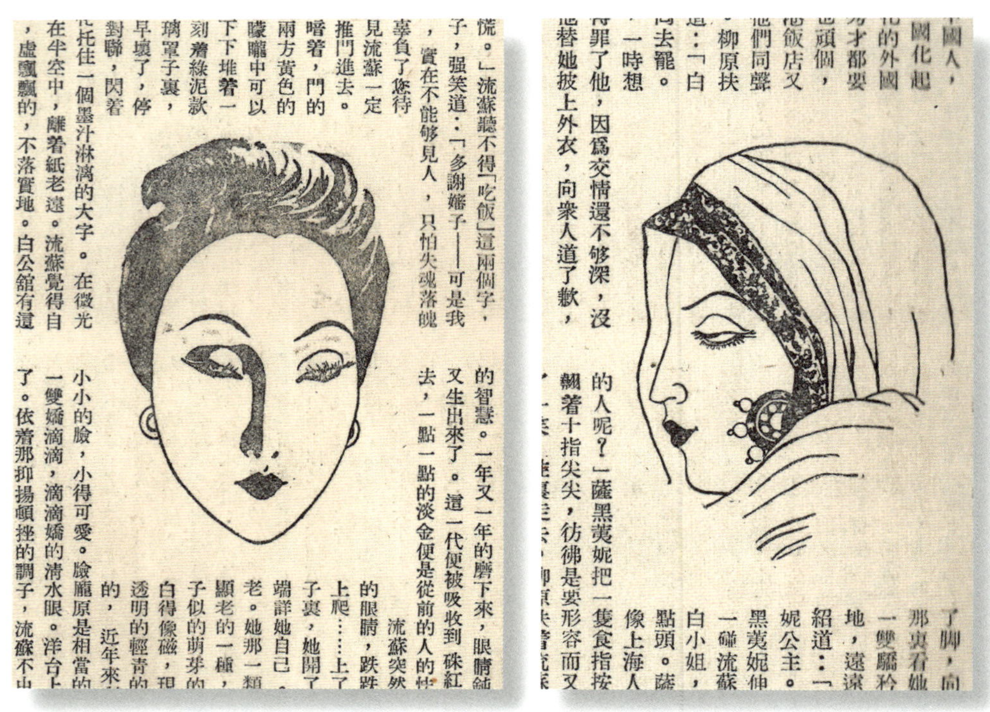
慌。」流蘇聽不得「吃飯」這兩個字，
子，强笑道：「多謝嬸子——可是我
，實在不能夠見人，只怕失魂落魄
辜負了您待
見流蘇一定
推門進去。
暗着，門的
兩方黃色的
朦朧中可以
下下堆着一
刻着綠泥款
璃罩子裏，
早壞了，停
對聯，閃着
托住一個墨汁淋漓的大字。在微光
在半空中，離着紙老遠。流蘇覺得自
，虛飄飄的，不落實地。白公館有這

的智慧。一年又一年的磨下來，眼睛鈍
又生出來了。這一代便被吸收到硃紅
去，一點一點的淡金便是從前的人的
流蘇突然
的眼睛，跌
上爬……上了
子裏，她開了
端詳她自己
老。她那一類
顯老的一種
子似的萌芽的
白得像磁，現
透明的輕青的
的，近年來
小小的臉，小得可愛。臉龐原是相當的
一雙嬌滴滴，滴滴嬌的清水眼。洋台上
了。依着那抑揚頓挫的調子，流蘇不

中國人，
國化起
化的外國
男才都要
也頭個，
港飯店又
他們同聲
。柳原扶
道：「白
向去罷。
，一時想
得罪了他，因爲交情還不夠深，沒
他替她披上外衣，向衆人道了歉，

了脚，向
那裏看她
一雙驪矜
地，遠遠
紹道：「
妮公主。
黑荑妮伸
一碰流蘇
白小姐，
點頭。薩
像上海人
的人呢？」薩黑荑妮把一隻食指按
翩着十指尖尖，彷彿是要形容而又

張愛玲繪畫的白流蘇（左）及薩黑荑妮公主（右）。

明報特輯

由許鞍華執導和蓬草改編的《傾城之戀》電影，於 1984 年 8 月 2 日在香港首映。翌日，明報特別出版《傾城之戀特輯》，刊有張愛玲於公映前夕從美國寄給宋淇的一篇短文〈回顧「傾城之戀」〉，以及導演許鞍華的〈談「傾城之戀」〉文章。張愛玲提及當時港大正放暑假，她常到淺水灣酒店去看她的母親黃逸梵，原來黃在上海跟幾個牌友結伴同來香港小住，此後分頭去了新加坡及越南的首都河內，但卻有一男一女留在香港，以後更同居起來了。香港淪陷後，張愛玲每隔十天半月遠道步行去看他們，打聽有沒有船到上海。張愛玲稱寫《傾城之戀》的動機，大致是他們的故事，因為他們是熟人之間受到日本侵略香港影響最大的，小說中的范柳原和白流蘇，便有着他們的影子。

至於許鞍華的〈談「傾城之戀」〉，寫有她為甚麼要拍張愛玲及其對戲中選角的感想：「張愛玲的《傾城之戀》之所以對我有莫大的吸引力，原因之一，是因為它的背景是四十年代的香港。拍一部以過去的時代做背景的電影，對任何一個導演來說，都是一種很『過癮』的事情，也可說是一項挑戰。其次的，《傾城之戀》的主題很好：它說的是在一個動亂的時代裏人受到種種的影響，甚麼也傾覆了，唯一剩下來的，可以依靠的，便只有兩個人之間的感情與關係，也就是人與人間並不強調故事的情節，而是以最純粹的東西。」

很多人問我為甚麼會用繆騫人和周潤發來飾演白流蘇和范柳原，那其實是一個很個人的原因。我認識他們的日子不算短，也談的很投契，但我卻一直覺得他們深不可測，有很多地方難以令人了解。對我來說，白流蘇和范柳原也有這種神秘的魔力。張愛玲把他們寫得很抽象，甚至連外型樣貌也不很清楚。我想把繆騫人和周潤發放在一起，希望在拍片的過程中加深對他們的認識與了解，結果是我覺得發仔更神秘、更難以揣測，就像范柳原一樣；歌娜（繆騫人英文名字）反而認識深了一點：她是一個很有決心的人，做事認定了目標，便不顧一切往前去——就像白流蘇一樣。

導演許鞍華提到張愛玲寫得很抽象，甚至連外型樣貌也不很清楚，最後選了周潤發和繆騫人作男女主角，是否吻合小說中的范柳原及白流蘇？

白流蘇

根據原來文本《傾城之戀》，作者張愛玲以精簡的文字，具體地描寫白流蘇的身軀、腰肢、臉型、皮膚、上領、眉心及眼睛等部位的特徵如下：

> 她還不怎麼老。她那一類的嬌小的身軀是最不顯老的一種，永遠是纖瘦的腰，孩子似的萌芽的乳。她的臉，從前是白得像瓷，現在由瓷變為玉——半透明的輕青的玉。上頷起初是圓的，近年來漸漸的尖了，越顯得那小小的臉，小得可愛。臉龐原是相當的窄，可是眉心很寬。一雙嬌滴滴，滴滴嬌的清水眼。

再者，張愛玲更在《傾城之戀》小說中畫下她心目中的白流蘇，明艷照人！戲中由出生自上海的繆騫人飾演白流蘇，留着一頭短髮、身型瘦削，臉型尖尖的，妝容淡掃蛾眉，清清淡淡。若以小說中的白流蘇作比較，她除沒有那份離婚婦人渴求再婚的神態外，還缺少了一雙嬌滴滴的清水眼，但總體扮演白流蘇也中規中距。

范柳原

張愛玲創作的短篇小說《傾城之戀》，內容至今仍受到不少男女讀者喜歡，特別是故事中風流瀟灑的范柳原，深受女士愛戴。由小說中的白公館跳出至現代女性，大都夢想將來的如意郎君若是范柳原那就心滿意足，若曾與他相遇、相識、相知，甚至相愛或是最後相分，也不枉此生。

導演許鞍華曾提到張愛玲筆下的范柳原寫得很抽象，甚至連外型樣貌也不很清楚，最後角色選了周潤發。究竟張愛玲在《傾城之戀》怎樣形容范柳原？筆者從收藏的 1943 年 9 月號及 10 月號的兩期上海《雜誌》月刊上，以收錄最原始、最初版的《傾城之戀》小說上，尋覓范柳原的真面目。原來張愛玲在《傾城之戀》文本上沒有着墨來形容及描寫范柳原的面容及外貌，只通過第三者徐太太的角度道出他的年紀、身分及家底等等如下：

范柳原今年三十三歲，父母雙亡。白家眾人質問徐太太，何以這樣的一個標準夫婿到現在還是獨身的，徐太太告訴他們，范柳原從英國回來的時候，無數的太太們急扯白臉的把女兒送上門來，硬要揑給他，勾心鬥角，各顯神通，大大熱鬧過一番。這一捧卻把他捧壞了。從此他把女人看成他腳底下的泥。由於幼年時代的特殊環境，他脾氣本來就有點怪僻。

范柳原就是在英國長大的。他父親故世以後，雖然大太太只有兩個女兒，范柳原要在法律上確定他的身分，卻有種種棘手之處。他孤身流落在英倫，很吃過一些苦，然後方才獲到了繼承權。至今范家的族人還對他抱着仇視的態度，因此他總是住在上海的時候多，輕易不回廣州老宅裏去。他年紀輕的時候受了刺激，漸漸的就往放浪的一條路上走，嫖賭吃着，樣樣都來，獨獨無意於家庭幸福。

《傾城之戀》電影中的周潤發飾演范柳原，中等身材，常穿西裝，頭髮以髮蠟梳起，洋派的打扮，其外貌及造型直接呈現在觀眾眼前，仿如小說中的男主角。他扮演的范柳原，風流瀟灑但又看透世態炎涼，看似玩世不恭的花花公子，但在戰火中從內心對繆騫人飾的白流蘇所發出的真情及真義，卻讓人感動及感悟！

許鞍華

榮獲第 77 屆威尼斯電影節「終身成就金獅獎」的許鞍華，成為全球首位獲得該獎項的華人女導演，她對張愛玲的小說非常着迷，並以改編張愛玲的作品為目標，三度挑戰自己，先後將張愛玲的三部經典小說《傾城之戀》、《半生緣》和《第一爐香》拍成電影。許鞍華在 1984 年 1 月始決定開拍《傾城之戀》，2 月 8 日便能開鏡，籌備速度驚人，整部電影只拍了 30 多個工作天便順利完成。同年 7 月 27 日晚上 9 時 30 分在香港作慈善首映，舉行地點位於當時全港擁有最舒適和最寬敞座位的銅鑼灣碧麗宮戲院。該戲院由碧麗宮夜總會改建而成，於 1979 年 11 月開業，共設有千多個豪華座位，主要放映大卡士的中西電影，首部放映的電影是《異形》。1981 年

9 月，由基斯杜化李夫和珍茜摩爾演出的電影《時光倒流七十年》(Somewhere in Time)，在碧麗宮戲院上映長達二百二十多天，創下當時香港電影院放映期最長的紀錄，入場的觀眾都被戲中男女主角的愛情故事深深打動，愛戴非常！約三年後，改編自張愛玲名著《傾城之戀》的華語巨片同樣在碧麗宮戲院首次上映，是香港慈善機構公益金的重點籌款活動。

《傾城之戀》放映前舉行了一場雞尾酒會及剪綵儀式。出席嘉賓計有公益金籌募主席雷興悟、副主席陳有慶及首映籌委會委員包括何鴻燊、馬清偉、李國寶夫人、邱德根夫人、查懋聲夫人、董建華夫人、孫秉樞博士、陳麗玲女士、朱祖涵等等。到了萬眾期待的首映籌款剪綵儀式，每人都甚為期待剪綵嘉賓，有人猜測此人定是邵氏兄弟（香港）有限公司創辦人邵逸夫爵士，亦有人認為是周潤發及繆騫人，甚至是《傾城之戀》的原著作者張愛玲。

羅蘭士・嘉道理勳爵

相信大部分在碧麗宮戲院的嘉賓也猜不到，即將舉行盛大的《傾城之戀》剪綵儀式，是由一名個子不高的猶太人作主禮嘉賓。這位主禮嘉賓受到中外嘉賓所注視，他在香港被稱為「電王」，除了是中華電力集團最大股東外，亦經營地產、船務、工程、建築、酒店等業務。他的家族早期入股香港上海大酒店有限公司，並在上海經營酒店業務及持有香港半島酒店、淺水灣酒店等等。這人便是羅蘭士・嘉道理勳爵 (Sir Lawrence Kadoorie)（1899—1993），曾是香港首富，熱心公益，樂善好施，擁有物業無數，單是位於九龍核心地段的加多利山的樓房，總價值已是天文數字。

有部分嘉賓猜測，為何大會邀請嘉道理勳爵作剪綵嘉賓，莫非他已成為邵氏公司大股東，有興趣來投資影視事業，例如這部《傾城之戀》大片？然而，嘉道理勳爵既不是入股邵氏，亦不是投資電影，原來在《傾城之戀》開拍前，邵氏公司透過該片的製片人樂易玲女士聯繫嘉道理集團，希望他們家族擁有的香港上海大酒店公司能借出已拆卸的淺水灣酒店圖則，讓邵氏在清水灣片場根據圖則搭建這幢酒店及露台餐廳，以忠實於原著張愛玲筆下的《傾城之戀》小說故事場景。

據 2020 年皇冠出版的《書不盡言 —— 張愛玲往來書信集 2》，張愛玲於 1983 年 12 月 10 日致宋淇信中，提及《傾城之戀》電影版權一事，表示：「如果有優秀的導演，態度認真的公司，才可考慮出讓版權。……我好久沒到香港來，但是也從各方面知道香港現在面目全非，連淺水灣酒店都拆掉了。如果不多搭實景，則根本無從拍。如果要忠實於原著，那成本一定很可觀，否則就根本不必談。」最後，嘉道理家族答應邵氏公司的要求，借出淺水灣酒店 1920 年代的興建圖則及有關名字的使用權。

復刻版的淺水灣酒店搭建在西貢的清水灣邵氏片場，曾經是全球最大私營影城，被譽為東方荷李活。佈置一如昔日該酒店在淺水灣般，屋頂上豎立一英國旗，使人有如置身於真實情景中，淺水灣酒店好像又復活過來了。邵逸夫爵士曾透露，搭建這幢淺水灣酒店佈景，動用的木料是邵氏兩年來拍武俠片廠所用的總數，費用超逾三百萬港元，影片製作費接近一千萬港元。待影片拍竣之後不會拆卸，將開放招待遊客之用。

首映禮

據皇冠出版社行的《書不盡言 —— 張愛玲往來書信集 2》，在其第 226 頁上印有張愛玲的閨密鄺文美於 1984 年 7 月 26 日回信給張愛玲，內容提及鄺文美於 7 月 17 日收妥了她的掛號信及附有的支票以及〈回顧傾城之戀〉一文，並說出該文章來得正合時，剛來得及放在慈善首映禮紀念特刊中以壯聲勢，邵氏還送來「名譽金座券」兩張，專誠邀請他們來觀賞。

翻查當年報道，香港公益金於 1984 年 7 月 27 日晚上 9 時 30 分在香港銅鑼灣碧麗宮戲院，舉行了一場特別慈善首映電影，優先獻映由邵氏發行由許鞍安執導及周潤發及繆騫人主演的《傾城之戀》。《傾城之戀》慈善首映票價共分三種，分別為普通座券港幣 250 元、高級座券港幣 500 元以及名譽金座券 1000 元。其中邵氏送出兩張名譽金座券給張愛玲及鄺文美，以邀她們觀賞。但當時張愛玲身在美國，趕不切來港觀看，信中鄺文美提到她和宋淇看後會把觀感告訴她。慈善首映戲券一經推出，所有座券很快便銷售一空。當晚全院滿座，《傾城之戀》共為公益金帶來超過 60 萬港元的善款。

以下的一段男女主角的精警對白，觸動了不少現場嘉賓及觀眾的心窩，盡顯張愛玲寫作的非凡功力，令人讚歎！

流蘇正在跳着舞，范柳原忽然出現了，把她從另一個男子手裏接了過來。在那荔枝紅的燈光裏，她看不清他的黝暗的臉，只覺得他異常的沉默。流蘇笑道：「怎麼不説話呀？」柳原笑道：「可以當着人説的話，我全説完了。」流蘇噗嗤一笑道：「鬼鬼祟祟的，有甚麼背人的話？」柳原道：「有些傻話，不但是要背着人説，還得背着自己。讓自己聽見了也怪難為情的。譬如説，我愛你，我一輩子都愛你。」

張愛玲的著作除了包含生動的人物、精彩的對白、傳奇的故事外，還有其獨特的表現方式，猶如電影裏的情節一樣。大部分張愛玲的小説都不是為了拍電影而撰寫的，卻有多部被後來的導演及編劇家改編成大銀幕上映的電影，包括《傾城之戀》、《半生緣》、《紅玫瑰與白玫瑰》、《色，戒》、《第一爐香》等等。期待日後我們再能透過電影、戲劇、電視或電台欣賞張愛玲的其他非凡作品，拭目以待。

《傾城之戀》(Love in a fallen City)彩色海報，印有原著張愛玲。

1984 年 8 月 2 日出版的《電影雙周刊》，封面為《傾城之戀》劇照，可見主角白流蘇（繆騫人飾）及白公館大廳。

香港映會主辦的電影《傾城之戀》早場堂座 $20 戲票，票上印有上映日期為 1987 年 9 月 13 日上午 10 時 30 分，播映戲院為尖沙咀海運戲院。

約 1925 年，淺水灣及淺水灣酒店曾招待過不少國際名人，包括美國影星馬龍 · 伯蘭度、諾貝爾文學獎得主海明威、愛爾蘭文豪蕭伯納等。此外，該酒店更曾作為多部經典電影的取景地，如《傾城之戀》、《生死戀》、《榮歸》等。

淺水灣酒店於 1920 年元旦日盛大開幕，由時任港督司徒拔爵士主持開幕典禮。在香港日佔時期，淺水灣酒店曾易名為綠濱酒店，戰後才恢復作為大眾使用，直至 1982 年淺水灣酒店被拆卸，改建為影灣園，淺水灣酒店的露台餐廳因曾出現在許鞍華電影《傾城之戀》而聞名於世，並於 1986 年正式開幕。

1984 年 8 月出版的《傾城之戀》特刊以彩色印刷，飾演白流蘇的繆騫人作封面人物。

1984 年，許鞍華導演在清水灣邵氏片場搭建的淺水灣酒店內拍攝電影《傾城之戀》，舊照中前景可見周潤發飾演戲中風流瀟灑的范柳原。

「傾城之戀」演職員表

繆騫人	飾	白流蘇	鍾景輝	飾	徐先生
周潤發	飾	范柳原	金　川	飾	四　爺
姜中平	飾	三　爺	金燕玲	飾	Louise
焦　姣	飾	三奶奶	易倩兒	飾	四奶奶
馬海倫	飾	徐太太	黃　曼	飾	白老太
錢慧儀	飾	寶　絡	Jovy	飾	薩黑夷妮

出品人：邵逸夫
監　製：方逸華
製　片：黃家禧
策　劃：樂易玲
執行製片：廖鳳平
聯合製片：Nicolas Hippisley Coxe
統　籌：溫柏南

導　演：許鞍華
原　著：張愛玲
改　編：蓬　草
攝　影：何東尼
美術指導：區丁平
原聲配樂、作曲：林敏怡
作　詞：林敏聰
主題曲、主唱：汪明荃

副導演：曹建南、關錦鵬
服裝造型：王耀年、Sheila Hippisley Coxe
剪　接：鄺長根、姜興隆、方寶華

1984 年，由許鞍華執導、蓬草改編的電影《傾城之戀》在香港上映，該片由繆騫人與周潤發分別飾演女主角白流蘇及男主角范柳原，並於 8 月 2 日正式首映。圖為《傾城之戀》之演職員表。

1941 年，范柳原和白流蘇經歷日軍侵略香港，在戰爭的兵荒馬亂中，香港的陷落成全了他們的愛情故事。

《傾城之戀》的日文特刊，於 1992 年 7 月發行。

《傾城之戀》特刊

1939 年，身在上海的張愛玲一早定下赴英求學的計劃，可惜歐戰爆發，炮火打斷了她的心願。她轉而到香港尋求升學機會，憑着倫敦大學入學試的優異成績，她成功考進香港大學。後來經她的姑姑張茂淵介紹一位在港的工程師李開第作監護人，張愛玲順利在 1939 年 8 月 29 日於港大註冊，入讀港大文學院。

香港大學為張愛玲奠定奮發的台階，提供了滋養她創作的土壤，締結了她和香港的半生緣。她唸港大一年級時，曾代表香港投稿到上海《西風》雜誌的三周年徵文比賽中，以一篇題目為《天才夢》的散文獲得名譽獎第三名，這是她首次公開發表而獲獎的作品。張愛玲於 1942 年 5 月返回上海，除了不忘港大以往的校園生活外，曾到訪富有殖民地色彩的淺水灣酒店及其露台餐廳的經歷，也不時浮現在她的腦海中。

首載於《雜誌》

張愛玲創作的中篇小說《傾城之戀》，首次連載於 1943 年 9 月號及 10 月號兩期的上海《雜誌》月刊裏，她筆下的愛情是蒼涼而缺陷的，還帶了點滄桑，她那尖銳的筆鋒，只需三言兩語就能輕易地打動時代洪流中的凡夫俗子，或是紅塵中的戀愛男女。文采飛揚的張愛玲，頓時聲名鵲起，讀者讚口不絕，迅速令她成為當時上海文壇最知名及最受歡迎的女作家。

承着這股受讀者熱愛的《傾城之戀》風氣，上海大中劇團的主持周劍雲看準時機，計劃把《傾城之戀》搬上舞台，後經作家柯靈介紹而認識張愛玲，並誠邀她為《傾城之戀》編寫劇本。其實，當時張愛玲未有寫過舞台劇本，但對《傾城之戀》這個港滬雙城戀愛故事能夠在舞台上演，自然產生濃厚興趣，最終一口答應。

《傾城之戀》舞台劇陣容龐大，由上海著名導演朱端鈞執導，梁樂音譜曲，主要演員包括著名演員舒適及羅蘭，分別飾演范柳原及白流蘇，還有歐陽莉莉、端木蘭心、陳婉若等眾星，並在蘭心大戲院排練。張愛玲非常重視首個劇本，更數易其稿及到場指導，務求將《傾城之戀》話劇做到盡善盡美。

1944 年 12 月 16 日，《傾城之戀》舞台劇在上海新光大戲院隆重首次上演，更製作紀念特刊，四幕八場均獲得空前成功，觀眾欲罷不能！誰也預料不到《傾城之戀》竟可連演 80 場，場場座無虛席，盛況空前，更令作為編劇的張愛玲於上海紅極一時。香港的陷落，成全了張愛玲筆下《傾城之戀》的白流蘇外，亦成全了她自己！

該本距今接近 80 年的《傾城之戀》特刊，存世數量甚少，特刊內刊有張愛玲所寫的《羅蘭觀感》，現節錄部分精彩文句如下：

羅蘭排戲，我只看過一次，可是印象很深。第一幕白流蘇應當穿一件寒素的藍布罩袍，羅蘭那天恰巧就穿了這麼一件，怯怯的身材，紅削的腮頰，眉梢高吊，幽咽的眼，微風振簫樣的聲音，完全是流蘇，使我吃驚，而且想：當初寫《傾城之戀》，其實還可以寫得這樣一點的……還可以寫得那樣一點的。

《傾城之戀》的故事我當然是爛熟的；小姐落難，為兄嫂所欺凌，「李三娘」一類的故事，本來就是爛熟的。然而有這麼一剎那，我在旁邊看着，竟想掉淚。羅蘭演得實在好——將來大家一定會哄然讚好的，所以我想，我說好還得趕快說，搶在人家頭裏。……

像流蘇這樣，似乎是慘跌了，一聲喊，跌將下來，劃過一道光，把原來與後來的境地都照亮了，怎麼樣就算高，怎麼樣就算低，也弄個明白。流蘇與流蘇的家，那樣的古中國的碎片，現社會裏還是到處有的。就像現在，常常沒有自來水，要到水缸裏去舀水，凸出小黃龍的深黃水缸裏靜靜映出自己的臉，使你想起多少年來井邊打水的女人，打水兼照鏡子的情調。我希望《傾城之戀》的觀眾不要拿它當個遙遠的傳奇，它是你貼身的人與事。

1944 年 12 月 16 日大中劇藝公司成立，在上海新光大戲院首次上演《傾城之戀》舞台劇，更製作紀念特刊。

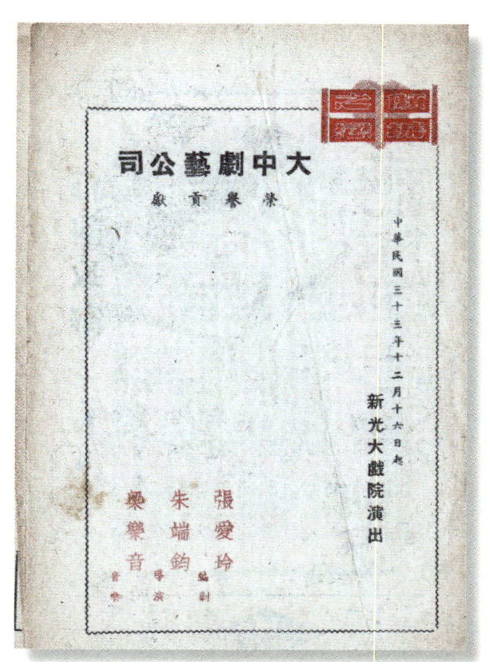

1944 年 12 月 16 日，《傾城之戀》舞台劇由上海著名導演朱端鈞執導，梁樂音譜曲，著名演員舒適及羅蘭分別飾演范柳原及白流蘇。

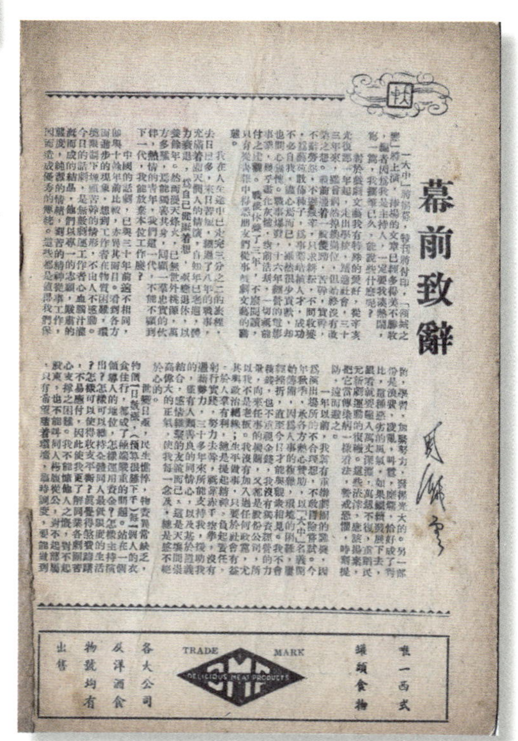

《傾城之戀》舞台劇紀念特刊印有「幕前致辭」。

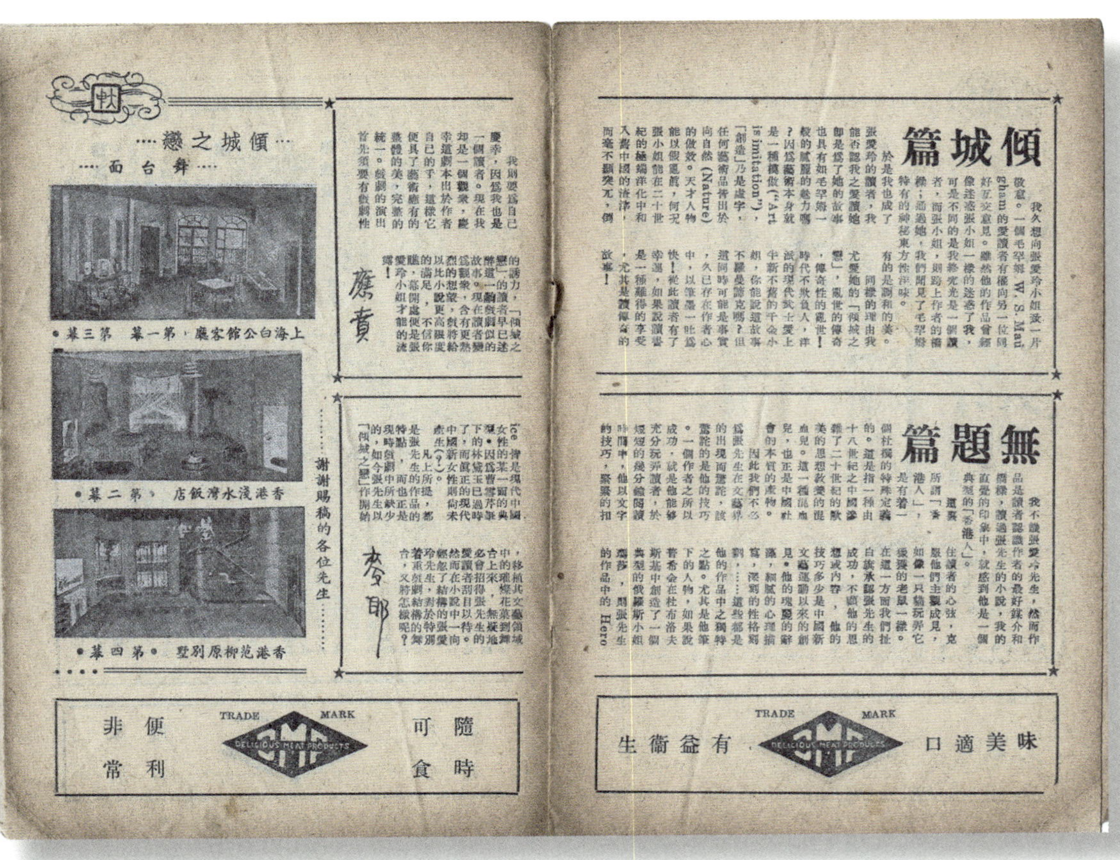

傾城篇

我久想向張愛玲小姐致一片敬意。一個毛䔥姆 W. S. Maugham 的愛讀者有權向另一位同好互交意見。雖然他的作品曾經像迷惑張小姐一樣的迷惑了我，可是不同的是我終究光是一個讀者，而張小姐，則踏上作者的榜樣；通過她，我們聞見了毛䔥姆特有的神秘東方性洋味。

於是我也成了張愛玲的讀者，我能否認我之愛讀她卻是為了她的故事也具有如毛䔥姆一般的瑰麗的魅力嗎？因為藝術本身就是一種模倣("Art is imitation")，「創造」乃是虛字，任何藝術品皆出於向自然(Nature)的倣效。天才人物能以假亂真，何況張小姐能在二十世紀的極端洋化中和入舊中國的渣滓，而毫不顯突兀，倒有的是調和的美。同樣的理由我尤愛她的「傾城之戀」，亂世的傳奇，傳奇性的亂世！時代不欺負人，洋派的現代武士愛上半新不舊的千金小姐，你能說這故事不曾是諦克嗎？但這同時可能是事實，久已存在作者心中，以筆墨一吐為快！從此讀者有了幸運，如果說讀書是一種難得的享受，尤其是讀傳奇的故事！

無題篇

我不識張愛玲先生，然而作品是讀者認識作者的最好媒介和橋樑，讀過張先生的小說，我的直覺的印象中，就感到他是一個典型的「香港人」。

這裏所謂「香港人」，是有着一個杜撰的特殊定義的。這是指一種由十八世紀之中國滲雜了二十世紀的歐美的思想教養的混血兒。這一種混血兒，也正是中國社會的本質的產物。因此我們不必為張先生在文藝界的出現而驚詫，該驚詫的是他的技巧。一個作者之所以成功，就是他能夠充分玩弄讀者，於短短的幾分鐘閱讀時間中，他以文字的技巧，緊緊的扣住讀者的心弦，克服他們的主觀成見，如像一只貓玩弄它[illegible]獲的老鼠一樣。在這一方面我們扯白該承認張先生的成功，不顧他的思想或內容，他的技巧多少是中國新文藝運動以來的創見。他的瑰麗的辭藻，細膩的心理描寫，深刻的性格寫劃，……這些都是他的作品中之獨特之點。尤其是他筆下的人物，如果說普希金在杜布洛夫斯基中創造了一個典型的俄羅斯小姐瑪莎，則張先生的作品中的 Hero

我則要為自己慶幸，因為我也是一個讀者。現在我卻是一個觀衆，慶幸這劇本出於作者自己的手，這樣它便具了藝術應有的整體的美，完整的統一。戲劇的演出首先須要有戲劇性

[illegible]

[illegible]

[illegible]

《傾城之戀》紀念特刊印有第一至第四幕舞台設計圖。

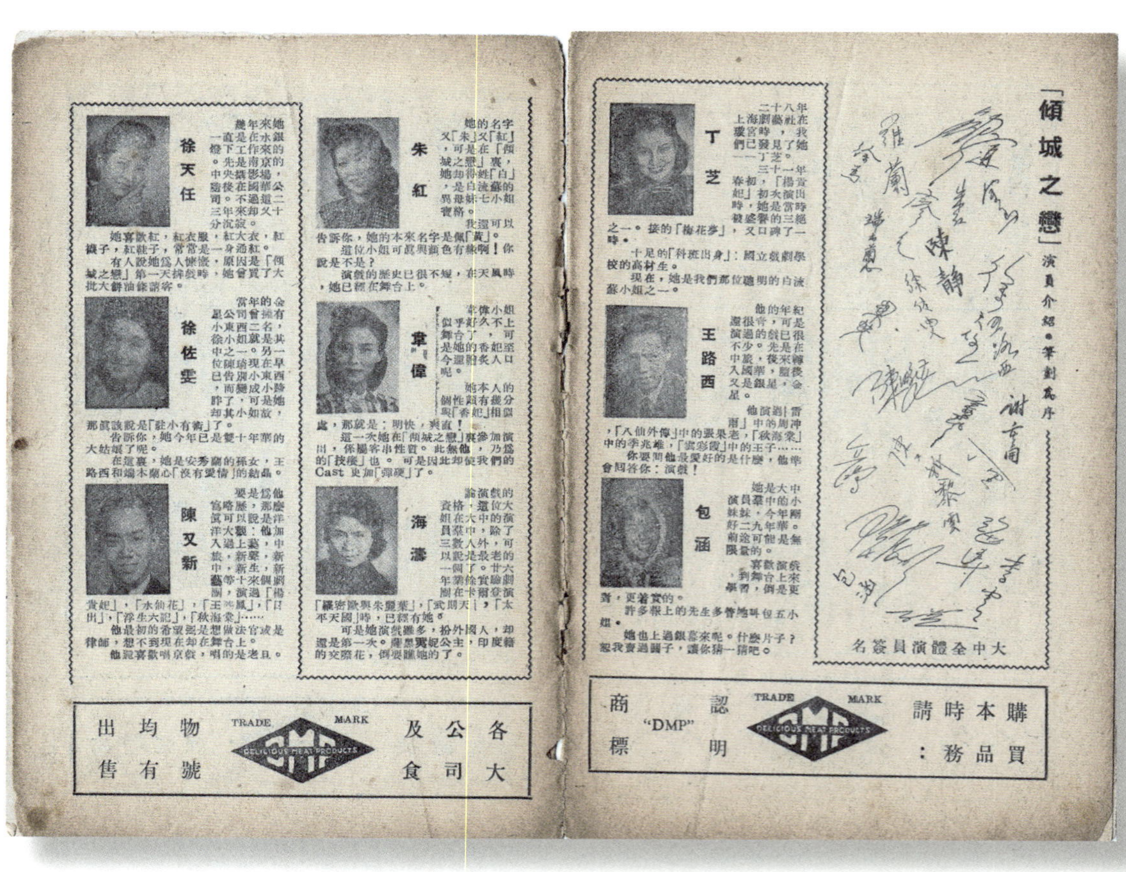

徐天任

幾年來她一直是在水銀燈下工作來的。先是南京的中央攝影場，隨後在國華公司。不過這二三年來却又十分沉寂。

她喜歡紅，紅衣服，紅大衣，紅襪子，紅鞋子，常常是一身通紅。

有人說她爲人慷慨，原因是「傾城之戀」第一天排戲時，她會買了大批大餅油條請客。

徐佐雯

當年的金星公司會捧有小東西二名，徐小姐就是其中之一。另一位陳琦現在早已告別小東西，而變成小蹄膀了，可是她却其小如故，那眞該說是「駐小有術」了。

告訴你，她今年已是雙十年華的大姑娘了呢。

在這裏，她是安秀蘭的孫女，王路西和端木蘭心「沒有愛情」的結晶。

陳又新

要是爲他寫略歷，那麼眞可以說是洋洋大觀：他加入過上藝，中旅，新聲，新中，新生，新藝等十來個劇團，演過「楊貴妃」，「水仙花」，「王昭君」，「日出」，「浮生六記」，「秋海棠」……

他最初的希望還是想做法官或是律師，想不到現在却在舞台上。

他還喜歡唱京戲，唱的是老旦。

朱紅

她的名字又「朱」又「紅」，可是在「傾城之戀」裏，她却得姓「白」，是白流蘇的異母妹七小姐寶絡。

我還可以告訴你，她的本來名字是個「黃」。

這位小姐可眞與顏色有緣啊！你說是不是？

演戲的歷史已很不短，在天風時，她已經在舞台上。

韋偉

韋偉小姐似乎好久不上舞台了，可是她的香妃至今還膾炙人口呢。

她本人的個性頗有幾分與「香妃」相似處，那就是：明快，爽直！

這一次她在「傾城之戀」裏參加演出，係屬客串性質。此無他，乃爲的「技癢」也。可是因此却使我們的Cast更加「彈硬」了。

海濤

論演戲的資格，這位大姐在大中的演員羣中，除了三數人外，可以說是最老的一個了。廿六年業餘實驗劇團在卡爾登演「羅密歐與朱麗葉」，「武則天」，「太平天國」時，已經有她。

可是她演戲雖多，扮外國人，却還是第一次。薩黑夷妮公主，印度籍的交際花，倒要瞧她的了。

丁芝

二十八年上海劇藝社在璇宮時，我們已發見了她——丁芝。

三十一年春初，「楊貴妃」初次演出時，她是當時最負盛譽的三絕之一。接的「梅花夢」，又口碑了一時。

十足的「科班出身」：國立戲劇學校的高材生。

現在，她是我們那位聰明的白流蘇小姐之一。

王路西

他的年紀還很青，可是演過的戲已很不少。先是在中旅，後來轉入國華，隨後又是銀星，金星。

他演過「雷雨」中的周冲，「八仙外傳」中的張果老，「秋海棠」中的李兆雄，「雲彩霞」中的王子……

你要問他最愛好的是什麼，他準會回答你：演戲！

包涵

她是大中演員羣中的小妹妹，今年剛好二九年華。前途可能是無限量的。

喜歡演戲，到舞台上來學習，倒是更背，更着實的。

許多報上的先生多管她叫包五小姐。

她也上過銀幕來呢。什麼片子？恕我賣過關子，讓你猜一猜吧。

「傾城之戀」演員介紹・筆劃爲序

大中全體演員簽名

《傾城之戀》紀念特刊印有演員介紹及簽名。

關於「傾城之戀」的老實話

「傾城之戀」因爲是一年前寫的，現在看看，看出許多毛病來，但也許不是一般的批評認爲是毛病的地方。

「傾城之戀」似乎很普遍地被喜歡，主要的原因大概是報仇罷？舊式家庭裏地位低的，年青人，寄人籬下的親族，都覺得流蘇的「得意緣」間接給他們出了一口氣。年紀大一點的女人也高興，因爲向來中國故事裏的美女總是二八佳人，二九年華，而流蘇已經近三十了。同時，一班少女在范柳原裏找到她們的理想丈夫：豪富，聰明，漂亮，外國派。而普通的讀者最感到興趣的恐怕是這一點：書中人還是先姦後娶呢？還是始亂終棄？先結婚，或是始終很斯文，這兩個可能性在這裏是不可能的，因爲太使人失望。

我並沒有怪讀者的意思，也不怪故事的取材。我的情節向來是歸它自己發展，只有處理方面是由我支配的。男女主角的個性表現得不夠。流蘇實在是一個相當利害的人，有決斷，有口才，柔弱的部份只是她的教養與閱歷。這彷彿需要說明似的。我從她的觀點寫這故事，而她始終沒有澈底懂得柳原的爲人，因此我也用不着十分懂得他。現在想起來，他是因爲思想上沒有傳統的背景，所以年青時候的理想經不起一點摧毀就完結了，終身躲在浪蕩浮滑的空殼裏。在現代中國實在很普通，倒也不一定是華僑。

寫「傾城之戀」，當時的心理我還記有很清楚。除了我所要表現的那蒼涼的人生的情義，此外我要人家要什麼有什麼，華美的羅曼斯，對白，顏色，詩意，連「意識」都給預備下了（就像要堵住人的嘴）。艱苦的環境中應有的自覺……

我討厭這些顧忌，但「傾城之戀」我想還是不壞的，是一個動聽的而又近人情的故事。結局的積極性彷彿很可疑，這我在「自己的文章」裏試着加以解釋了：

「因爲我用的是參差的對照的寫法，不喜歡採取善與惡，靈與肉的斬釘截鐵的衝突那種古典的寫法，所以我的作品有時候主題欠分明。……」

我喜歡參差的對照的寫法，因爲它是較近事實的。「傾城之戀」裏，從腐舊的家庭裏走出來的流蘇，香港之戰的洗禮並不會將她感化成爲革命女性；香港之戰影響范柳原，使他轉向平實的生活，終於結婚了，但結婚並不使他變爲聖人，完全放棄往日的生活習慣與作風。因

《傾城之戀》紀念特刊中，印有張愛玲寫的〈關於《傾城之戀》的老實話〉及其簽名式樣。

是參差不齊，低中有高，高中有低，逃荒的身邊帶着女兒，隨時可以變錢。而北方一般的好人家，嫁女兒，貼上許多妝奩不算，一點點聘金都不肯收，唯恐人家說一聲賣女兒，的確尊貴得很。像流蘇這樣，似乎是慘跌了，一聲喊，跌將下來，劃過一道光，把原來與後來的境地都照亮了，怎麼樣就算高，怎麼樣就算低，也弄個明白。

古中國的破片，現社會裏還是到處有的。就像現在，常常沒有自來水，要到水缸裏去舀水，凸出小黃龍的深黃水缸裏靜靜映出自己的臉，使你想起多少年來井邊打水的女人，打水兼照鏡子的情調。我希望「傾城之戀」的觀衆不拿它當個遼遠的傳奇，它是你貼身的人與事。

「傾城之戀」

—葦窗—

張愛玲編，朱端鈞導演之「傾城之戀」，即將於新光演出，女主角流蘇一角，由羅蘭承乏。曾看過「傳奇」，以爲此中人多有影子，此劇事實泰半有所本而加以渲染者。大中爲此劇耗人力財力物力殊多，屆時出演，觀衆當必有傾巷來觀之盛。

流蘇的話

人人都以爲這「傾城之戀」說的就是我。所有的親戚朋友們看見了我都帶着會心的微笑，好像到了在這裏源源本本發現了我的祕密。

其實剛巧那時候在香港結婚的，我想也不止我一個人。而且我們結婚就是結婚了，哪兒有小說裏那些囉囉唆唆，不清不楚的事情？根本兩個人背地裏說的話，第三個人怎麼會曉得？而且認識我的人應該知道，我哪裏有流蘇那樣的口才？她那些俏皮話我哪裏說得上來？

柳原的話

我太太看了「傾城之戀」，非常生氣，因爲人家都說是描寫她，她也就說是描寫她。我說何苦呢，自找着生氣，怎麼見得就是編派你？我向來是不看小說的，後來也把「傾城之戀」仔仔細細看了一遍。不相干——怎麼會是我們呢？——就算是吧，不也很羅曼蒂克，很好的麼？反正沒有關係。隨便吧！

張愛姑(註)代擬

註：張愛玲的姑姑。

張愛玲在《傾城之戀》紀念特刊寫有〈羅蘭觀感〉，而她的姑姑以筆名「張愛姑」代擬〈流蘇的話〉及〈柳原的話〉。

「動」的「傾城之戀」

前題「傳奇」，覺得內容眞有奇氣，其風格之特出爲恒古中國女作家所未有，不僅爲恒古中國女作家所未有，即男作家亦鮮有能及之者；「傾城之戀」係「傳奇」中之一篇，其文筆之生動，故事之引人入勝，自不待言。只是小說總是「靜」的，今以「動」的姿態搬上舞台，看來自當更爲生動，更能引人入勝也。

實齋

羅蘭觀感

張愛玲

羅蘭排戲，我只看過一次，可是印象很深。第一幕白流蘇應當穿一件寒素的藍布罩袍，羅蘭那天恰巧就穿了這麼一件，怯怯的身材，紅削的腮頰，眉梢高吊，幽咽的眼，微風振簫樣的聲音，完全是流蘇，使我吃驚，而且想：當初寫「傾城之戀」其實還可以這樣一點一點的……還可以那樣一點的……

「傾城之戀」的故事，我當然是爛熟的，小姐落難，爲兄嫂所欺凌，「李三娘」一類的故事，本來就是爛熟的。然而有這麼一刹那，我在旁邊看着，竟想掉淚，羅蘭演得實在好——將來大家一定會閧然讚好的，所以我想，我說好還得趕快說，搶在人家頭裏。

戲裏，闔家出動相親回來

個氣哄哄，她挨身而入，低着頭，像犯了法似地，悄悄往裏一溜。導演說：「羅蘭，不要板着臉；也不要不板臉，你知道我的意思……」羅蘭問：「得意啊？」果然，還是低着頭，掩在人背後走了進來，可是有一種極難表現的閃爍的昂揚。走到幕後，她誇張地搖頭晃腦一笑，說：「得意！我得意！」衆人都笑了。

流蘇的失意得意，始終是下賤難堪的，如同蘇青所說「可憐的女人呀！」外表上看上去世界各國婦女的地位高低不等，實際上女人總是低的，氣憤也無用，人生不是賭氣的事。日本女人有意養成一種低卑的美，像古詩裏的「伸腰長跪，拜，問客平安否」？溫厚光緻，有絹畫的畫意，低是低的，

最佳白流蘇

香港導演許鞍華執導的電影《傾城之戀》於1984年8月上演，電影改編自張愛玲於1943年最初發表在上海《雜誌》9月至10月連刊的《傾城之戀》小說。從電影的演員陣容、佈景及拍攝，許鞍華導演的努力及用心受到不少觀眾讚賞，但亦有個別影評家認為電影太過循規蹈矩，無法表達張愛玲筆下人物范柳原及白流蘇的個性及性格，尤其是白流蘇一角和原著的差距，令「張迷」們有些失望。

「死生契闊、與子相悅，執子之手、與子偕老。」張愛玲之《傾城之戀》引用《詩經》，為小說添上神秘及神采，白流蘇更形容為一個永不過時的中國女人。過去在電影、電視劇或舞台上飾演白流蘇的，屈指一算除了有香港的繆騫人外，還有中國的陳數。除了以上女角，香港電台也曾於1994年及1998年分別錄製《傾城之戀》廣播劇，找來葉玉卿及陳玉蓮聲演白流蘇。另外，香港話劇團台柱蘇玉華亦曾飾演白流蘇，與謝君豪及梁家輝在舞台演出《新傾城之戀》，大受歡迎。

葉玉卿聲演白流蘇

電台廣播劇不同於電影、電視及舞台劇，沒有任何人物及背景影像，全憑聲演者的說話、語氣和情緒演繹，加上音樂、歌曲或特殊聲樂作襯托。1994 年，香港電台廣播劇《傾城之戀》找來洪朝豐和葉玉卿，分別聲演范柳原和白流蘇，演繹得非常吸引及動聽，特別是葉玉卿的演繹更出人意表，非常出色！根據香港電台電視部於 1995 年出版的《寫意空間》宣傳小冊子所描述：「葉玉卿聲演白流蘇，保留了她世故、成熟、被輕視、矜持、憤怒等性格特質，甚至連白流蘇輕笑四嫂離婚的一小段，葉玉卿語重心長地微笑一聲『四嫂』……那種吐氣揚眉的語氣，白流蘇差不多要跳出收音機了！」

葉玉卿小姐是廣東花縣人，1985 年因參與亞洲小姐競選獲得季軍而擠身香港演藝圈，賽後隨即簽約加入亞洲電視成為合約藝員，先後參與多部電視劇拍攝演出。1993 年葉玉卿憑《天台的月光》提名金像獎及金馬獎影后，成功擺脫美艷明星的形象。其後，她亦於無綫電視擔任綜藝節目的主持，包括清談節目《卿撫你的心》，後獲導演關錦鵬的賞識。

紅玫瑰白玫瑰

娶了紅玫瑰，久而久之，紅的變了牆上的一抹蚊子血，白的還是「牀前明月光」；娶了白玫瑰，白的便是衣服上沾的一粒飯黏子，紅的卻是心口上一顆硃砂痣。

《紅玫瑰與白玫瑰》張愛玲

即使沒有看過張愛玲的小說《紅玫瑰與白玫瑰》，也曾聽過這句經典名句吧！1994 年，由關錦鵬執導的《紅玫瑰白玫瑰》，陳沖飾演風情萬種的「紅玫瑰」王嬌蕊，而淡如開水的「白玫瑰」孟煙鸝則由葉玉卿來演出。

葉玉卿小姐一向予人的感覺是艷麗及性感的，但在《紅玫瑰白玫瑰》演的不是激情開放的紅玫瑰，卻是平淡含蓄的白玫瑰。表面看來是格格不入，但從造型來看卻彷如其人，真像把小說中的白玫瑰演活了！張愛玲在原著《紅玫瑰與白玫瑰》中，有細緻的描述白玫瑰孟煙鸝：「她是細高身量，一直線下去，僅在有無間的一點波折是在那幼小的乳的尖端，和那突出的胯骨上。風迎面吹來，衣裳朝後飛着，越顯得人的單薄。臉生得寬柔秀麗。可是，還是單只覺得白。」1994 年，葉玉卿憑《紅玫瑰白玫瑰》獲提名第 31 屆金馬獎「最佳女主角」，演技獲得一致讚賞。

蘇玉華演白流蘇

蘇玉華曾在國泰當過空中小姐，自覺空中服務員的工作不適合她的性格，卻對戲劇產生濃厚興趣，遂以在職人士身分報讀香港演藝學院。蘇玉華於 1991 年在香港演藝學院戲劇學院以優異成績畢業，1994 年演出電影《我和春天有個約會》時，由於表現出色，因而獲無綫電視邀請加盟。

1987 年，由陳尹瑩執導、陳冠中編劇的《傾城之戀》是香港話劇團最具延展性的創作劇，2002 年毛俊輝及林奕華根據陳冠中的原劇本重新改編成《新傾城之戀》，由謝君豪和蘇玉華分別飾演范柳原及白流蘇，在香港文化中心首演時大受歡迎。2005 年，香港話劇團再推出《新傾城之戀》新版在香港及上海演出，梁家輝取代了謝君豪飾演范柳源，白流蘇仍由蘇玉華飾演，同樣轟動。再至 2006 年特別加上喻榮軍改編而成《新傾城之戀 —— 06 傾情再遇》，更令該劇富有新元素及戲劇性。

毛俊輝在 2022 香港書展新書座談會上，憶述三位《新傾城之戀》主要演員都入圍第 16 屆上海白玉蘭獎，包括梁家輝獲得最佳男主角獎和劉雅麗獲得最佳女配角獎，但蘇玉華只獲最佳女主角提名，毛俊輝為飾演女主角白流蘇的蘇玉華抱不平，認為她應該得獎。毛俊輝還披露，在北京演出初時有些擔心，因為北京不像香港、上海和美加般多人懂廣東話，演出過程中觀眾會為一些精彩台詞或表演即時鼓掌，但在北京演出第一場時，台下沒甚麼反應，他正擔心是否觀眾聽不明白廣東話引不起共鳴。然而，到謝幕時，掌聲如雷，他才鬆一口氣。後來，蘇玉華更贏得「最佳白流蘇」演繹者的讚譽。

1994 年，香港電台廣播劇《傾城之戀》播放，葉玉卿聲演白流蘇，演繹出色！

1994 年關錦鵬執導《紅玫瑰白玫瑰》，由陳沖飾演「紅玫瑰」王嬌蕊，葉玉卿則演出「白玫瑰」孟煙鸝。

1994 年 10 月 6 至 19 日電影雙週刊 404 期，封面可見飾演白玫瑰的葉玉卿，以二位一體作標題。

2005 年，香港話劇團推出《新傾城之戀》新版在香港及上海演出，梁家輝取代了謝君豪飾演范柳源，白流蘇仍由蘇玉華飾演，大受歡迎。

2005 年及 2006 年香港話劇團《新傾城之戀》場刊。

傾城之恋

LOVE IN A FALLEN CITY

（修訂本）

原著：張愛玲

改編：陳冠中

導演：陳尹瑩

＊市政局香港話劇團粵語演出本＊

（一九八七年十月）

1987 年由陳尹瑩執導《傾城之戀》，陳冠中改編，香港話劇團演出。圖為粵語演出劇本。

新傾城之戀

Love in a Fallen City

(2002 排練本)

小說原著：張愛玲

原劇本：陳冠中

導演：毛俊輝

改編：毛俊輝、林奕華

作曲及填詞：鍾志榮

演出日期：2002 年 10 月 18 日至 10 月 28 日

演出場地：香港文化中心大劇院

香港話劇團 2002 至 2003 劇目

2002 年香港話劇團演出《新傾城之戀》，由謝君豪和蘇玉華分別飾演范柳原及白流蘇，毛俊輝執導，原劇本陳冠中，改編毛俊輝、林奕華。圖為 2002 排練本。

從《不了情》到《多少恨》

在 1947 年張愛玲為電影《不了情》編劇，為人生首次嘗試，根據文華影片公司廠長陸潔的日記得知，1946 年 12 月 25 日聖誕節當天，導演桑弧親身上門到張愛玲香閨，專誠邀請她為文華公司製作的首齣電影《不了情》編劇。張愛玲接受桑弧之請，聖誕節後便趕寫劇本，於 1947 年 1 月 12 日交出劇本初稿，同月 27 日改定劇本，文華公司註明「張愛玲修改之劇本可用，名《不了情》」。2 月 6 日桑弧開拍此片，3 月 22 日煞科，4 月 9 日公開試映，4 月 10 日正式上映。

試映票

1947 年 4 月 9 日上午 10 時半，文華影片公司的首部製作的電影《不了情》，於上海滬光大戲院試映，還特別印刷了精美的「試映票」，主要是招待新聞界、文藝界及特別嘉賓入場觀賞。試映票除印有茶底色淡黃大字體《不了情》的戲名外，還有編劇張愛玲及導演桑弧的名字，分外耀目。

《不了情》文藝片於1947年由文華影業公司首次製作，紅星陳燕燕、劉瓊主演，桑弧執導，劇本出自名作家張愛玲，這也是她編寫的第一部電影劇本。桑弧與張愛玲曾有過一段相知相惜的友誼，雖未成為愛情，卻給彼此心靈的依靠。《不了情》儘管是家庭女教師與男主人的故事，卻在張愛玲的筆下激發出新生命。電影沒有燦爛的開始，也沒有痛苦的結束，一切都是平淡而卻有滋味的。《不了情》的情節蘊含深意，能與觀眾產生共感，因此廣受男女觀眾喜愛，票房成績斐然。

擔任女主角的陳燕燕，剛出道就被賦予「南國乳燕」的稱號，嬌俏可愛形象不言可喻。然而，到拍攝《不了情》時，她已是不折不扣的少婦身形，略為發福加上穿着厚重大衣，站在高大的男主角劉瓊身旁，顯得肥肥胖胖。陳燕燕自知外型有缺憾，唯有靠演技來補救，以嬌滴滴的聲音表情，感覺上仍然是那個青春嬌俏的家庭教師。

《不了情》選用當時最紅的男星劉瓊與東山再起的陳燕燕當主角，張愛玲曾說過：「陳燕燕退隱多年，面貌仍舊美麗年輕，加上她特有的一種甜味，不過胖了，片中只好儘可能的老穿着一件寬博的黑大衣。」圖為1940年代陳燕燕的玉照。

《不了情》於 1947 年 4 月 9 日試映，4 月 10 日正式上映。圖為《不了情》特刊的封面和內頁。

《不了情》由文華影業公司首次製作，紅星陳燕燕、劉瓊主演，桑弧執導，劇本出自張愛玲，也是她編寫的第一部電影劇本。圖為 1947 年《不了情》電影本事。

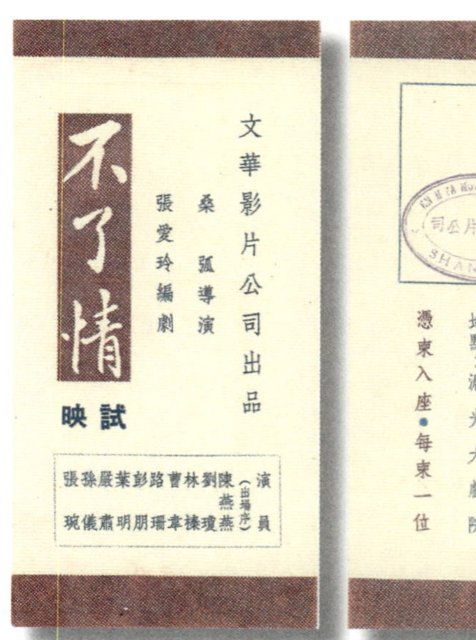

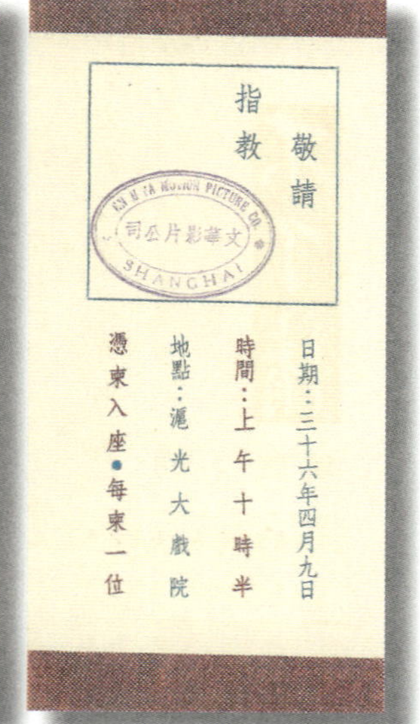

1947 年 4 月 9 日《不了情》試映票，在上海滬光大戲院播映。

《多少恨》

故事開始講述25歲的單身女性虞家茵（陳燕燕飾），站在上海國泰大戲院前，眼見電影已經開演，老同學范秀娟仍未赴約，想退票卻已經太遲。此時，一位35歲企業家夏宗豫（劉瓊飾）正想向票房購買電影票，售票小姐靈機一動，請家茵把多出的票賣給對方，正好解決一個想買票，一個想退票的問題。因為一張電影戲票而相識宗豫的家茵，後來更湊巧被人介紹到宗豫家，成為他女兒的家庭教師。兩人漸漸萌生情愫，然而，宗豫已有一位久病在牀、感情疏離的妻子，這使得他們注定成為一對無法相守的怨偶。宗豫向家茵訴說自己的苦悶，決定要和太太離婚，並向家茵吐露求婚的意願。家茵經過理智與情感的掙扎，覺得夏太太是一個可憐的人物，她不忍從夏太太手裏奪去她的丈夫，於是她決定到外地教書，未告知任何人，偷偷地上了船，從此離開宗豫。

宗豫掏出手絹子來擦眼睛，忽然聞到手帕上的香氣，於是又看見她窗台上的一隻破香水瓶，瓶中插着一枝枯萎了的花。他走去把花拔出來，推開窗子擲出去。窗外有許多房屋與屋脊。隔着那灰灰的，嗡嗡的，蠢蠢動着的人海，彷彿有一隻船在天涯叫着，淒清的一兩聲。

以上文句出自張愛玲根據電影《不了情》的劇情創作了小說《多少恨》，於1947年5月1日及6月20日《大家》月刊五月號及六月號連載發表。在小說《多少恨》的結尾，張愛玲以獨特的文風來描寫宗豫的無奈及惆悵，影片的結局中，儘管虞家茵很喜歡夏宗豫，她還是選擇了離開。

山河圖書公司發行人龔之方及編輯人唐雲旌，在 1947 年 4 月 1 日出版《大家》月刊創刊號，大 32 開本 14.8 × 22.3 厘米。創刊號刊有張愛玲的《華麗緣》，第二期至第三期則刊有張愛玲的《多少恨》(即《不了情》，若不是《大家》出版了三期便結束，相信張愛玲還有更多佳作刊出。

張愛玲在《大家》第二期及第三期發表的《多少恨》，插圖由畫家小丁（即丁聰）精心設計，比創刊號上另一畫家所畫的《華麗緣》插圖美麗得多了。

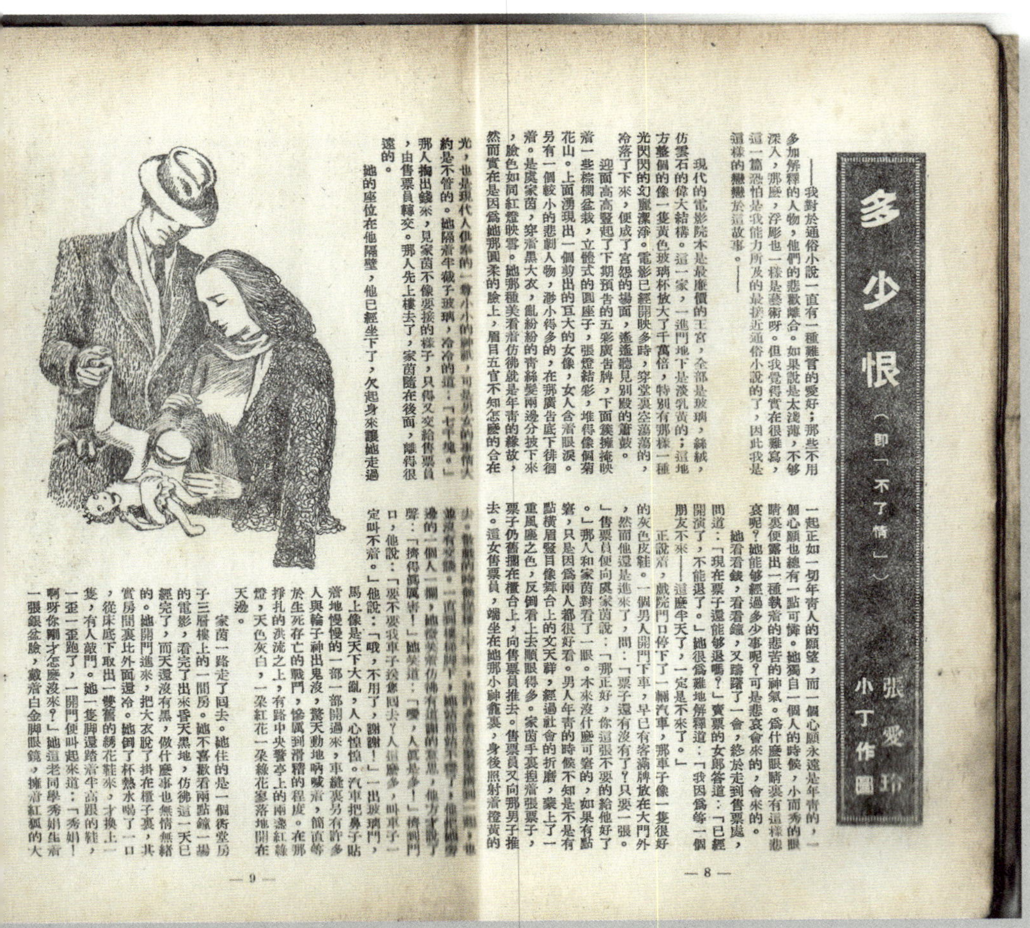

多少恨

（即「不了情」）

張愛玲
小丁作圖

——我對於通俗小說一直有一種難言的愛好；那些不用多加解釋的人物，他們的悲歡離合。如果說是太淺薄，不夠深入，那麼，浮彫也一樣是藝術呀。但我覺得實在很難寫，這一篇恐怕是我能力所及的最接近通俗小說的了，因此我是這樣的戀戀於這故事。——

現代的電影院本是最廉價的王宮，全部是玻璃，絲絨，仿雲石的偉大結構。這一家，一進門地下是淡乳黃的；這地方整個的像一隻黃色玻璃杯放大了千萬倍，特別有那樣一種光閃閃的幻麗潔淨。電影已經開映多時，穿堂裏空蕩蕩的，冷落了下來，便成了宮怨的場面，遙遙聽見別殿的簫鼓。

迎面高高豎起了下期預告的五彩廣告牌，下面簇擁掩映着一些棕櫚盆栽，立體式的圓座子，張燈結彩，堆得像個菊花山。上面湧現出一個剪出的巨大的女像，女人含着眼淚。另有一個較小的悲劇人物，渺小得多的，在那廣告底下徘徊着。是虞家茵，穿着黑大衣，亂紛紛的青絲髮兩邊分披下來，臉色如同紅燈映雪。她那種美看着彷彿就是年青的緣故，然而實在是因為她那圓柔的臉上，眉目五官不知怎麼的合在一起正如一切年青人的願望，而一個心願永遠是年青的，一個心願也總有一點可憐。她獨自一個人的時候，小而秀的眼睛裏便露出一種執着的悲苦的神氣。為什麼眼睛裏有這樣悲哀呢？她能夠經過多少事呢？可是悲哀會來的，會來的。

她看看錶，看看鐘，又躊躇了一會，終於走到售票處，問道：「現在票子還能夠退嗎？」賣票的女郎答道：「已經開演了，不能退了。」她很為難地解釋道：「我因為等一個朋友不來——這麼半天了，一定是不來了。」

正說着，戲院門口停下了一輛汽車，那車子像一隻很好的灰色皮鞋。一個男人開門下車，早已有客滿牌放在大門外，然而他還是進來了，問：「票子還有沒有了？只要一張。」售票員便向虞家茵說：「那正好，你這張不要的給他好了。」那人和家茵對看了一眼。本來沒什麼可窘的，如果有點窘，只是因為兩人都很好看。男人年青的時候不知是不是有點橫眉豎目像舞台上的文天祥，經過社會的折磨，蒙上了一重風塵之色，反倒看上去順眼得多。家茵手裏捏着張票子，票子仍舊擱在櫃台上，向售票員推去。售票員又向那男子推去。這女售票員，端坐在她那小神龕裏，身後照射着橙黃的

— 8 —

光，也是現代人供奉的一盞小小的神祇，可是男女的事情大約是不管的。她隔着半截子玻璃，冷冷的道：「七千塊。」那人掏出錢來，見家茵不像要接的樣子，只得又交給售票員，由售票員轉交。那人先上樓去了，家茵隨在後面，離得很遠的。

她的座位在他隔壁，他已經坐下了，欠起身來讓她走過去。[illegible]並沒有交談。[illegible]邊的一個人一擠，[illegible]聲：「擠得厲害！」她笑道：「嗳，人真多！」[illegible]口，他說：「要不要我車子送你回去？人很多，叫車子一定叫不着。」他說：「哦，不用了，謝謝！」一出玻璃門，馬上像是天下大亂，人心惶惶。汽車把鼻子貼着地慢慢的一部一部開過來，車縫裏另有許多人與輪子神出鬼沒，驚天動地吶喊着，簡直等於生死存亡的戰鬥，慘厲到滑稽的程度。在那掙扎的洪流之上，有路中央警亭上的兩盞紅綠燈，天色灰白，一朵紅花一朵綠花寥落地開在天邊。

家茵一路走了回去。她住的是一個衖堂房子三層樓上的一間房。她不喜歡看兩點鐘一場的電影，看完了出來昏天黑地，彷彿這一天已經完了，而天還沒有黑，做什麼事也無情無緒的。她開門進來，把大衣脫了掛在櫃子裏，其實房間裏比外面還冷。她倒了杯熱水喝了一口，從床底下取出一雙舊的綉花鞋來，才換上一隻，有人敲門。她一隻腳還踏着半高跟的鞋，一歪一歪跑了，一開門便叫起來道：「秀娟！啊呀你剛才怎麼沒來？」她這老同學秀娟生着一張銀盆臉，戴着白金腳眼鏡，擁着紅狐的大

— 9 —

《多少恨》是張愛玲創作的中篇小說，初載於 1947 年 5 月及 6 月上海《大家》雜誌第二期及第三期，小丁（即丁聰）畫插圖。張愛玲認為原作有些對白太軟弱，改寫了兩段後收入皇冠叢書第 909 種《惘然記》，於 1983 年 6 月出版。

最早成名作《沉香屑 —— 第一爐香》

大考的早晨，那慘淡的心情大概只有軍隊作戰前的黎明可以比擬，像「斯巴達克斯」裏奴隸起義的叛軍在晨霧中遙望羅馬大軍擺陣，所有的戰爭片中最恐怖的一幕，因為完全是等待。

《小團圓》，張愛玲

張愛玲故意在《小團圓》的開始及結尾段落重覆上述文句，既特別且顯眼，意味着她在學校大考前的心情總是忐忑不安，猶如軍隊作戰前的等待。在 1939 年 8 月考進香港大學文學院的張愛玲，修讀的課程有英文、歷史、中國文學、翻譯、邏輯和心理學，除中、英文及歷史的成績非常優異外，其他科目是稍遜一籌。1941 年 12 月 8 日，本是香港大學期末大考的首天，卻被戰爭所打斷，這一天日本發動太平洋戰爭，在偷襲珍珠港之同日進攻香港。在連續十八天日本侵港戰事裏，香港守軍雖奮勇抗敵，但在寡不敵眾下難扭劣勢，港英政府最終在同年聖誕節當天，由時任港督楊幕琦向日本宣佈無條件投降，香港進入三年零八個月的黑暗歲月。

當時學生身分的張愛玲，以「港大停止辦公了」來形容因戰事而停學的香港大學。若學生選擇不參加守城工作者，港大不會給予膳宿，張愛玲只好跟着同學到防空總部報名。當報了名、領了證章後就遇上空襲，香港大學校舍遭炸毀，部分教室更倒塌下來，大部分師生也因逃命而撤離校園。接下來的五個月裏，張愛玲的親身經歷對她「有切身的，劇烈的影響」。1942 年 5 月，張愛玲隻身離開日佔下的香港，返回她的家鄉上海去，並入讀由聖公會創辦的一所享有盛譽的聖約翰大學（St. John's University）。

聖約翰大學創立於 1879 年，兩年後成為中國首座全英語授課的學校，是當時上海最優秀的大學之一，也是在華辦學時間最長的一所教會學校。聖約翰大學享有「東方哈佛」盛名，更是培育出聲名顯赫的校友包括林語堂、宋子文、榮毅仁等。入讀名牌大學的代價，須付上昂貴的學費，令張愛玲需要從事兼職工作，但低微的收入實在入不敷出。最後，張愛玲因體力不繼，很快便選擇輟學，轉而在上海賣文為生，並希望能夠早日成名。

張愛玲的伯樂

先有伯樂，才能有千里馬的出現。

1943 年 3 月，不足 23 歲的張愛玲，手上帶來一份由她母親娘家的遠房親戚黃岳淵撰寫的推薦信和自己的兩個中篇小說 ——《沉香屑 —— 第一爐香》和《沉香屑 —— 第二爐香》，來到上海愚園路 608 弄 94 號，小心翼翼地叩響了「紫羅蘭庵」的大門，屋內住着的便是《紫羅蘭》主編周瘦鵑。周瘦鵑（1895—1968）原名周國賢，江蘇省蘇州市人，是「鴛鴦蝴蝶派」作家及文學翻譯家，亦從事園藝工作，開闢了蘇州有名的「周家花園」。1916 年至 1949 年間，在上海歷任中華書局、《申報》、《新聞報》等編輯和撰稿人，期間主編《半月》、《紫羅蘭》、《樂觀月刊》、《申報》副刊、《禮拜六》週刊等等。《紫羅蘭》半月刊於 1925 年 12 月問世，直至 1930 年 6 月第 96 期停刊，又再到 1943 年 4 月復刊，終至 1945 年 3 月終刊。《紫羅蘭》早期為 20 開本，呈正方形，被稱作「中國第一本正方形雜誌」，它的封面時髦，畫有美女圖案，版式注重美觀，正文配有精彩圖畫。

周瘦鵑曾回憶張愛玲登門叩訪，並記起：「一個春寒料峭的上午，我正懶洋洋地呆在紫羅蘭庵裏，不想出門，眼望着案頭宣德爐中燒着的一枝紫羅蘭香嫋起的一縷青煙在出神。我的小女兒瑛忽然急匆匆地趕上樓來，拿一個挺大的信封遞給我，說有一位張女士來訪問。我拆開信一瞧，原來是黃園主人岳淵老人介紹一位女作家張愛玲女士來，要和我談談小說的事。我忙不迭趕下樓去，卻見客座中站起一位穿着鵝黃緞半臂的長身玉立的小姐來向我鞠躬，我答過了禮，招呼她坐下。接談之後，才知道這位張女士生在北平，長在上海，前年在香港大學讀書。」

周瘦鵑與張愛玲兩人談了一個多小時，在分別時周瘦鵑告訴張需要一些時間看稿，請她一週後再來聽回音。一星期後，張愛玲一早到達周家，周瘦鵑指着兩篇稿本，稱讚不絕，問張愛玲：「我主編的《紫羅蘭》即將復刊，你是否願意將這兩篇小說發表在這本雜誌上？」張愛玲滿懷歡喜毫不考慮一口答應了。一個月後，周瘦鵑主編的第二期《紫羅蘭》雜誌復刊了，張愛玲的《沉香屑 —— 第一爐香》開始發表，卷首還有周瘦鵑的《寫在〈紫羅蘭〉前頭》一文，高度評價了張愛玲這篇小說，還被後人稱之「國內第一篇盛讚張愛玲作品的評論文章」。該文寫有：「請讀者共同來欣賞張女士一種特殊情調的作品，而對於當年香港所謂高等華人的那種驕奢淫逸的生活，也可得到一個深刻的印象……」

張愛玲寫有特殊情調的《沉香屑 —— 第一爐香》，很快受到讀者熱烈歡迎，周瘦鵑成為張愛玲的伯樂，他乘勢將張愛玲篇幅較長的《沉香屑 —— 第二爐香》分上下兩期推出，這兩爐香差不多燒了整整五個月。張愛玲這位名不見經傳的年青女作家，以這兩篇成名作，很快在上海聲名鵲起並火速竄紅。1943 年 8 月 10 日，周瘦鵑在出版的《紫羅蘭》第五期〈寫在《紫羅蘭》前頭〉中說：「張愛玲女士的〈沉香屑〉第一爐香已燒完了，得到了讀者很多的好評。本期又燒上了第二爐香，寫香港一位英國籍的大學教授，因娶了一個不解性教育的年輕妻子而演出的一段悲哀故事，敍述與描寫的技巧，仍保持她的獨特的風格。張女士因為要出單行本，本來要求我一期登完的，可是篇幅實在太長了，不能如命，抱歉得很！但這第二爐香燒完之後，可沒有第三爐香了，我真有些捨不得一次燒完它，何妨留一半兒下來，讓那沉香屑慢慢的化為灰燼，讓大家慢慢的多領略些幽香呢。」

請您尋出家傳的一座霉綠斑斕的古銅香爐，點上一爐沈香屑，聽我說一支香港的故事。您這一爐沈香屑點完了，我的故事也該完了。

在故事的開端，葛薇龍，一個極普通的上海女孩子，站在半山裏一座大住宅的走廊上，向花園裏遠遠望過去。薇龍到香港來了兩年了，但是對於香港山頭華貴的住宅區還是相當的生疏。這是第一次，她到姑母家裏來。姑母家裏的花園不過是一個長方形的草坪，四周繞着矮矮的白石卍字闌干，闌干外就是一片荒山。可是這園子彷彿是亂山中憑空擎出的一隻金漆托盤。園子裏也有一排修剪得齊齊整整的長青樹，疎疎落落兩個花牀，種着纖麗的[illegible]謹嚴，一絲不亂，就像漆盤上一派淡淡的工筆彩繪。草坪的一角，栽了一棵小小的杜鵑花，正在開着，花朵兒粉紅裏略帶些黃，是鮮亮的蝦子紅。牆裏的春天，不過是虛應個景兒，誰知星星之火，可以燎原，牆裏的春延燒到牆外去，滿山轟轟烈烈開着野杜鵑，那灼灼的紅色，一路摧枯拉朽燒下山坡子去了。杜鵑花外面，就是

沈香屑

第一爐香

·張·愛·玲

·二○·

1943 年 5 月，張愛玲的《沉香屑 · 第一爐香》首次發表於《紫羅蘭》第二期半月刊，共分三期連載，受到讀者熱烈歡迎，迅速在上海聲名鵲起及火速躥紅！

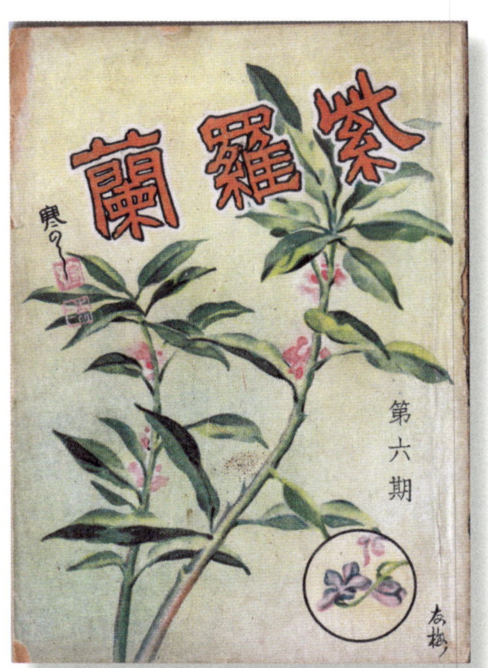

1943 年 8 月和 9 月，張愛玲的《沉香屑 · 第二爐香》在《紫羅蘭》分別在第五期和第六期連載推出。

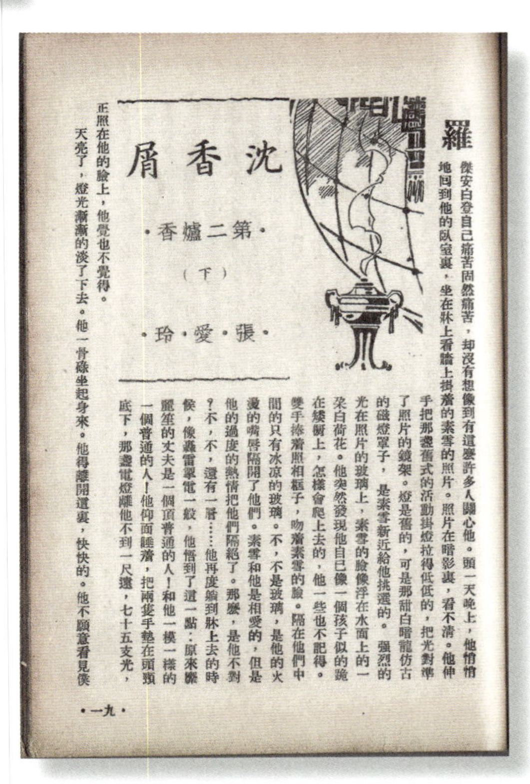

羅

沈香屑

·第二爐香·

（下）

·張·愛·玲·

傑安白登自己痛苦固然痛苦，却沒有想像到有這麼許多人關心他。頭一天晚上，他悄悄地回到他的臥室裏，坐在牀上看牆上掛着的素雪的照片。照片在暗影裏，看不清。他伸手把那盞舊式的活動掛燈拉得低低的，把光對準了照片的鏡架。燈是舊的，可是那甜白暗龍仿古的磁燈罩子，是素雪新近給他挑選的。強烈的光在照片的玻璃上，素雪的臉像浮在水面上的一朵白荷花。他突然發現他自已像一個孩子似的跪在矮櫥上，怎樣會爬上去的，他一些也不記得。雙手捧着照相框子，吻着素雪的臉。隔在他們中間的只有冰涼的玻璃。不，不是玻璃，是他的火燙的嘴唇隔開了他們。素雪和他是相愛的，但是他的過度的熱情把他們隔絕了。那麼，是他不對？不，不，還有一層……他再度爬到牀上去的時候，像轟雷掣電一般，他悟到了這一點：原來靡麗笙的丈夫是一個頂普通的人！和他一模一樣的一個普通的人！他仰面睡着，把兩隻手墊在頭頸底下，那盞電燈離他不到一尺遠，七十五支光，正照在他的臉上，他覺也不覺得。

天亮了，燈光漸漸的淡了下去。他一骨碌坐起身來。他得離開這裏，快快的。他不願意看見僕

·一九·

電影觀後感

在樓頭的另一角，薇龍側身躺在牀上，黑漆漆的，並沒有點燈。她睡在那裏，一動也不動，可是身子彷彿坐在高速度的汽車上，夏天的風鼓蓬蓬的在臉頰上拍動。可是那不是風，那是喬琪的吻。薇龍這樣躺着也不知道過了多少時辰……。他對她說了許多溫柔的話，但是他始終沒吐過一個字說他愛她。現在她明白了，喬琪是愛她的。當然，他的愛和她的愛有不同的方式——當然，他愛她不過是方才那一剎那。

《沉香屑——第一爐香》，張愛玲

以上形容男女喜悅及纏綿的精彩字句，出自張愛玲於 1943 年創作的《沉香屑——第一爐香》短篇小說，原文一方面勾劃出故事中的兩位主角——喬琪喬和葛薇龍的親密關係，另一方面卻表達雙方對愛情的不同看法。若透過電影拍攝手法來表達以上男女纏綿的過程，不是易事，還要吻合小說故事中男女主角的容貌、身型、膚色、性格、氣質等等。奪過三屆金馬最佳導演、六屆香港金像獎最佳導演，更是全球首位榮獲威尼斯影展終身成就獎的女性導演許鞍華，繼 1984 年電影《傾城之戀》、1997 年電影《半生緣》之後，第三部改編自張愛玲作品《第一爐香》，但自開拍前公佈由彭于晏、馬思純分別飾演男女主角開始，就不斷受到外界，特別是內地網民質疑及傳出不少的負面消息。

據原著《沉香屑——第一爐香》所描述，葛薇龍的「臉是平淡而美麗的小凸臉」，「眼睛長而媚，雙眼皮的深痕，直掃入鬢角裏去。纖瘦的鼻子，肥圓的小嘴」，「面部表情呆滯，更加顯出那溫柔敦厚的古中國情調」，「白淨的皮膚」。至於風流成性的喬琪喬，則是「高個子，也生得停勻」、「衣服穿得服貼，隨便」、「沒血色，連嘴唇都是蒼白的，和石膏像一般」。原創小說中的葛薇龍是相當清瘦，氣質過人，且具有說不出的魅力，然而馬思純扮演的葛薇龍，被大眾認為身材不符及氣質薄弱；而彭于晏扮演病態的混血公子，他本人練就一身好肌肉，完全不像原作中的二世祖喬琪喬。導演許鞍華曾提到：「發現在大陸喜歡張愛玲小說的書粉相當多，導致翻拍小說時，以『絕對不能冒犯』來形容現在的翻拍壓力。過去翻拍《半生緣》並沒有波瀾，因為在香港書粉很少，結果此次翻拍《第一爐香》，面對龐大『原著黨』檢視和比較。」

張愛玲於 1950 年代移居到美國，與好友鄺文美經常書信來往，曾寫有：「當然我知道《傾城之戀》是我的作品內唯一適合拍電影的，不會再有第二部跟進。《第一爐香》也可惜沒有第二個林黛。」這表示張愛玲心目中林黛飾演葛薇龍是最適合不過，其實四屆影后林黛本身就圓臉大眼，後期更身形稍胖，跟原著形容的薇龍有很大差別。若林黛早於四十年代初出現，相信改變了張愛玲在 1943 年發表《第一爐香》時的早期人物的構思，今天馬思純飾演的葛薇龍，或更接近張愛玲後來所想的林黛版本。

香港於 2021 年 11 月 25 日首映《第一爐香》，筆者第一時間進場觀看，認為戲中男女主角彭于晏和馬思純演技中規中距，飾演葛薇龍姑媽的俞飛鴻更出色過人，而畫面、服裝和配樂方面也不錯，值得推薦。若以小說與電影作比較，一千人看過小說中的薇龍及琪喬，便在心目中有一千個不同的形象，但電影裏已既定了男女主角外貌，很難吻合每人心目中的薇龍與琪喬，自然產生不同的意見。其實，原著小說中的薇龍是一個極其可愛又可悲亦可憐的女孩子，她那份執著的愛打動了很多讀者，她是個至情至聖的人，即使琪喬是個徹頭徹尾的渣男，她仍願意等他，為他做任何事，一句「我愛你，關你甚麼事，千怪不怪，也怪不到你身上去。」她那樣無怨無悔地去愛一個人，為一個人付出，至死不渝地守候，即使明明知道最後可能徒勞無功一場空，她也願意。反觀喬琪喬、梁太太、司徒協等人，計較着自己的得失及回報，視情愛為遊戲及買賣，應遭受唾棄。只能歎薇龍將愛情錯付了，深深為她感到惋惜！薇龍的故事是個悲劇，雖然張愛玲沒有具體敘述她後來的境況，但小說最後的一句「薇龍的一爐香，也就快燒完了。」已暗示得很清楚，我們也可以想像得到薇龍最後的結局。

許鞍華執導的《第一爐香》在 2020 年 9 月 8 日於威尼斯首映，繼後於翌年 10 月 22 日、11 月 25 日及 2022 年 1 月 14 日分別在中國內地、香港地區、台灣地區上映。圖為於內地上映《第一爐香》的電影海報，由有「中國電影海報設計第一人」美譽的黃海設計，電影海報上的名字《第一爐香》則由著名作家董橋書寫。

《第一爐香》電影改編自從張愛玲的同名小說，由許鞍華執導，編劇王安憶，音樂監製坂本龍一，攝影指導杜可風，主演馬思純、俞飛鴻、彭于晏、張鈞甯、范偉、梁洛施、張佳寧 、尹昉、秦沛、白冰等。圖左為《第一爐香》電影海報，在 2021 年 10 月 22 日首映於中國內地，圖右為同年 11 月 25 日香港首映的換票證。

日本音樂家、作曲家坂本龍一的《第一爐香》電影原聲音樂大碟，其封面由電影美術組手繪師陸梅所繪畫，可見導演許鞍華和編劇王安憶齊聚麻將桌前，攝影杜可風在後舉起酒杯，阪本龍一演奏鋼琴助興，原著作者張愛玲更是跨越時空現身畫中。

許鞍華執導的《第一爐香》電影，由獲得第53屆電影金馬獎最佳女主角獎的內地影星馬思純，飾演戲中的女主角葛薇龍。

復旦大學中文系教授王安憶著有《王安憶改編張愛玲：第一爐香》，說明：「《第一爐香》是逆流而上，涵量更大。那麼，就積蓄涵量吧！愛情天然具有原動力，所以，就要賦予反常的性質，才能燃爆它。」

從張愛玲到張國榮

「情愛就好像一串夢，夢醒了一切亦空，或者是我天生多情，方給愛情戲弄。」

《儂本多情》，鄭國江填詞

2023 年 4 月 1 日是「哥哥」張國榮（1956—2003）逝世 20 周年，為紀念這一代巨星，無綫電視翡翠台在同年 4 月 19 日開始一連五星期逢週六、日午夜 12 點 05 分，重播張國榮及商天娥主演的《儂本多情》經典電視劇。由吳昊監製的《儂本多情》於 1984 年 6 月 18 日至 29 日在無綫播放，全劇共十集，主要演員有張國榮（飾詹時雨）、商天娥（飾莫笑儂）、關菊英（飾唐瑛）、劉兆銘（飾秦簡夫）、吳君如（飾張欣）、周秀蘭（飾秦小曼）等。

看過張愛玲寫的《沉香屑 —— 第一爐香》小說，或是許鞍華導演執導的電影《第一爐香》，對《儂本多情》電視劇的劇情一定似曾相識。原來《儂》劇是以《第一爐香》小說為藍本，經編劇陳麗華及林少枝改編後成為《儂本多情》，男女主角名稱由原來的喬琪喬和葛薇龍改為詹時雨和莫笑儂，而姑母梁太太轉為姑姐唐瑛，內容亦是來自內地無依的女學生，為了學業投靠香港的姑姐，卻在紙醉金迷的物慾中逐漸沉淪，最終不可自拔的故事。

《儂本多情》中男主角張國榮飾演詹時雨，英文名占士，從演出中看到其獨特的氣質，專業的演技，以及一言一笑、舉手投足，至今仍令人難忘。當中有一段經典劇情，張國榮強吻女主角商天娥，盡顯其劇中花花公子的本色。商天娥接受訪問時表示，拍攝前她對強吻的劇情毫不知情，因此這突如其來的接吻，令她有點不知所措，但事後想起卻很回味。商天娥自演出《儂本多情》後，她的演技讓觀眾印象深刻，令她的演藝事業更上一層樓。

主題曲《儂本多情》由鄭國江填詞、黎小田編曲及監製、張國榮主唱。其實，該主題目的名字原來不是《儂本多情》，據 2011 年 3 月香港寬頻電視 510「優質生活台」，梁安琪主持的「安琪會客室」之「美麗回憶張國榮」節目（被邀嘉賓作訪問的有黎小田、鄭國江及曾航生），填詞人鄭國江憶述：「這首歌是一場誤會，當時編導說是拍張愛玲的《傾城之戀》，他便翻閱該小說由頭看到尾，明白小說的故事後便按黎小田的曲填上歌詞，創作了《一串夢》。後來才知導演不是拍《傾城之戀》而是《儂本多情》，可幸富有風花雪月及浪漫愛情的《一串夢》歌詞亦能適用於《儂》劇。」接着黎小田提及：「儂本多情的「儂」字，上海話代表「你」，而廣東大戲的儂字則代表女性自稱，即我（女方）本多情。」由於歌詞中有一句「是我天生多情」，而唱者是男方張國榮，看似矛盾。

《儂本多情》故事講述：「1941 年，中國內地戰火連天，在港讀書的莫笑儂（商天娥飾）突接到父母在國內戰亂期間不幸身亡的消息，頓失一切經濟支持，生活無所靠依，徬徨之餘迫於投靠在港的姑姐唐瑛（關菊英飾）。唐瑛是上流社會的名女人，收留儂全為利用她來勾搭男人。自此儂活躍於交際界，成為名流爭相追求的對象，亦因此結識了風流不羈的詹時雨（張國榮飾）。儂雖知詹與瑛有染，仍被他的翩翩風度所迷倒，暗裏與瑛拼個你死我活，最後終與詹結為夫婦。

結婚後不久，儂得悉與詹的婚事由瑛幕後擺佈，大受刺激。夫妻二人漸漸貌合神離，儂再次充當高級交際花，並伺機向瑛報復，而詹則在外花天酒地。秦簡夫（劉兆銘飾）邂逅瑛，兩人動了真情。儂計上心頭，不惜利用同學素卿（葉麗霞飾）勾引簡，怎料簡與卿竟互生情愫。瑛眼見愛人移情別戀，傷心欲絕，激動地駕車，豈料墮崖身亡。當詹知道他的所作所為後，大為反感，儂亦知此情難再，答允分手。隨着離婚派對的完結，人去樓空，儂獨自一人感到淒然冷清，她不能忍受眾叛親離，日軍將至，她竟飲毒酒自殺。在炮火聲中，占士被日軍截下，走不了，回來找笑儂，發現笑儂飲下毒酒，他於是拉開擋着光線的窗簾，甘於被日軍發現他們所在，寧願被炸死，也要與笑儂一起共赴黃泉。至此，笑儂終於發現了占士對她的深情。二人共聚在一起，靜待末日的來臨」。

無線《儂本多情》電視劇由吳昊監製，劇情是以張愛玲著的《第一爐香》小說為藍本，男女主角的名稱由原來的喬琪喬和葛薇龍轉為詹時雨（張國榮飾）和莫笑儂（商天娥飾），而姑母梁太太轉為姑姐唐瑛（關菊英飾）。圖為該劇 VCD 的彩色封面。

張國榮在《儂本多情》中飾演詹時雨，他英俊瀟灑、生性不羈，盡顯花花公子的本色。

《儂本多情》女主角商天娥飾演莫笑儂，為了學業從內地投靠香港的姑姐，卻在紙醉金迷下逐漸沉淪。

莫文蔚演張愛玲

周星馳於1996年主演的《食神》，除了看到星爺煮出感人至深的「黯然銷魂飯」外，還有一位扮演樣貌奇特，讓觀眾留下深刻印象的女主角，而她在戲中飾演「雙刀火雞」的威名更傳遍了中港台三地。這位女主角便是莫文蔚小姐，一位影歌視三棲的知名藝人，她憑電影《食神》榮獲提名金像獎、金馬獎最佳女主角，另外她亦憑電影《墮落天使》奪得香港電影金像獎、金紫荊獎最佳女配角。在歌唱方面，她曾奪中國內地、香港、台灣、韓國、新加坡等地所頒發的最佳女歌手獎項。

筆者最記得莫文蔚的精彩演技，不能不提她於2004年2月在香港演藝學院演出的舞台劇《再生緣》，一人飾演兩個角色 —— 張愛玲及莫文蔚，獲得觀眾好評如潮。這場舞台劇由關錦鵬監製，彭浩翔導演，陶傑編劇，而主要演員有莫文蔚飾演莫文蔚及張愛玲，盧俊豪飾演桑弧及胡蘭成和蘇青鳳飾演蘇青等等。

在《再生緣》場刊裏，編劇陶傑在創作概念一文中，寫到「關於張愛玲，太多人表達了太多的感受。這齣戲其實與張愛玲無關，真正的主角不是張愛玲，而是經歷過這個慘痛時代的每一個中國人。」導演彭浩翔曾表示一直很有興趣寫這段張愛玲歷史，當他們說要把張愛玲的故事演成舞台劇，他也立即答應了。對於張愛玲，他認為每個人都有自己的看法，由於這並非是商業的製作，也不是要賺錢，所以容許他做多一些舞台劇的實驗，改變一下音樂及燈光的效果，帶給了觀眾不同的感覺，而莫文蔚雖然是首次演出，卻很有張愛玲的氣質！

莫文蔚在演完舞台劇《再生緣》後，對飾演角色張愛玲仍戀戀不捨，自覺與這位傳奇女作家有不少共同之處。她說：「我早前演出舞台劇《再生緣》，飾演中國傳奇女作家張愛玲，某程度上亦是將我傳統的一面釋放，我首踏虎度門，對手又是經驗豐富的演員，當中擦出我意料之外的火花。演出完結，我心中亦隱隱對角色餘情未了，有一次往上海工作，我竟然有回家的幻覺，某程度上我與張愛玲有點相似，我們都忠於自己、不輕易屈服及妥協，而且都很愛美。」

2004 年 2 月中，莫文蔚於香港演藝學院演出的舞台劇《再生緣》場刊，舞台劇由關錦鵬監製，彭浩翔導演，陶傑編劇。

莫文蔚一人飾演兩個角色 —— 張愛玲及莫文蔚，表演出色，獲得觀眾讚賞。

張愛玲欣賞林黛

林黛（Lin Dai，1934—1964）原名程月如，其藝名林黛源自她的英文名字「Linda」的譯音。林黛於1934年聖誕節後一天出生，祖籍廣西省賓陽縣，為政界程思遠的長女。林黛憑1957年的《金蓮花》、1958年的《貂蟬》、1961年的《千嬌百媚》及1962年的《不了情》電影，令她四度成為亞洲影后，不僅為林黛的演藝生命寫下光輝的一頁，更是中國電影史上空前的成就。林黛嫁得愛郎，喜誕麟兒，盡得塵世愛寵之時，於1964年竟將生命斷送，震動全球華人社會。她的遽然早逝，令愛戴她的人悵然難解，無限懷緬，直至今天仍教影迷憂戚眷戀。

林黛夫婿龍繩勳將亡妻的一事一物原封保存40多年，以留住當年時光。林黛的梳妝台、化妝品、首飾、服裝、電影劇本、信件、剪報等等仍各安其位，彷佛芳魂猶在，直至龍繩勳於2007年逝世為止。在2009年8月14日至11月1日，林黛的遺物於香港電影資料館展覽，筆者曾到場參觀，特別對林黛以英文寫的信件給當時仍是男友的龍繩勳特別難忘，並讚歎她的英文水平及其文筆流暢，且字體秀麗。

林黛 18 吋纖腰

林黛天生是一個大美人，儀態優美，細腰雪膚，可用「閉月羞花之貌，沉魚落雁之容」來形容，彷彿具有中國古代四大美人——貂蟬、西施、王昭君和楊貴妃之特質。傳聞林黛演藝前期，腰肢只有 18 英吋之幼細！林黛是怎樣被人發掘？有傳她在 15 歲時在長城公司片場看她的表妹當臨時演員時，被當時長城老闆袁仰安看中，便找她簽約。亦有報道在尖沙咀加拿芬道一間名叫「國際攝影」的影樓，在其櫥窗裏掛有一張林黛的照片，被當時大導演李翰祥看中，便找來林黛簽約，後來一舉成名，該件事曾在蔡瀾寫過的一篇《奇人高仲奇》提及。

然而事實上，林黛既不是在長城片場被人相中，也不是被大導演李翰祥青睞，根據在香港電影資料館的林黛記錄、影畫雜誌及筆者翻查林黛成名前後的專訪及文獻記錄，從而推翻她在長城片場被看中及被李翰祥找她簽約的傳聞。事實上，她進入電影圈只是一次偶然，只靠一張黑白半身照改變她的一生命運。

沙龍攝影

林黛父親的好友宗惟賡先生，為 1950 年代著名攝影師，從上海來到九龍尖沙咀加連威老道 46 號大展拳腳，開辦了一間攝影室，名叫《沙龍攝影》，很多坊間誤為沙龍影樓、沙龍照相館及加拿芬道的《國際攝影》店等。或許你不認識宗惟賡這個 1950 年代著名攝影師，甚至未聽過他的名字，但原來當年的攝影雜誌、畫報、電影宣傳海報及單張的明星玉照都是宗大師的傑作，名人包括白光、李麗華、葛蘭、張仲文、葉楓等等。比較現代的事蹟，1979 年港姐冠軍鄭文雅小姐的提名人，亦是宗惟賡先生。

當時年紀輕輕只有 15 歲的林黛，已生得一副明星相，從骨子裏散發出迷人的吸引力。從宗惟賡攝影師眼中猶如鏡頭上的瑰寶，並替她拍了幾張照片，其中一張半身照是林黛束着短髮，帶着迷人的眼神、嘴角微微上翹，被選中及放大印刷到《沙龍攝影》店舖的窗櫥擺放。憑着這張迷人照，林黛的一生被改變了，變得七彩繽紛，變得被世人疼愛，亦料不到她是影響整個香港及中國電影圈的奇女子！這張窗櫥的玉照被長城公司的老闆袁仰安看見了，深深被相中人吸引着，便托宗惟賡帶她去長城片場試鏡。最後經大導演岳楓主持試鏡後，林黛便正式簽了長城電影公司合約。可是，因為她的父親是政治人物，長城公司沒有派她演戲。一年後，便轉到了永華公司，成為首部電影《翠翠》女主角，後來四度成為亞洲影后。

林黛親筆簽名的黑白半身照，帶着迷人的眼神，是著名攝影師宗惟賡的傑作，攝於 1950 年代。

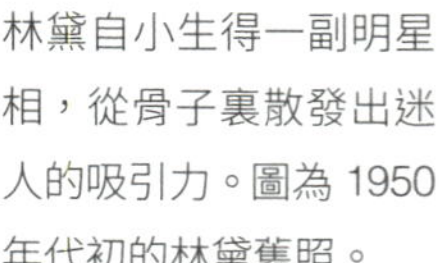

林黛自小生得一副明星相，從骨子裏散發出迷人的吸引力。圖為 1950 年代初的林黛舊照。

《情場如戰場》場場爆滿

張愛玲不僅在小說及散文方面出色，她的電影劇本的創作亦受到廣大影迷的喜愛，充分展現了她在文學以外對電影藝術的才華。她將小說的故事及描述盡顯在電影的情節裏，將筆下的男女人物活現在銀幕上，彷彿在現實社會裏出現在你、我、他之間。張愛玲在 1955 年被國際影片發行公司委任為劇本編審委員之一，她對影星林黛的演技非常欣賞，表明有機會必定寫一個好劇本給林黛主演。

直至 1956 年，張愛玲自美國寄了劇本給國際影片公司，電影的名字暫定為《情戰》，她說是在百忙之中寫好的，並且一再叮囑這電影無論如何要由林黛主演，因為女主角的個性與外型，都是以林黛作藍本來創作的。國際影片公司收到張愛玲這一份劇本，非常重視，除了決定由林黛任女主角之外，導演一職選定由岳楓擔任，並將劇本定名為「情場如戰場」（*The Battle of Love*）。據張愛玲在 1956 年 3 月 14 日致宋淇的妻子鄺文美的信件中提及：「被你一說，我也覺得《情場如戰場》比別的題目好得多，準定叫它。劇本如果還在你們這裏，你把別的兩個題目塗掉，寫上這個。」主要場景選定近淺水灣的余東璇別墅拍攝，那裏是香港最著名的花園別墅，背山面海，風景如畫，若搬上銀幕定必吸引眾多觀眾。

張愛玲所編的首齣電影《情場如戰場》，主演有林黛、陳厚、秦羽、張揚及劉恩甲。據 1957 年 7 月號 21 期《國際電影》的報道，《情場如戰場》在同年 5 月 29 日起，在香港麗都及仙樂兩家戲院隆重獻映。前三天的座券一早宣告售罄，觀眾排成長龍，等着定座購票的又重見於上述兩院的門口，這樣的客滿盛況，一直維持了三個星期之久。由於《情場如戰場》片約關係，不得不在觀眾始終潮湧的旺勢下，於 6 月 19 日暫告輟映。綜計連映 22 天，每場都告客滿，票房高收。《情場如戰場》輟映後，觀眾紛紛要求「電懋」短期內重映，遂於 6 月 26 日起，假九龍市區的大華戲院，續映三天。7 月 9 日又在香港京華戲院和九龍大華戲院作第三次重映。隨後在新世界、真光、第一新及永樂四院繼續播映。《情場如戰場》刷新了香港國語片的最高賣座紀錄，同時令林黛及張愛玲人氣急升。

1953 年 7 月 8 日，沈從文著名小說《邊城》改編的《翠翠》電影，由林黛主演戲中的主角，結果一鳴驚人。圖為 1954 年出版的《良友》雜誌，以林黛飾演翠翠為封面人物。

張愛玲所編的首齣電影《情場如戰場》，主演有林黛、陳厚、秦羽、張揚及劉恩甲。圖為 1957 年《情場如戰場》的宣傳廣告。

張愛玲說過：「電影《情場如戰場》無論如何要由林黛主演，因爲女主角的個性與外型，都是以林黛作對象來創作的。」圖為《情場如戰場》的宣傳廣告，張愛玲為編劇。

張愛玲編劇的《情場如戰場》電影劇照，林黛及陳厚分別飾演男、女主角。

《情場如戰場》電影劇照，可見林黛及張揚做對手戲。

《情場如戰場》的場景選在近淺水灣的余東璇別墅拍攝。

在香港連映廿二天・觀眾超過二十萬人

「情場如戰場」刷新票房紀錄

Crowd in front of Majestic Theatre when "Battle of Love" was shown there.

「情場如戰場」在大華戲院重映盛況。

在過去半年中，國語片的上映成績，較前大見好轉，這是值得擁護港人士們引為欣慰的佳音。如果今後每部新片能夠在賣座上保持水準以上的數字，那麼沉落多年的國語電影事業，可能逐步走上繁榮之途。

首先我們所要介紹的，是亞洲公司的一部歌唱新片「三姊妹」，該片曾在香港利舞台、九龍東樂兩家戲院先後公映二十二天，票房數字為港幣十二萬六千餘元。

「電懋」出品張愛玲編劇，岳楓導演，林黛主演的「情場如戰場」一片，在本年五月廿九日起，假璇宮、麗都兩家戲院隆重獻映，前三天的座券，一早宣告售罄，觀眾排成長龍，等着定座購票的，又常見於上述兩院的門口，這樣的客滿盛況，一直保持着三個星期之久。

「情場如戰場」為了片約關係，不得不在觀眾紛紛擁湧的旺勢下，於六月十九日暫告輟映。總計連映二十二天，每場都告客滿，觀眾超出二十萬人，票房收入為港幣十五萬四千餘元。

「電懋」於「情」片輟映後，向隅的觀眾紛紛要求短期內重映，遂於六月廿六日起，假九龍熱鬧市區的大華戲院，續映三天，七月九日又在香港京華戲院和九龍大華戲院作第三次重映，觀眾聞訊來觀看者，絡繹於途，寫無虛席，盛況不衰。

「情場如戰場」刷新了近十年來國語片的最高賣座紀錄，同時也為影壇帶來了一個欣欣向榮的新局面。

"Battle of Love" Sets A New Box Office Record

"Battle of Love" starring best sian actress Lin Dai has set a new ox office record of the Hong Kong roduced mandarin pictures.

The Zenith and Rialto Theatres hich exhibited the pleasant and sweet omedy simultaneously for 22 days rossed a total of over HK$150,000, n all time high for the Hong Kong roduced mandarin pictures. It is stimated that more than 200,000 eople have seen the picture.

After the 22-day run "Battle of ove", by popular request, was screen- in the Majestic Theatre for three ys for the benefit for those who ed to patronize American and for- gn pictures.

The picture has proved so popular that both the Majestic Theatre Kowlon and the Capitol Theatre in ongkong screened it for another ree days.

《情場如戰場》在香港連映二十二天，刷新票房記錄，電影雜誌搶先報導。

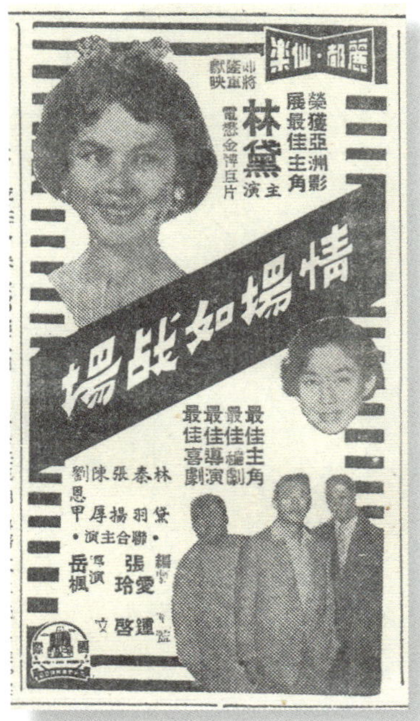

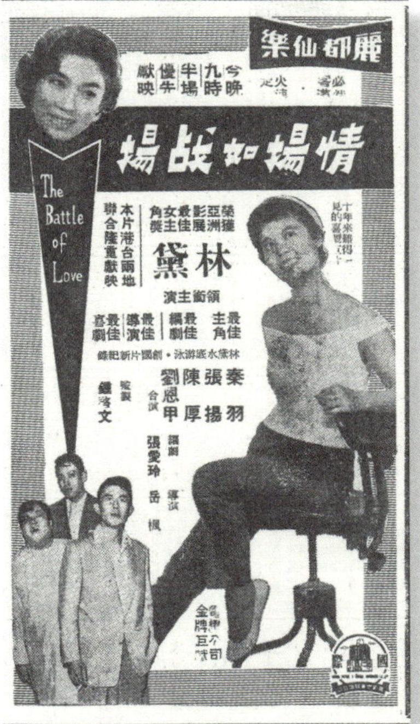

《情場如戰場》在香港各大報章的電影廣告。

《情場如戰場》曾在越南播映，並印有中、越雙文本事，宣傳字句中寫有：「香港開埠以來最賣座的國語片。」

一張距今 66 年多的真光戲院超等戲票，全張是紅底黑字。真光戲院位於香港西營盤第三街，1957 年間曾播映張愛玲編劇及林黛主演的《情場如戰場》，吸引不少觀眾入場觀看。

香港 1950 年代仙樂戲院超等戲票。

鍾景輝最早拍《半生緣》

1957 年 5 月 29 日，香港首間有線電視台「麗的映聲」正式成立，初期以英語頻道為主，中文節目為輔，當時收看的觀眾不只需交昂貴的安裝費和牌照費外，還要每月交付數十港元的租機費及收看月費，不是每個家庭有能力支付，以致麗的映聲初時客户不多。直至 1973 年 12 月 1 日，麗的映聲改為免費彩色無綫廣播，並於同年改名為「麗的電視」(Rediffusion Television Limited，RTV)，收視才有起色，但相對當時電視廣播有限公司(即無綫電視，TVB)，麗的電視的收視率始終被無綫比下去。

1975 年 9 月，香港第三間電視台「佳藝電視」啟播，形成三台對立，三方為了爭奪人才及收視數字，前線藝員、編導及管理人員紛紛被挖角，競爭激烈。曾修畢耶魯大學戲劇碩士的鍾景輝，1967 年便進入無綫擔任高級編導，1974 年更監製彩色電視劇《清宮殘夢》，播出後風靡香港，大受觀眾歡迎，其中張之珏飾演光緒皇帝的角色，成為其電視生涯的成名作，並稱鍾景輝為其恩師。1976 年 2 月，鍾景輝被麗的總經理，亦是他的好朋友黃錫照誠意打動，答允離開已工作超過八年的無綫，加盟麗的以協助黃錫照重整麗的架構，並製作連串大型劇集及節目，欲打破無綫的「慣性收視」優勢，並挑戰新成立的佳藝電視的冒起。

當時只有 38 歲的鍾景輝，對張愛玲一生留下的多部經典作品包括《半生緣》、《怨女》、《傾城之戀》、《沉香屑 —— 第一爐香》、《沉香屑 —— 第二爐香》等等甚為喜歡，皆因張愛玲的小說無論是故事、選材，還是人物塑造和敍事結構，無不顯現出個人的特色，超越了她所處的時代，且極富電影及戲劇感，從而促發鍾景輝改編張愛玲小說成為電視劇的嘗試。鍾景輝心想若能購下該小說的版權，改編為電視劇集在麗的黃金時間播放，深信必扭轉麗的形勢及搶回不少觀眾收看。所以，在 1975 年 10 月鍾景輝還未跳槽麗的前，已找人以 RTV 名義寫信經宋淇給張愛玲，表達購買小說《半生緣》及《怨女》的電視改編權的要求，並列出購買價錢。

根據宋淇於 1975 年 12 月 19 日給張愛玲的信件中，提及：「此人就是同我接觸要買你小說 TV 版權的人。他叫鍾景輝，是 Yale School of Drama（耶魯大學戲劇學院）的畢業生，可以說是香港唯一受過正式訓練的專才，姚克在香港時，曾公開承認論導演他比不上鍾，所以把自己的舞台劇交給他導⋯⋯。結果昨晨打電話來云決定照我們的條件，先買《半生緣》，其餘幾個則要等幾位編導細讀之後再行決定，因為如果他們不喜歡，拍出來不會好。再過半小時 RTV 的負責這一部門的何太太打電話來，云完全同意我們的條件，就在這兩天內先寄上支票來，消息暫時保守秘密，先出一張臨時收條，其餘等他們的編導有了反應再談。」

1937 年鍾景輝生於泰國，原籍廣東台山，圖為 12 歲的鍾景輝。

1984 年，鍾景輝參與許鞍華執導之《傾城之戀》拍攝，在戲中他飾演徐先生，與徐太太馬海倫在舞池中起舞。

麗的首播

1976 年 2 月 16 日，麗的電視台首播《半生緣》電視劇，除是影視圈首次將張愛玲的同名小說作品改編並搬上螢幕外，卡士陣容亦是最矚目及最有分量的，除了包括由無綫轉職不久到麗的電視的監製鍾景輝先生及年青編導張之珏外，六大主要角色的演員分別為：陳振華飾沈世鈞、李影飾顧曼楨、郭峰飾許叔惠、伍永森飾祝鴻才、黃莎莉飾顧曼璐、劉松仁飾張豫瑾和歐陽珮珊飾石翠芝，其他演員包括有資深演藝人員黃曼梨、黎灼灼、黎少芳、李月清、南鳳等等。主題曲及插曲還找來著名作曲家黎小田獻藝，作詞由編劇家和填詞人龐秋華、詹惠風主理，而龐秋華的作品像《舊歡如夢》、《小露寶》、《我心永屬你》和《幪面超人》等等為人熟悉。主唱者有畢業於 1973 年藝員訓練班的宋豪輝與及張之珏的親妹張寶之，歌曲包括以小調形式演繹的名曲《泣相思》、《湖畔鴛鴦》、《半生緣》、《苦堪憐》及《夜念》等等，百聽不厭！筆者除收藏 1968 年 3 月至 7 月在《皇冠》雜誌第 168 期至 173 期首次刊載《半生緣》外，也藏有該電視劇的黑膠大碟唱片，由新加坡凱旋唱片公司出品，香港總代理文志唱片發行。香港電台前台長鄭啟明向筆者提及：「這套距今超過 45 年的麗的《半生緣》，相信電視台錄影磁帶已被洗掉，有否存在已成疑問？如今這張《半生緣》黑膠唱片仍存在世，非常萬幸。」

編導張之珏將張愛玲小說《半生緣》改編為麗的電視劇，描寫幾個性格不同的人物，包括沈世鈞、顧曼楨、祝鴻才、顧曼璐、張豫瑾、石翠芝，發生幾段不同的感情遭遇，因着環境、時間的變遷，陰錯陽差的成就了幾段姻緣，然而在生活中每個人都若有所失，各有追尋，在感情與生活中，仍然面臨掙扎與等待，並不得到滿足。藉着劇中人的演出可看到舊社會對婚姻、愛情的獨特看法，喚起現代人對婚姻與愛情的覺醒及思考。《半生緣》改編自張愛玲原創小說《十八春》，1951 年在上海完成，距電視劇播出之日已相隔 25 年有多，但是張愛玲的小說至今仍被談論，仍被研究。據首播當天《工商晚報》報道，以「張愛玲《半生緣》今晚播映第一輯」為標題，寫有「麗的電視首次將《半生緣》搬上螢幕，以戲劇的技巧，表達原著的精神風貌，更取其淡然而傷感的內涵，可以說是一大創舉，因為在過去並沒有任何一家電視台做過此種嘗試。」

《半生緣》該劇播出後大受觀眾歡迎，特別對陳振華飾沈世鈞和李影飾顧曼楨的演出，非常讚賞，可見編導張之珏的用心及手法細膩，可惜的是該劇不能在上海及南京實地取景拍攝，而服裝及道具還缺少了那股昔日舊滬往寧的味道。但當時令宋淇及改編徐速原著《星星月亮太陽》的秦羽最為不快的，是該劇集內容被修改得與原著有很大出入。據宋淇於 1976 年 3 月 11 日致張愛玲的信件中提及「劇中祝鴻才變成一個喝醉了酒的人，竟去污辱顧曼楨，但其姐事先不知情，也成了一個無辜的犧牲者。」信中又提到張愛玲曾說：「嫁出去的女兒，潑出去的水。電影和電視反正就是這麼一回事。」

俗稱為麗的李影版《半生緣》全劇共有 25 集，於 1976 年 3 月 19 日在麗的播放完畢，成為亞洲首次改編張愛玲的同名小說作品成功搬上電視螢幕。四十多年後的 2020 年 11 月 20 日，由楊亞洲、楊博執導，劉嘉玲、蔣欣、鄭元暢、郭曉東主演共 48 集的《半生緣》，在內地網絡平台啟播。該劇集除部分內容改變外，連名字在上映前亦改為《情深緣起》，根據該製片人表示《情深緣起》劇集希望透過新視角來詮釋老故事，用現代的思維和審美來鋪排人物的命運線。至於《情深緣起》能否吸引觀眾，最後由收視及評價來判斷，期待日後再有新的《半生緣》電影、電視或舞台劇出現，又可以重溫一次淒美憂怨的愛情故事。

《半生緣》影視劇

《半生緣》除了是讀者喜歡的小說故事外，也是上佳的影、視、廣播題材，多年來曾改編成電影、電視連續劇、電台廣播劇、舞台劇及網上劇集都頗受好評，以下是過往影視劇集的紀錄：

1. 1976 年「李影版」電視劇：

   麗的電視監製鍾景輝，編導張之珏，演員有李影、陳振華、黃莎莉、郭峰、劉松仁、歐陽珮珊、黃曼梨、黎灼灼、黎少芳、李月清、南鳳等。

2. 1991 年「港台版」廣播劇：

   香港電台導演沈月，編劇姚秀鈴，聲演蔡雅各、張炳強、溫泉、曾月娥、譚翠蓮、姚秀鈴、鄭麗麗、林友榮、謝蘊儀、丁茵、朱曼子等。

3. 1997 年「吳倩蓮版」電影：

   由許鞍華執導，編劇陳建忠，監製黃百鳴，主演吳倩蓮、黎明、梅艷芳、葛優、黃磊、吳辰君等。

4. 2002 年「林心如版」電視劇：

   導演胡雪楊，編劇胡玥，主演林心如、譚耀文、蔣勤勤、李立羣等。

5. 2004 年「劉若英版」舞台劇：

導演林奕華，編劇胡恩威，創作顧問張艾嘉，香港「進念·二十面體」與中國國家話劇院合作，主演劉若英、廖凡、韓青、海清、丁乃箏、陳立華等。

6. 2012 年「金燕玲版」舞台劇：

「進念·二十面體」導演胡恩威，於 2012 年聯合編劇魏紹恩、胡恩威，上海話劇藝術中心演員沈嘉、何彥淇、徐漫蔓、張琦、賀彬、賈景暉、謝承穎，並特邀金燕玲演出。

7. 2020 年「劉嘉玲版」網上劇：

由楊亞洲、楊博執導，劉嘉玲、蔣欣、鄭元暢、郭曉東等主演，在上映前將電影名字改為《情深緣起》。

1976 年 2 月 16 日，麗的電視台首播《半生緣》電視劇，陳振華飾沈世鈞，李影飾顧曼楨。

1976 年麗的《半生緣》電視劇黑膠大碟唱片，香港總代理文志唱片發行，由宋豪輝與及張之珏的親妹張寶之主唱。

2002 年亞視《半生緣》電視劇播映，導演胡雪楊，編劇胡玥，主演林心如、譚耀文、蔣勤勤、李立羣等。

2020 年 11 月 20 日，由楊亞洲、楊博執導，劉嘉玲、蔣欣、鄭元暢、郭曉東主演的《情深緣起》（前稱《半生緣》），在內地網絡平台啟播。

許鞍華執導《半生緣》

曼楨與世鈞分手，已過十四個春秋了。曼楨年輕的時候，與世鈞相識、相知、相愛的那段濃郁的感情，曾深深使她夢過、醉過、愛過；分手後淒清無奈的漫漫歲月，使她整個身心萎枯了。日子過得真快，尤其對於中年以後的人，十年八年都好像是指顧間的事。可是對於年輕人，三年五載就可以是一生一世。那年一個冬夜，曼楨被姊姊曼璐強邀住宿，竟是有意安排，好色的姊夫鴻才佯醉搶去了她的清白，曼楨更被她的姊姊關禁了。任憑尖嚷狂哭，依然見不着世鈞的面影，隔年春天發現自己有孕，淚也已枯乾了。分娩後，她設法找尋世鈞，但信息全無，後來才知世鈞已和表妹翠芝結婚，料不到短短一年，他卻變了，往事不堪回首，總是淚落頻頻，其實世鈞別有隱衷，她卻不得而知。姐姐病故後，曼楨不忍孩子成為孤兒，回上海照顧她所生的兒子，和她最痛恨的人鴻才同住。多年後，因為叔惠留學回國，世鈞來到上海，遇見曼楨。兩人見面恍如隔世，曼楨道：「世鈞。」她的聲音也在顫抖。世鈞沒作聲，等着她說下去，自己根本哽住了沒法開口。曼楨半晌方道：「世鈞，我們回不去了。」他知道這是真話，聽見了也還是一樣震動。

她的頭已經在他肩膀上。他抱着她，但兩人都知道已經無法回到過去。

第一次想拍《半生緣》

《半生緣》(*Eighteen Springs*) 是張愛玲初露鋒芒的首部長篇小說，源自於 1950 年她在上海以筆名梁京創作的《十八春》，一經推出即震撼文壇，更多次被改編為電影、電視劇及舞台劇，感動了無數的讀者、觀眾甚至是導演，許鞍華導演便是其中表表者。根據鄺保威編的《許鞍華說許鞍華》，許鞍華導演在 1996 年接受訪問時曾說過：「我是在 1983 、 1984 年，第一次想過拍《半生緣》，那時我看很多張愛玲小說，覺得很好看，看到《半生緣》覺得這個故事特別吸引我。後來在邵氏拍不成《人間蒸發》，我便即時想到自己想拍的題材，一想到的便是張愛玲的小說。當然最想拍的是《半生緣》，但 1983 、 1984 年不能回大陸拍實景。《半生緣》小說描述很多弄堂、街景，如果沒有實景，只拍搭景，我會覺得很可惜，或者根本是不能成立，唯有轉拍《傾城之戀》。……後來知道可以回內地拍實景後，在 1996 年籌集了中、港、台三地的資金共一千一百萬港元，終可以在上海開機拍攝《半生緣》。」

許鞍華導演

許鞍華 (Ann Hui)，出生於 1947 年遼寧省鞍山市，香港電影導演、編劇、監製。幼年隨父母於澳門生活，五歲時到香港北角定居。1972 年香港大學畢業，主修英文及比較文學並獲授碩士學位，1972 年至 1974 年間再到倫敦電影學校進修電影。1975 年回港前曾到新加坡，幫一位同學擔任副導演，數月後返回香港，在胡金銓辦公室做了二、三個月，主要當副導演，但一直未有開戲。她的父親認識電視廣播有限公司總經理余經緯，經余安排見周梁淑怡，並很快成為編導，拍攝《奇趣錄》、《CID》、《北斗星》等作品。1977 年，轉往香港廉政公署拍攝宣傳反貪污電視片《ICAC》。

1978 年轉職香港電台，主要拍攝紀錄片及短篇電視劇，包括《獅子山下之來客》、《獅子山下之路》及《獅子山下之橋》。1981 年，拍攝電影《胡越的故事》，描述船民的問題、偷渡的艱苦及難民營的險惡。1982 年由影星夏夢出資的《投奔怒海》，片名由金庸所取，以越共統一後的越南為背景作為題材，於 1982 年 10 月 13 日上映，香港票房超過 1500 萬港幣，位列年度總票房第五位。電影榮獲第二屆香港電影金像獎最佳電影、最佳導演、最佳編劇、最佳美術指導及最有前途新人五項大獎。2008 年 3 月 27 日，拍攝的《天水圍的日與夜》上映，獲得了第 28 屆香港電影金像獎最佳導演獎。2012 年 3 月 8 日，執導的劇情片《桃姐》上映，獲得了第 48 屆台灣電影金馬獎最佳導演獎及第 31 屆香港電影金像獎最佳導演獎。2014 年 10 月 1 日，執導的電影《黃金時代》上映，憑藉該片獲得了第 51 屆台灣電影金馬獎最佳導演獎及第 34 屆香港電影金像獎最佳導演獎。

許導演鍾情張愛玲的作品，繼 1984 年拍成《傾城之戀》及 1997 年《半生緣》後，三度挑戰張愛玲的作品，於 2020 更執導《第一爐香》。曾六次獲得香港電影金像獎最佳導演，以及三次獲得台灣電影金馬獎最佳導演的許鞍華，於 2020 年獲得第 77 屆威尼斯電影節授予的「終身成就金獅獎」，成為全球首位獲得該獎項的華人女導演，揚威國際。

2020 年許鞍華導演獲得第 77 屆威尼斯國際電影節「終身成就金獅獎」，成為全球首位女導演獲得此殊榮。圖為許鞍華簽名照。

慈善首映禮

1997 年，由黃百鳴統籌，許鞍華及王羽監製，陳健忠編劇，許鞍華導演，根據張愛玲原著而改編的《半生緣》拍成電影，由東方電影出品有限公司出品，東方電影發行有限公司發行。許鞍華訪問時說：「當時要找適合的演員去做，但這個戲我們負擔不起太多大明星。投資公司都只要求找來黎明和吳倩蓮，讓這套戲可以賣埠，就肯放手讓我拍。事後我自己覺得，如果找到梅艷芳會很理想，主要是我的情結，覺得兩姊妹很重要，要找一個很有分量的演員。我後來也找來葛優。……我希望拍到兩位主角的戀愛關係，蕩氣迴腸……這小說的高潮是十四年後曼楨和世鈞的相見。」

《半生緣》電影的主要演員包括黎明、吳倩蓮、梅艷芳、葛優、黃磊、吳辰君和王志文，分別飾演沈世鈞、顧曼楨、顧曼璐、祝鴻才、許叔惠和石翠芝。《半生緣》前後共五十組人員拍攝，由開始至煞科歷時三個多月。終於到了 1997 年 9 月 11 日，灣仔香港會展展覽中心（演講廳 1）晚上九時正，舉行《半生緣》公益金慈善首映禮，翌日在香港公開播映。《半生緣》在灣仔會展舉行慈善首映禮中，據報道張國榮應黃百鳴及電影公司之邀，專誠到場欣賞《半生緣》電影，「哥哥」甫到場即引起場內外人士起哄，由於影迷太多而互相擠擁及碰撞，置於在場內之玻璃杯紛紛被撞倒跌下。當主角黎明到場，起哄之聲隨之再起，他的粉絲更瘋狂，為了引起偶像注意，他們在門外狂拍玻璃門，直至偶像入場後始罷休。

1997 年，《半生緣》榮獲第 34 屆金馬獎最佳造型設計獎及最佳原創歌曲獎，吳倩蓮更榮獲香港電影評論學會大獎最佳女演員，翌年梅艷芳更憑此片榮獲得香港電影金像獎及金紫荊獎的最佳女配角。

《半生緣》電影由黃百鳴統籌，許鞍華及王羽監製，陳健忠編劇，許鞍華導演，東方電影出品及發行。圖為《半生緣》電影宣傳海報。

曼楨半晌方道：「世鈞，我們回不去了。」世鈞知道這是真話，知道已經無法回到過去。圖為《半生緣》電影最經典的場面。

梅艷芳及吳倩蓮分別飾演《半生緣》電影中的兩姊妹：顧曼璐及顧曼楨。

公益金慈善首映

日期: 一九九七年九月十一日(星期四)

地點 : 香港會議展覽中心(演講廳1 / 演講廳2)

電影 : 晚上九時正

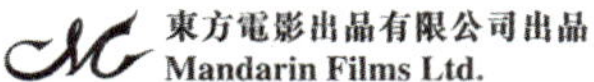

1997 年 9 月 11 日晚上九時正，灣仔香港會展展覽中心演講廳舉行《半生緣》公益金慈善首映禮。圖為《半生緣》首映禮電影場刊。

1997 年 9 月 11 日，女主角吳倩蓮出席《半生緣》公益金慈善首映禮，當晚小倩穿上了黑色連身裙，美麗動人！

1997 年 9 月 11 日《半生緣》公益金慈善首映戲票。

張國榮輕吻小倩，在旁的黃百鳴羨慕不已。

黎明與張國榮在《半生緣》慈善首映禮中合照。

吳倩蓮親筆簽名玉照。

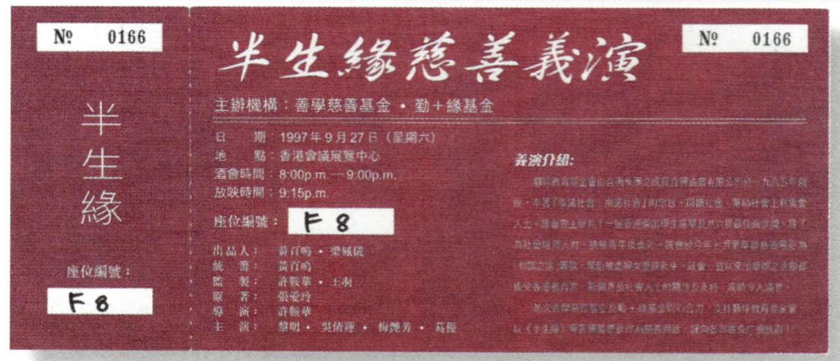

由慈學慈善基金，勤 + 緣基金主辦的「半生緣慈善義演」於 1997 年 9 月 27 日在香港會展舉行。圖為半生緣慈善戲票。

《半生緣》在香港報章上刊登的電影廣告。

李志清作品

第二章

書話墨香

十七罷

1944 年 8 月 15 日，張愛玲首本小說集《傳奇》初版本發行，小說當中收錄她在周瘦鵑主編的《紫羅蘭》雜誌裏發表的首篇小說《沉香屑 —— 第一爐香》。該篇小說收錄在《傳奇》時，張愛玲作了一些文字修改，例如在小說開始的文句，原刊為「請您尋出家傳的一座霉綠斑斕的古銅香爐，點上一爐沉香屑，聽我說一支香港的故事。您這一爐沉香屑點完了，我的故事也該完了。」張愛玲在首句減去「一座」及「古」字，並在尾三句加上「戰前」兩個字，變為「請您尋出家傳的霉綠斑斕的銅香爐，點上一爐沉香屑，聽我說一支戰前香港的故事。您這一爐沉香屑點完了，我的故事也該完了。」另外，她在原刊中有十七處的「吧」字全部改為「罷」，以下便是修改句子：

1. 還是打發她走「罷」。
2. 好「罷」，去接她。
3. 算了「罷」！還是我們兩個人去清靜些。
4. 還得另找人補缺「罷」？

5. 你快請「罷」！

6. 你少管閑事「罷」！

7. 好「罷」！我隨你自己去編個謊哄他。

8. 陳媽你去「罷」！

9. 那麼我送您到您房間裏去「罷」。

10. 活到哪裏算到哪裏「罷」！

11. 是個大學生「罷」？

12. 留着做個永遠的紀念「罷」。

13. 快把它好好收了起來「罷」!

14. 單找一個有錢的「罷」。

15. 還是從梁家的花園裏穿過去「罷」。

16. 由她去「罷」！

17. 薇龍拉了喬琪一把道:「走罷走罷！」

若比較「吧」及「罷」這兩個字，現代人最常用的是「吧」，例如好吧、算了吧、你去吧等。一提「罷」字便想到魯迅，他的經典名句「你改悔罷！」便引用「罷」這個字，他的其他文章中亦經常運用這字。「你改悔罷！」其實這不是魯迅原創的，是出自《聖經・新約全書》中的一句話，因魯迅在回憶性散文《藤野先生》中將其引用，後被人熟知。

為甚麼張愛玲將「吧」字改為「罷」？「吧」與「罷」兩者之間最顯著的差異，是其中包含的主觀情緒的強烈程度。相信她認為「吧」這個字帶有現代口語的色彩，用在四十年代戰前故事未夠貼切，而「罷」字卻顯得有古典韻味，且迎合小說說的背景需要。

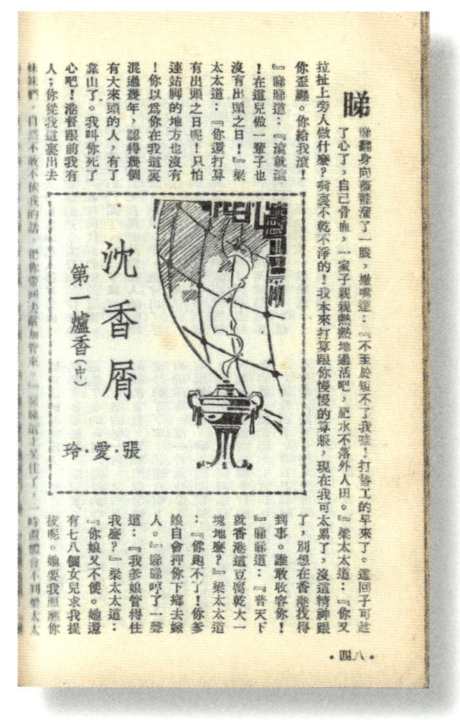

睇

睇睇身向薇龍溜了一眼，撇嘴道：『不至於短不了我哇！打替工的早來了。這回子可趁了心了，自己骨血，一家子親親熱熱地過活吧，肥水不落外人田。』梁太太道：『你又拉扯上旁人做什麼？窩裏不乾不淨的！我本來打算跟你慢慢的算賬，現在我可太累了，沒這精神跟你歪纏。你給我滾！』睇睇道：『滾就滾！在這兒做一輩子也沒有出頭之日！』梁太太道：『你還打算有出頭之日呢！只怕連站腳的地方也沒有！你以為你在我這裏混過幾年，認得幾個有大來頭的人，有了靠山了。我叫你死了心吧！港督跟前我有人；你從我這裏出去了，別想在香港找得到事。誰敢收容你！』睇睇道：『普天下就香港這豆腐乾大一塊地麼？』梁太太道：『你跑不了！你爹娘自會押你下鄉去嫁人。』睇睇哼了一聲道：『我爹娘管得住我麼？』梁太太道：『你娘又不傻。她還有七八個女兒求我提拔呢。她要我照應你妹妹們，自然不敢不依我的話，把你帶回去嚴加管束。』睇睇這才呆住了，

沈香屑
第一爐香（中）
張·愛·玲

·四八·

1943 年 5 月，張愛玲《沉香屑 —— 第一爐香》中篇發表於《紫羅蘭》第三期，圖為該期的雜誌和小說的封面圖案。

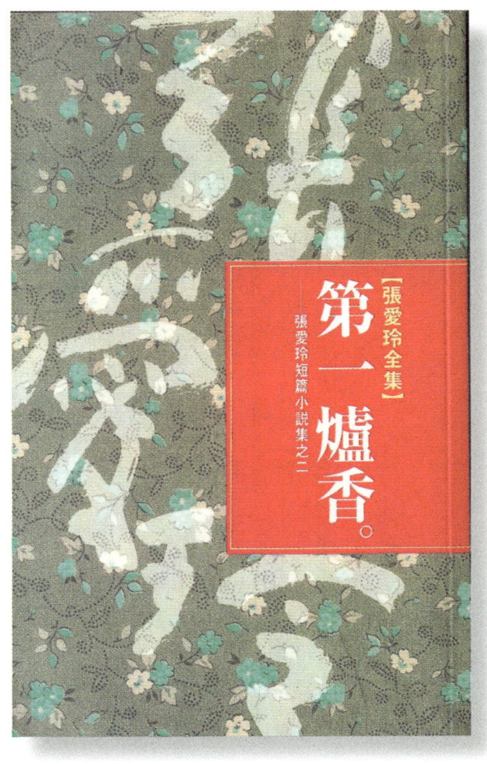

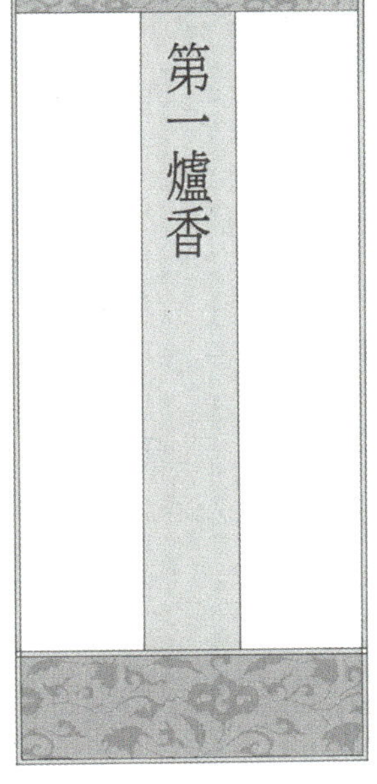

1991 年 7 月，皇冠文化出版公司發行《第一爐香 —— 張愛玲短篇小說集之二》典藏版初版，封面題字為樓柏安，封面設計為吳慧雯。

《金鎖記》麻油西施

1943 年 11 月及 12 月，張愛玲的《金鎖記》中篇小說連載於上海《雜誌》第十二卷第二期及第三期上，以月亮為引子帶出悲哀、蒼涼、壓抑的舊社會女性的故事，她們身不由己、逆來順受地過着苟延殘喘的生活，積壓不少怨氣，為了生存她們成了「吃人」社會的同謀或犧牲品。《金鎖記》出版至今超過 80 年，不少讀者對這個舊中國社會故事仍念念不忘，對小說中的麻油西施曹七巧既憎恨又同情，可見張愛玲非常成功地塑造這個悲劇人物和創作有關蒼涼的故事。

《金鎖記》的女主角曹七巧，出生於一個麻油商人家庭，長大後被大哥曹大年逼迫嫁給姜家大戶人家的殘疾二少爺。因曹七巧來自低下階層，姜家從上到下都瞧不起她，就連小丫環小雙都不把她看在眼裏。曹七巧原本就沒有受到很好的家教，個性刁蠻，因此在姜家的地位愈來愈低，但她也無力掙脫這樣的生活，過着毫無希望的日子。曹七巧雖然嫁給癱病在牀的姜家二少爺，但她卻偷偷喜歡三少爺姜季澤，雖然有點曖昧之情，但三少爺如同姜家其他人一樣，對她態度冷漠，使她更覺得痛苦。找不到心靈依靠的她，加上長期孤單生活，使她的性格變得異常古怪，人格嚴重扭曲並瘋狂，近乎變態。曹七巧甚至破壞親生兒子長白的婚姻，以報復行為侮辱兒媳婦，令媳婦抑鬱而終，她也因為嫉妒自己的女兒長安，不讓她結婚有好歸宿，像當年套住她的枷鎖一樣，一再重蹈覆轍，造成家庭悲劇，最後賠上子女的幸福。

借鑒《紅樓夢》

《金鎖記》是張愛玲文學史上的名篇，曾獲得極高的讚譽，小說發表後不久，傅雷在 1944 年以筆名「迅雨」發表〈論張愛玲的小說〉的評論，稱《金鎖記》為張愛玲小說中成就最高的一篇：「毫無疑問，《金鎖記》是張女士截至目前為止的最完滿之作，……至少也該列為我們文壇最美的收穫之一。」夏志清教授在 1961 年出版的《中國現代小說史》，給了張愛玲至高的評價，文章一開始就指出「張愛玲該是今日中國最優秀最重要的作家」，夏志清教授又認為《金鎖記》是「中國從古以來最偉大的中篇小說」。也許有其他學者認為評價過高，但《金鎖記》是張愛玲所有作品中最令人欣賞的其中一部，這點是絕無疑問的。

在這部《金鎖記》小說中，不僅能欣賞到張愛玲獨特的創作風格，也能夠發現《紅樓夢》的影子，張愛玲的紅樓情意結，直接影響着她的文學創作。張愛玲在十多歲不僅熟讀《紅樓夢》，更能創作《摩登紅樓夢》。中國紅學家周汝昌先生對張愛玲的研究做出了極大的肯定，他曾稱讚張愛玲說：「她生前我毫無想要了解她的意願，她逝世後我才後悔未能早些研求她的『紅學』見解。」《金鎖記》

中人物的塑造、環境氛圍的渲染等都參照《紅樓夢》，同時又以獨特的女性視角展示《金鎖記》豐富的價值內涵，並表現出張愛玲對人性的思考與理解。張愛玲在《金鎖記》上借鑒《紅樓夢》的手法，以一個大家族的人和事和生活為主軸，曹雪芹對於王熙鳳尖酸潑辣的描寫和張愛玲對於曹七巧刻薄無理的描寫如出一轍，使讀者給予兩者的第一印象都帶有一些來者不善的意味。張愛玲對曹七巧的語言描寫當中，滿腹的牢騷也凸顯出曹七巧市井粗人的特點，與王熙鳳大鬧寧國府的潑辣也有相通之處。

《金鎖記》在句子的遣詞造句上，也引用了《紅樓夢》中的語句，特別是圍繞着主角曹七巧所展開的對白，曹七巧說過一句：「我是個沒腳蟹[1]，長白還不滿十四歲，往後苦日子有的過呢！」在紅樓夢第六十八回王熙鳳大鬧寧國府，王熙鳳唆使張華狀告賈璉之後，又假惺惺地來寧國府喊冤：「這會子被人家告我們，我又是個沒腳蟹，連官場中都知道我利害吃醋，如今指名提我，要休我？」

源於李鴻章次子

根據張愛玲的弟弟張子靜所寫的〈我的姐姐張愛玲〉，曾提及《金鎖記》小說內裏的人物及故事，是源於張愛玲的外曾祖父李鴻章次子李經述的家中秘事。李經述共育五子，長子國傑任官後出亂，次子國燕早逝，三子國煦殘疾，娶來安徽鄉下女子，生下一男

1 《紅樓夢》的人物對話裏，經常可以聽見鮮活生動的吳語方言，「沒腳蟹」是形容沒有能耐及感到無助的人。

一女，四子國熊年輕時浪蕩，幼子未及成年即夭折。《金鎖記》小說捨棄兩位早逝之子，只取三名兒子形象，角色們性格舉止都與現實神似。

電影擱淺

1948 年初，文華影片出版的一份電影雜誌上曾透露，桑弧與張愛玲繼電影《不了情》及《太太萬歲》後第三度合作，欲將張愛玲成名作《金鎖記》搬上銀幕。當時電影要找適合演員來飾演《金鎖記》的主角曹七巧，但不易找到，恰巧文華公司碰到中國影劇界名旦張瑞芳在上海，她在 1942 年演出郭沫若創作的話劇《屈原》中的嬋娟，引起強烈迴響，並且在 1947 年《松花江上》中以出色的演技，博得圈內人一致好評，最後《金鎖記》的女主角選定由張瑞芳擔任。但根據張瑞芳自述，雖然文華公司曾與她商量，但不久她身患肺病，被迫臥牀治療，只能辭演。最後《金鎖記》計劃亦擱淺，其實《金鎖記》的夭折不僅僅是因為張瑞芳生病或一時找不到演員，動盪的時局與社會環境才是最主要的原因。當時，張愛玲已為桑弧寫好了《金鎖記》劇本，但不能拍成電影，後來劇本更不知所蹤，非常可惜！

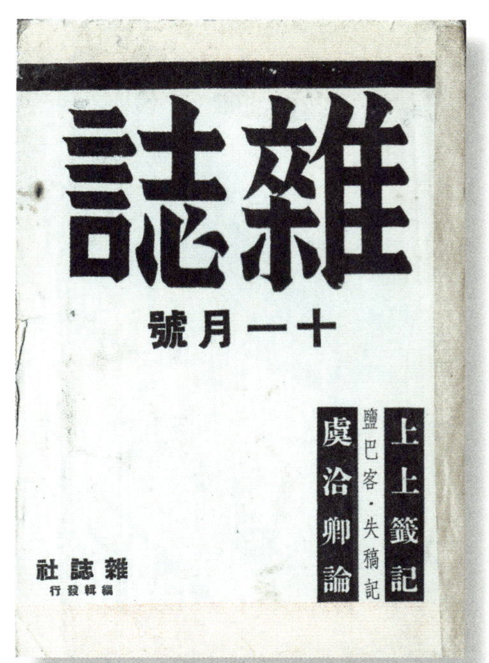

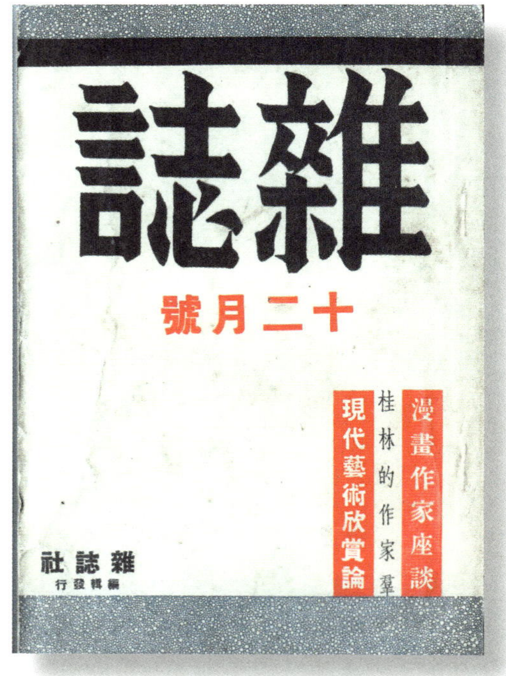

1943 年 11 月及 12 月，張愛玲的《金鎖記》連載於上海《雜誌》第十二卷第二期及第三期。

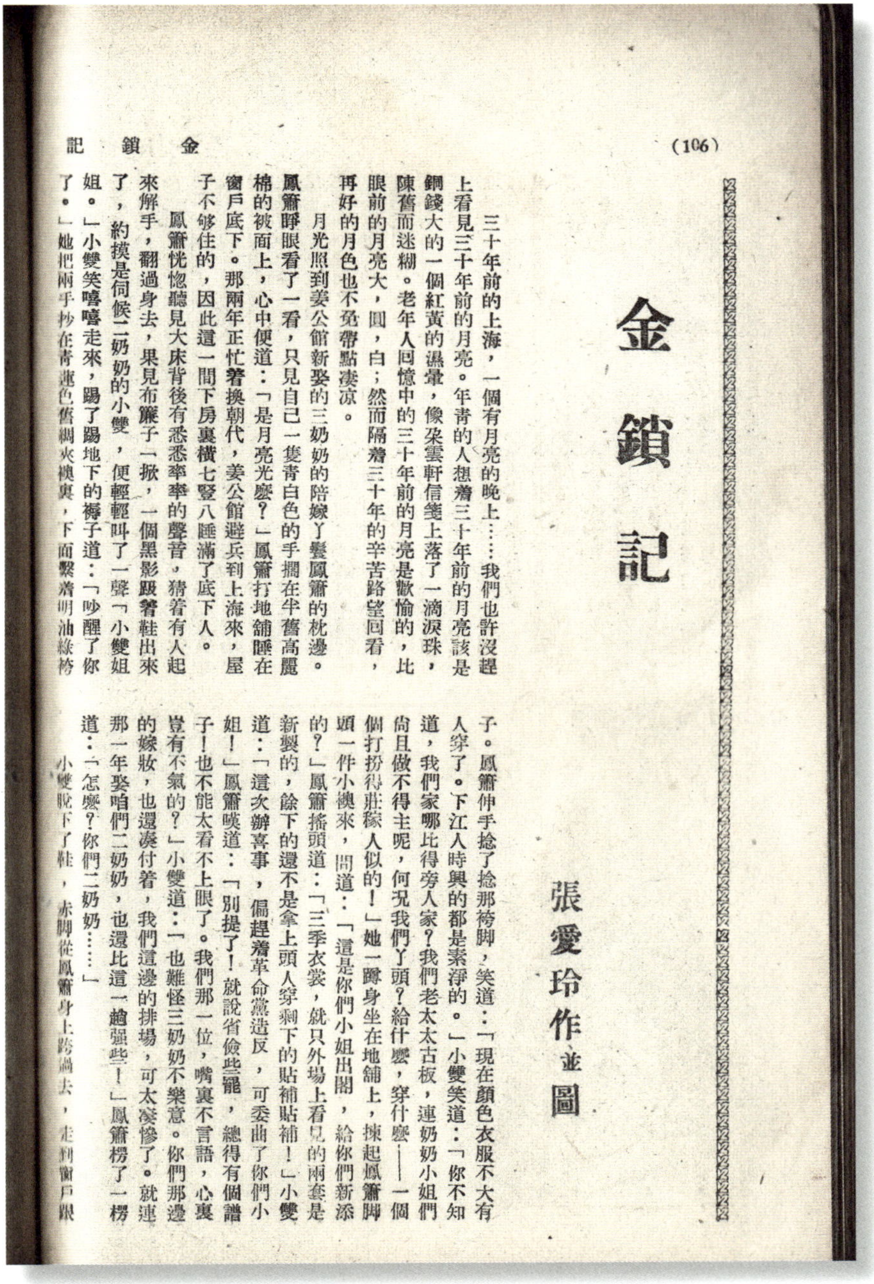

(106)

金　鎖　記

金鎖記

張愛玲作並圖

三十年前的上海，一個有月亮的晚上……我們也許沒趕上看見三十年前的月亮。年青的人想着三十年前的月亮該是銅錢大的一個紅黃的濕暈，像朵雲軒信箋上落了一滴淚珠，陳舊而迷糊。老年人回憶中的三十年前的月亮是歡愉的，比眼前的月亮大，圓，白；然而隔着三十年的辛苦路望回看，再好的月色也不免帶點淒涼。

月光照到姜公館新娶的三奶奶的陪嫁丫鬟鳳簫的枕邊。鳳簫睜眼看了一看，只見自己一隻青白色的手擱在半舊高麗棉的被面上，心中便道：「是月亮光麼？」鳳簫打地舖睡在窗戶底下。那兩年正忙着換朝代，姜公館避兵到上海來，屋子不夠住的，因此這一間下房裏橫七豎八睡滿了底下人。

鳳簫恍惚聽見大床背後有悉悉率率的聲音，猜着有人起來解手，翻過身去，果見布簾子一掀，一個黑影趿着鞋出來了，約摸是伺候二奶奶的小雙，便輕輕叫了一聲「小雙姐姐。」小雙笑嘻嘻走來，踢了踢地下的褥子道：「吵醒了你了。」她把兩手抄在青蓮色舊綢夾襖裏，下面繫着明油綠袴子。鳳簫伸手捻了捻那袴腳，笑道：「現在顏色衣服不大有人穿了。下江人時興的都是素淨的。」小雙笑道：「你不知道，我們家哪比得旁人家？我們老太太古板，連奶奶小姐們尚且做不得主呢，何況我們丫頭？給什麼，穿什麼——一個個打扮得莊稼人似的！」她一蹲身坐在地舖上，拣起鳳簫腳頭一件小襖來，問道：「這是你們小姐出閣，給你們新添的？」鳳簫搖頭道：「三季衣裳，就只外場上看見的兩套是新製的，餘下的還不是拿上頭人穿剩下的貼補貼補！」小雙道：「這次辦喜事，偏趕着革命黨造反，可委曲了你們小姐！」鳳簫嘆道：「別提了！就說省儉些罷，總得有個譜子！也不能太看不上眼了。我們那一位，嘴裏不言語，心裏豈有不氣的？」小雙道：「也難怪三奶奶不樂意。你們那邊的嫁妝，也還湊付着，我們這邊的排場，可太寒慘了。就連那一年娶咱們二奶奶，也還比這一趟强些！」鳳簫楞了一楞道：「怎麼？你們二奶奶……」

小雙脫下了鞋，赤腳從鳳簫身上跨過去，走到窗戶跟

張愛玲的《金鎖記》連載於上海《雜誌》第十二卷第二期、第三期。

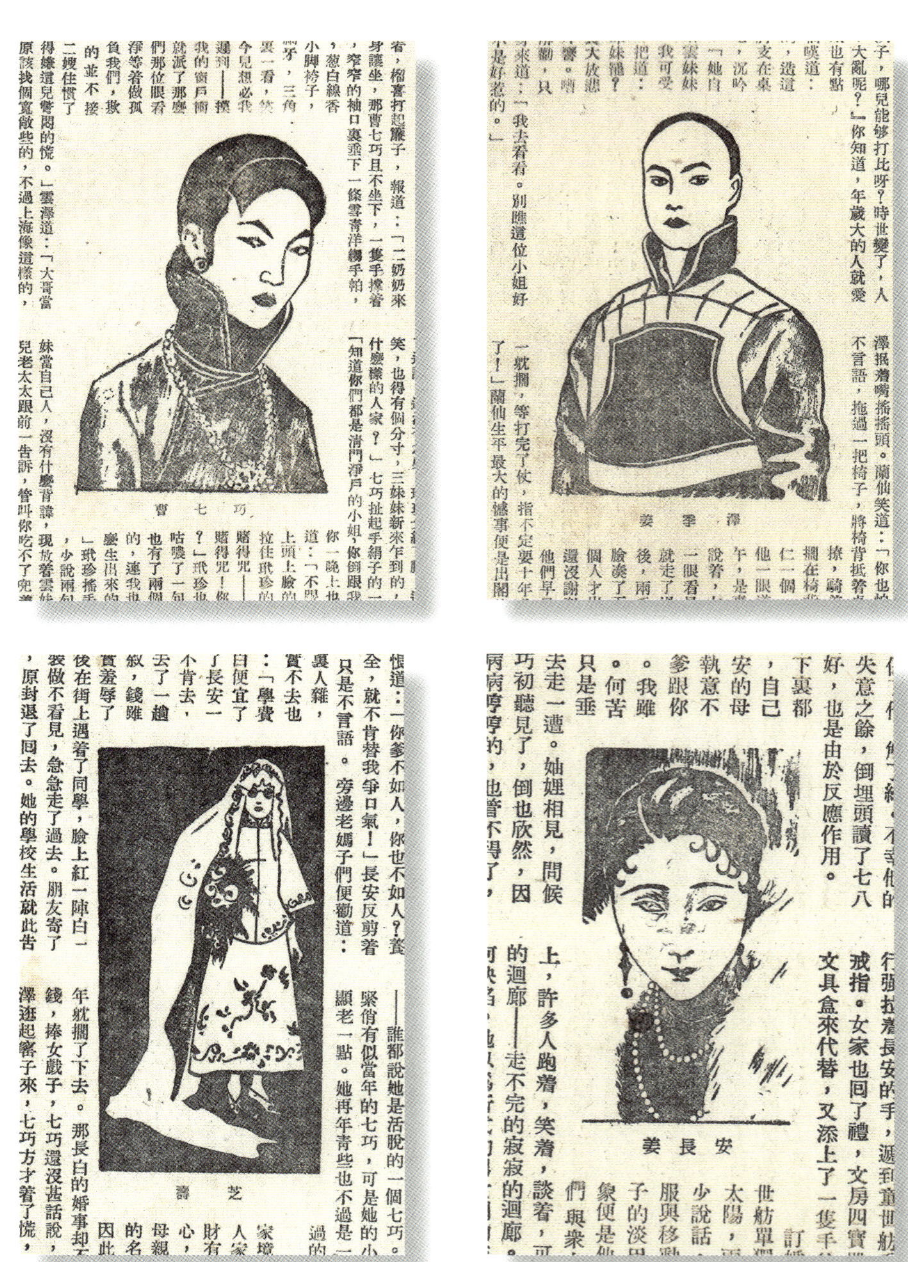

張愛玲在《金鎖記》上，畫有四張人物插圖，包括女主角曹七巧（左上）、姜季澤（右上）、袁芝濤（左下）及姜展安（右下）。

1961 年，夏志清教授在《中國現代小說史》指出「張愛玲該是今日中國最優秀最重要的作家」，又認為《金鎖記》是「中國從古以來最偉大的中篇小說」。

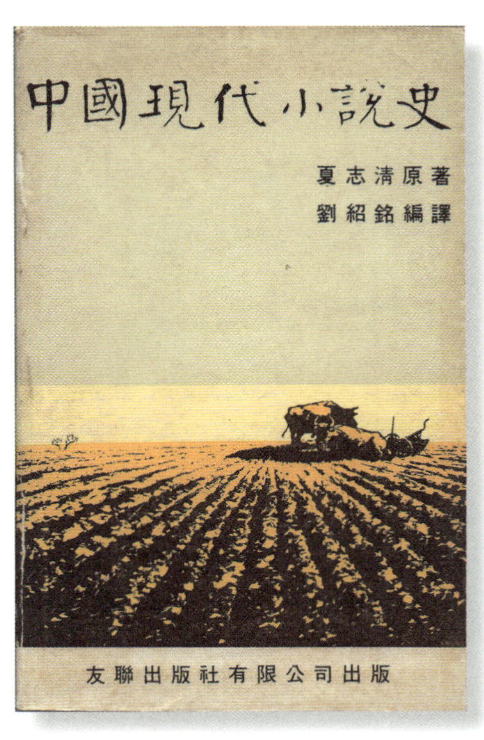

1944 年傅雷以筆名「迅雨」發表〈論張愛玲的小說〉的評論，稱《金鎖記》為張愛玲小說中成就最高的一篇：「毫無疑問，《金鎖記》是張女士截至目前為止的最完滿之作，……至少也該列為我們文壇最美的收穫之一。」

· 48 ·

論張愛玲的小說

迅雨

前言

在一個低氣壓的時代，水土特別不相宜的地方，誰也不存什麼幻象，期待文藝園地裏有奇花異卉探出頭來。然而天下比較重要一些的事故，往往在你冷不防的時候出現。史家或社會學家，會用邏輯來證明，偶發的事故實在是醞釀已久的結果。但沒有這種分析頭腦的大衆，總覺得世界上眞有魔術棒似的東西在指揮着，每件新事故都像從天而降，教人無論悲喜都有些措手不及。張愛玲女士的作品給予讀者的第一個印象，便有這情形。「這太突兀了，太像奇蹟了，」除了這類不着邊際的話以外，讀者從沒切實表示過意見。也許眞是過於意外而怔住了。也許人總是懶惰的動物，在明確的輿論未成立以前，明哲的辦法是含糊一下再說。但輿論還得大衆去培植；而且文藝的長成，急需社會的批評，而非謙虛的或冷淡的緘默。是非好惡，不妨直說。說錯了看錯了，自有人指正。——無所謂尊嚴問題。

我們的作家一向對技巧抱着鄙夷的態度。五四以後，消耗了無數筆墨的是關於主義的論戰。彷彿一有準確的意識就能立地成佛似的，區區藝術更是不成問題。其實，幾條抽象的原則只能給大中學生應付

··張愛玲女士··

· 49 ·

會考。哪一種主義也好，倘沒有深刻的人生觀，眞實的生活體驗，迅速而犀利的觀察，熟練的文字技能，活潑豐富的想像，決不能產生一件像樣的作品。而且這一切都得經過長期艱苦的訓練。「戰爭與和平」的原稿修改過七遍：大家可只知道托爾斯泰是個多產的作家。（彷彿多產便是濫造似的。）巴爾扎克一部小說前前後後的修改稿，要裝訂成十餘巨冊，像百科辭典般排成一長隊。然而大家以爲巴爾扎克寫作時有債主逼着，定是匆匆忙忙趕起來的。忽視這樣顯著的歷史教訓，便是使我們許多作品流產的主因。

譬如，鬥爭是我們最感興趣的題材。對。人生一切都是鬥爭。但第一是鬥爭的範圍，過去並沒包括全部人生。作家的對象，多半是外界的敵人：宗法社會，舊禮教，資本主義……可是人類最大的悲劇往往是內在的。外來的苦難，至少有客觀的原因可得而詛咒，反抗，攻擊；且還有賺取同情的機會。至於個人在情欲主宰之下所召致的禍害，非但失去了洩忿的目標，且更遭到「自作自受」一類的譴責。第二是鬥爭的表現。人的活動脫不了情欲的因素；鬥爭是活動的尖端，更其是情欲的舞台。去掉了情欲，鬥爭便失掉活力。情欲而無深刻的勾勒，一樣失掉它的活力，同時把作品變成了空的軀殼。

在此我並沒意思鑄造什麼尺度，也不想清算過去的文壇；只是把已往的主要缺陷回顧一下，瞧瞧我們的新作家把它們填補了多少。

一・金鎖記

由於上述的觀點，我先討論「金鎖記」。它是一個最圓滿肯定的答覆。情欲（Passion）的作用，很少像

··張愛玲手稿··

《哀樂中年》新發現

1949 年 4 月 21 日，電影《哀樂中年》在上海首映，播出後轟動中國電影界，它雖是四十年代的影片，但既有超前的愛情觀，又諷刺了各種守舊及錯誤的觀念，還在戲中裏多處運用時間推移的技巧，讓情節跟着角色的成長發展，是一部溫情、樸實、平淡且跳出時代規範的電影。《哀樂中年》播映時，編劇及導演皆署名桑弧，但相隔 34 年後的 1983 年，宋淇在接受水晶採訪時表示編劇是另有其人[1]，觸發中、港、台三地張愛玲研究者，對誰是《哀樂中年》真正編劇者持有不同的意見：有些認為是張愛玲編劇的，有些則相信是桑弧寫的，更有些深信是兩者合作的。中國現代文學史上的著名作家柯靈（原名高季琳，1909—2000），曾著有〈遙寄張愛玲〉，在 1986 年 8 月 25 日在他 77 歲高齡時寫了一封信給李培林（即桑弧），查詢《哀樂中年》的編劇問題，信的內容如下：

1 水晶著，陳子善編：《訪宋淇談流行歌曲及其他》、《記憶張愛玲》（濟南：山東畫報出版社，2006 年 3 月）。

培林兄：

閱報知拍片正緊張。近接去美華人學者鄭樹森信，詢及一事，擬請撥冗答我，簡示數行：

1. 據我所知，《哀樂中年》（1948？）劇本係兄創作，但外傳係與張愛玲合作，可靠否？

2. 我記張愛玲編劇，由你導演的，共有兩片：一是《不了情》（1946），二是《太太萬歲》（1947）。此外似乎沒有了，對不對？

此頌 闔安

柯上

8.25 日

這封在 1986 年 8 月 25 日寄自柯靈的信件連信封，來自桑弧的遺物，是研究《哀樂中年》編劇的最新文獻，如今出土經公開拍賣後成為筆者的珍貴收藏品，現首次正式發表。從內容推斷，學者鄭樹森曾向柯靈詢及誰是《哀樂中年》劇本的編者，由於柯靈未能肯定答案，故他寫信給桑弧求證，至於桑弧有沒有回覆柯靈，至今未聞，亦沒有發現回信。1990 年，當張愛玲踏入 70 歲時，學者鄭樹森教授發表的一篇《張愛玲與〈哀樂中年〉》文章[2]，道出《哀樂中年》劇本是張愛玲執筆，再次引發文壇紛紛討論誰是《哀樂中年》的編劇。

2 鄭樹森著、陳子善編：《張愛玲與〈哀樂中年〉》、《私語張愛玲》（杭州：浙江文藝出版社，1995 年 11 月）。

哀樂中年

「哀樂中年」這四個字出自魏晉南北朝時期的劉義慶文學家的《世說新語：言語》:「謝太傅語王右軍（即王羲之）日:「中年傷於哀樂，與親友別，輒作數日惡。」意謂人到中年容易傷感，對親友離別，總是數天悶悶不樂。著名導演李翰祥稱讚《哀樂中年》為四十年代中國最有價值的影片之一，亦被評為一部內容和技巧都接近完美的中國電影[3]。1951 年 4 月 24 日，南來文人葉靈鳳在其日記中提及他在晚上看完電影《哀樂中年》後，留下觀後評語:「故事的造意甚好，近年中國電影的進步頗可觀。沒有洋場的市井氣，又減少枯燥的說教場面，努力向平淡人情味接近，所以看來能令人耳目一新。主角石揮的演技很老到深刻[4]。」著名導演楚原在其年青時原是修讀化學，因看過《哀樂中年》而深受感動，繼而踏上電影路，在 2022 年 2 月第 37 屆香港電影金像獎榮獲終身成就獎。

由桑弧執導的《哀樂中年》電影由上海文華電影公司製作，著名演員石揮及朱嘉琛主演，韓非、李浣青、莫愁、沈揚、俞仲英、葉明、崔超明等人參演，電影講述小學校長陳紹常（石揮飾）早年喪妻，獨自撫養兩子和一女，名字分別為建中、建平和建英。他的大姐勸他續弦，他雖有此意，卻因目睹摯友的愛女劉敏華備受後母虐待之苦，便打消了續娶念頭。不久，摯友亡故，敏華隨後母遷居外地，一別十年。兩人再見面時，敏華（朱嘉琛飾）已成為亭亭玉

3 劉成漢:《中國電影回顧》、《電影賦比興集》(台北：遠流出版事業有限公司，1992 年)。

4 葉靈鳳，盧瑋鑾策劃／箋，張詠梅注釋:《葉靈鳳日記》(香港：三聯書店（香港）有限公司，2020 年 5 月)。

立及賢淑有禮的新女性，因不願再受後母擺佈，她拜託紹常給她介紹一份工作。隨後，她成為紹常的學校同事。紹常的大兒子建中（韓非飾）為某家銀行的職員，因受到經理賞識而結識其女兒馮麗君（李浣青飾），很快變作其乘龍快婿，社會地位日益提高。建中夫婦認為其父卑微的小學校長身分丟了他們的臉，勸他退休在家做老太爺，紹常雖然一百個不情願，卻也聽從。紹常賦閑在家的日子十分不好過，時常將無聊的心情講給家人聽時，家人卻怨他有福不懂享，他的失落感日漸加深，與建中夫婦的矛盾亦愈來愈多。又到一年清明時，紹常拜祭亡妻時，遇見前來祭母的敏華，感慨人到老年只能等最後的一天，敏華卻認為最可寶貴的是中年，這個階段是人生中最成熟的一個階段，勸他再回學校教書。紹常聽從敏華建議，偷偷瞞着大兒子建中再回學校教書，但此事建中最終知道了，對他的態度更加冷淡。其後，紹常無意間發現自己與敏華早已兩情相悅，決定與她結婚，此事更令建中夫婦大為惱火。紹常與敏華結婚後，共同創辦另一所小學。在新學校開學之日，也正是他們的嬰兒呱呱墜地之時，他們都感到「生命無處不在」的喜悅。

保守的桑弧

桑弧（1916—2004）原名李培林，出生於上海市，原籍浙江省寧波市。桑弧這一藝名來自於「當年蓬矢桑弧意，豈為功名始讀書」這一詩句，含有男兒勵志之意[5]。《禮記 · 射義》有云：「故男子生，

5 上海電影家協會：《影壇翹楚 — 紀念著名電影導演桑弧百年誕辰》（上海：上海電影家協會，2016 年 11 月）。

桑弧蓬矢六，以射天地四方，天地四方者，男子之所有事也。」以解作男兒出生時，以桑木製弓，蓬草作矢，射向天地四方，以表示男兒長成亦必如蓬矢般雄飛四方，遠大志向。桑弧是中國內地著名導演及編劇家，1941 年創作了首部電影劇本《靈與肉》，1944 年執導個人首部電影《教師萬歲》，1947 年憑執導由張愛玲編劇的電影《不了情》一炮而紅！接着的《太太萬歲》、《哀樂中年》、《梁山伯與祝英台》(越劇)、《白毛女》(舞劇)、《祝福》、《第二個春天》、《她倆和他倆》、《子夜》及《郵緣》等電影或舞台劇，深受大眾歡迎，部分更獲得中國文化部優秀影片金獎及墨西哥國際電影節銀帽獎。

認識桑弧的朋友曾提及，他的性格內向而寡言，為人誠實而拘謹，思想保守，較難了解他的內心世界，埋藏在心裏的情感更難捉摸。張愛玲及桑弧曾分別以編劇及導演身分合作電影《不了情》[6]及《太太萬歲》[7]，播映後大獲好評，往後二人互相傾慕，但是張愛玲對此卻憂慮重重，自覺自己有過一段失敗的婚姻，而桑弧對張愛玲的愛卻埋藏於心底，在一起交往的日子，他談到的也只是電影的話題及劇本的內容，情與愛的事情不易表露。1950 年初，張愛玲在上海《亦報》以筆名「梁京」連載長篇小說《十八春》，翌年十一月發行小說單行本[8]。桑弧以筆名「叔紅」寫了一篇〈推薦梁京的小說〉:「我讀梁京新近所寫的《十八春》，彷彿覺得他是在變了。我覺得他的文章比從前來得疏朗，也來得醇厚，但在基本上仍保持原有的明豔的色調。同時，在思想感情上，他也顯出比從前沉着而安穩，這

6 張愛玲編劇，桑弧導演：《不了情》(上海：文華影片公司，1947 年)。

7 張愛玲編劇，桑弧導演：《太太萬歲》(上海：文華影片公司，1947 年)。

8 張愛玲 (梁京)：《十八春》(上海：亦報社，1951 年 11 月)。

是他的可喜的進步。」「梁京」這筆名由桑弧替張愛玲改的，但沒提到解釋，張愛玲估計是代表梁朝京城，有「西風殘照，漢家陵闕」的情調，是指她的家庭背景。從中可知張愛玲非常信賴桑弧，甚至她的筆名全交給他決定。

桑弧 (1916-2004) 原名李培林，於上海市出生，原籍浙江省寧波市。

桑弧寫不出

電影《哀樂中年》能有這樣出色及前衛題材，全賴編劇的創新思維及神來之筆，若不是電影註明編劇是桑弧，沒有人相信是他的創作。張愛玲好友宋淇斷言《哀樂中年》是桑弧的構思，由張愛玲執筆，否則無法解釋為何《哀樂中年》在題目擬定、情節構思、人生經歷、對白用字等方面，跟張愛玲的以往創作及筆觸如此吻合。此說法源起於 1983 年宋淇在接受水晶採訪時主動提到：「張愛玲的 touch，桑弧寫不出來，沒有那個靈氣。我問過張愛玲，她說你不要提，你不要提。她大概和桑弧有相當的感情，幫桑弧的忙。」

若然張愛玲是《哀樂中年》真正編劇，或只是參與編劇或顧問，文華電影公司理論上不會不署她的名字。但《哀樂中年》的宣傳刊物、電影本事及報章廣告上，更以大型字體僅印桑弧為《哀樂中年》的編導，而沒有張愛玲的名字，與之前她為兩部電影《不了情》及《太太萬歲》作編劇的情況不同，為甚麼？

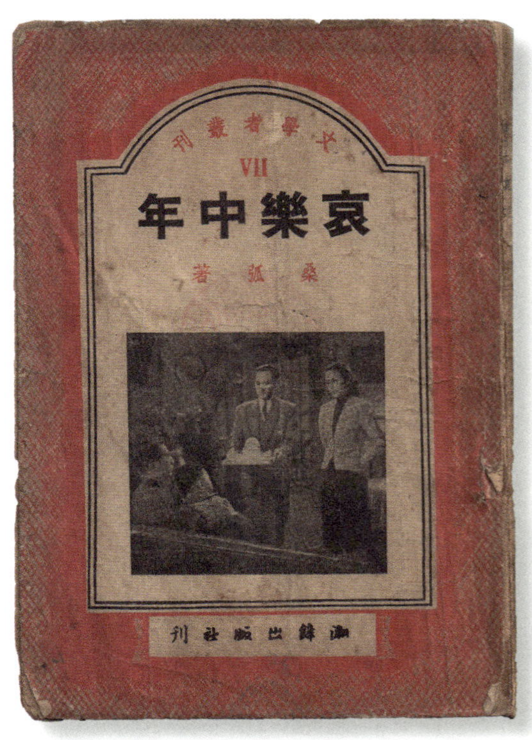

1949 年 2 月，上海潮鋒出版社印製《哀樂中年》劇本，封面可見「桑弧著」。該刊有一「後記」，其最後一段說：「我敢貿然把這麼一個『毛坯』交給書店排印，是由於一位朋友的熱心鼓勵。」此處所指的一位桑弧朋友，大多認為是張愛玲。

中共上海市电影局委员会

培林兄：

阅报知拍片正紧张。近接去美华人学者郑树森信，询及一事，拟请拨冗答我，简示数行：

1、据我所知，《哀乐中年》(1948?)剧本系兄创作，但外传系与张爱玲合作，可靠否？

2、我记张爱玲编剧，由你导演的，共有两片：一是《不了情》(1946)，二是《太太万岁》(1947)。此外似乎没有了，对不对？

此颂

撰安

柯灵 8.25日

本市 茂名南路
143号3室
桑弧 同志

复兴西路147号3室柯

1986 年 8 月 25 日，中國著名作家柯靈致桑弧信，主要向他詢問：「《哀樂中年》劇本係兄創作，但外傳係與張愛玲合作，可靠否？」圖為柯靈寄給桑弧的信件及信封，來自桑弧的遺物。

1951 年《哀樂中年》於香港灣仔國泰戲院播映，圖為電影廣告，印有桑弧為編導及主角包括石揮、朱嘉琛、沈揚、李浣青及韓非。

1950 年代灣仔國泰戲院，粉紅色的超等戲票。

1949 年 7 月 8 日，上海《解放日報》的《哀樂中年》廣告，印有桑弧為編導。

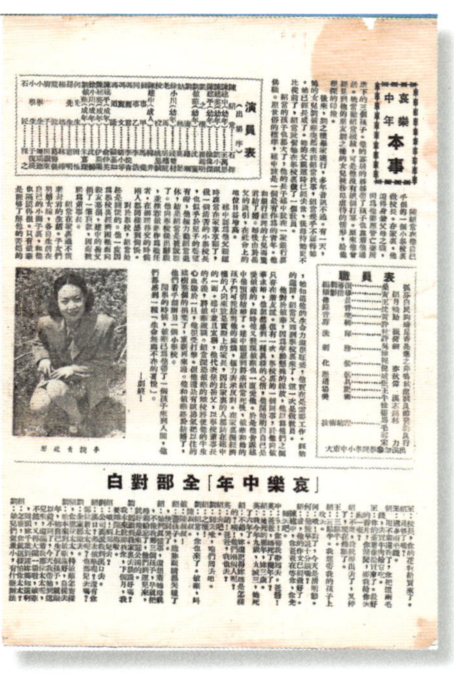

哀樂中年本事

演員表

職員表

哀樂中年全部對白

1949 年 7 月，文華影片公司印製了《哀樂中年》「全部對白本事」，編導署名為桑弧。

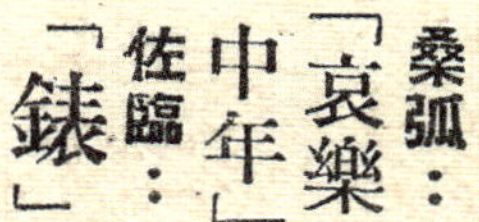

桑弧：「哀樂中年」
佐臨：「銤」

文華公司導演桑弧繼「太太萬歲」後新作已定「哀樂中年」，上期本刊說「哀樂中年」係張愛玲所編，這是一個小錯誤，「哀樂中年」實際是桑弧自己所編，而且已寫好三分之一，這一個月中想把它殺青，開拍之期則排定在石揮導演的「母親」之後，大概要在中秋左右了。

佐臨繼「夜店」後新作，已定「銤」，劇本由佐臨自已寫。

文華二新片

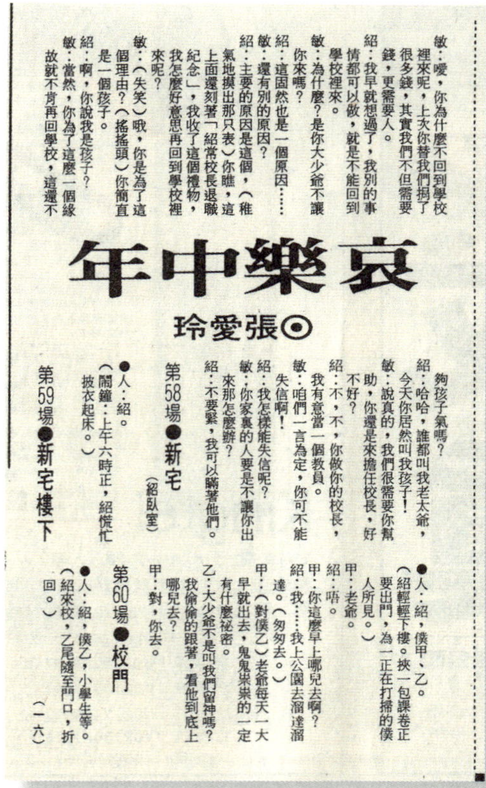

敏：噯，你為什麼不回到學校裡來呢，上次你替我們捐了很多錢，其實我們不但需要錢，更需要人。

紹：我早就想過了，我別的事情都可以做，就是不能回到學校裡來。

敏：為什麼？是你大少爺不讓你來嗎？

紹：這固然也是一個原因……

敏：還有別的原因？

紹：主要的原因是這個，（稚氣地摸出那只表）你瞧，這上面還刻著「紹常校長退職紀念」，我收了這個禮物，我怎麼好意思再回到學校裡來呢？

敏：（失笑）哦，你是為了這個理由？（搖搖頭）你簡直是一個孩子。

紹：啊，你說我是孩子？

敏：當然，你為了這麼一個緣故就不肯再回學校，這還不夠孩子氣嗎？

哀樂中年

◎張愛玲

紹：哈哈，誰都叫我老太爺，今天你居然叫我孩子！

敏：說真的，我們很需要你幫助，你還是來擔任校長，好不好？

紹：不，不，你做你的校長，我有意當一個教員。

敏：咱們一言為定，你可不能失信啊！

紹：我怎樣能失信呢？

敏：你家裏的人要是不讓你出來那怎麼辦？

紹：不要緊，我可以瞞著他們。

第58場●新宅（紹臥室）

●人：紹。

（鬧鐘：上午六時正，紹慌忙披衣起床。）

第59場●新宅樓下

●人：紹，僕甲、乙。

（紹輕輕下樓。挾一包課卷正要出門，為一正在打掃的僕人所見。）

甲：老爺。

紹：唔。

甲：你這麼早上哪兒去啊？

紹：我……我上公園去溜達溜達。（匆匆去。）

甲：（對僕乙）老爺每天一大早就出去，鬼鬼祟祟的一定有什麼秘密。

乙：大少爺不是叫我們留神嗎？我偷偷的跟著，看他到底上哪兒去？

甲：對，你去。

第60場●校門

●人：紹，僕乙，小學生等。

（紹來校，乙尾隨至門口，折回。）

（一六）

1948 年 7 月 24 日，中國電影出版社《電影周報》印有桑弧「哀樂中年」的短文，內容寫有「上期本《哀樂中年》係張愛玲所編，這是一個小錯誤，實際是桑弧自己所編，而且已寫好三分之一。」

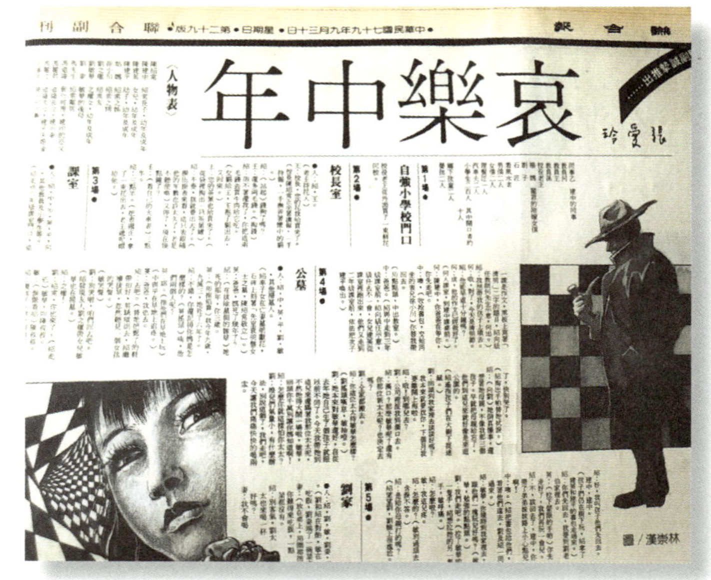

聯合報 中華民國七十九年九月三十日星期日 第二十九版 聯合副刊

哀樂中年

張愛玲

（人物表）

第1場 自強小學校門口

第2場 校長室

第3場 課室

第4場 公墓

第5場 劉家

圖／林崇漢

1990 年 9 月 30 日，台灣聯合報在張愛玲 70 壽辰開始連載《哀樂中年》的劇本。圖為《哀樂中年》首篇和第 16 篇的劇本，作者署名是張愛玲。

《哀樂中年》變身《小兒女》

1990 年，學者鄭樹森教授把宋淇的觀點寫入《張愛玲與〈哀樂中年〉》，並將《哀樂中年》與張愛玲於 1963 年所寫的劇本《小兒女》[1] 作比較，認為前者在題旨上類近後者。筆者看過兩片也認為《小兒女》彷彿是《哀樂中年》的性別改寫，跟張愛玲的以往創作及筆觸非常吻合。我們可從張愛玲的作品《小兒女》裏尋找，看《哀樂中年》到底有多少張愛玲的「腔調」。

抗拒繼母

張愛玲在《童言無忌》裏回憶自己有個惡繼母孫用蕃，文章寫到：「有一個時期在繼母治下生活着，揀她穿剩的衣服穿，永遠不能忘記一件黯紅的薄棉袍，碎牛肉的顏色，穿不完的穿著，就像渾身都生了凍瘡；冬天已經過去了，還留着凍瘡的疤 —— 是那樣的憎惡與羞恥。」張愛玲 17 歲時，因繼母挑唆而遭父親的毆打和監

1　張愛玲編劇，王天林導演：《小兒女》（香港：國際電影懋業公司，1963 年）。

禁，留下生命中難以癒合的精神創傷，更令致她感到內心孤獨、恐懼及憎恨。她透過文字來宣泄及撫慰，在《哀樂中年》與《小兒女》裏體現得最為明顯，兩劇在故事結構和表現手法上非常相近。

《小兒女》中的小鳳是對《哀樂中年》裏幼時劉敏華的續寫，兩位繼母形像也一致，甚至可以互相代入。小鳳、敏華在繼母的威逼下，平時吃不飽，稍有過錯便遭嚴厲打罵，過着惶恐不安的日子。兩文在對白、語氣、用詞方面也非常接近，甚至兩位「後母」不讓繼女吃飽的苛刻嘴臉也完全一樣如下：

例一：

《哀樂中年》

紹：你這位太太待敏華怎麼樣？

劉：她本來對敏華還好，自從去年她自己生了孩子就跟以前不同了。

《小兒女》

川：不知道脾氣怎麼樣？

慧：脾氣好又怎麼着，這一位剛來的時候也挺好的，自己生了孩子就變了，愈來愈討厭小鳳。

例二：

《哀樂中年》

妻：吃就吃，不吃就不吃，老瞧着我幹嗎？你看她這神氣，就好像我從來不許她吃東西似的。

《小兒女》

鳳後母：死丫頭，到處跟人家討東西吃，就像家裏不給你吃飽似的。

但始終桑弧、桑弧家人、龔之方、魏紹昌堅持《哀樂中年》是桑弧單獨創作，沒有張愛玲的參與。正當張學研究者進一步考證，可惜張愛玲於 1995 年不幸逝世，留下一樁難以判定的懸案。學者鄭樹森教授在其《張愛玲與〈哀樂中年〉》[2] 提及：「1983 年筆者任教香港中文大學時，翻譯中心主任、文壇前輩林以亮（即宋淇）先生在一次長談中透露，《哀樂中年》的劇本雖是桑弧的構思，卻由張愛玲執筆。」當鄭樹森教授公開揭露張愛玲原是《哀樂中年》劇本的「執筆者」後，竟引來了張愛玲本人回應，在 1990 年 11 月 6 日張愛玲致信台灣《聯合報》編輯蘇偉貞，信上寫有以下文字：

編輯先生：今年春天您來信說要刊載我的電影劇本《哀樂中年》。這部四十年前的影片我記不清楚了，見信以為您手中的劇本封面上標明作者是我。我對它特別印象模糊，就也歸之於故事題材來自導演桑弧，而且始終是我的成份最少的一部片子。

《聯副》刊出後您寄給我看，又值賤忙，擱到今天剛拆閱，看到篇首鄭樹森教授的評介，這才想起來這片子是桑弧編導，我雖然參預寫作過程，不過是顧問，拿了些劇本費，不具名。事隔多年完全忘了，以

2　鄭樹森：〈宋淇與張愛玲〉，《蘋果日報》（香港），2013 年 2 月。

致有這誤會。稿費謹辭，如已發下也當璧還。希望這封信能在貴刊發表，好讓我向讀者道歉。[3]

張愛玲

十一月六日

從以上張愛玲致信給蘇偉貞的內容，寫有「我雖然參預寫作過程，不過是顧問，拿了些劇本費，不具名。」代表着張愛玲承認參與《哀樂中年》的寫作，亦是顧問，並收取了一些劇本費，但不具名。2013年3月，鄭樹森發表〈宋淇與張愛玲〉文章，詳細論述當年與宋淇的對話內容：

> 桑弧電影《哀樂中年》片頭的掛名編劇是桑弧，但實際是張愛玲手筆。宋先生特別舉出兩三場戲，包括在墳前的一場，說那分明是張愛玲的手筆，不可能出自桑弧。……依宋先生的說法，甚至幾乎是桑弧提出大綱，然後由張愛玲從頭到尾完成。宋先生特別強調，這事一則不能對外透露，二則不能去求證，因為求證起來，無論桑弧還是張愛玲，都不會承認。

不具名的原因

若張愛玲真是《哀樂中年》的編劇，或只是參與寫作過程，理應可在電影上具名，為何只有桑弧沒有張愛玲？筆者從她當時所處

3 蘇偉貞：《長鏡頭下的張愛玲：影像，書信，出版》（上海：上海文藝出版社，2012年）。

的政治環境來分析，中國抗日戰勝後，被指為漢奸之妻的張愛玲，她的作品被上海大多數報刊及雜誌拒之門外。1947 年 12 月，由桑弧執導，張愛玲編劇的《太太萬歲》上映前，張愛玲原想避免任何誤會或麻煩，主動表白自己所編的意圖及目的，寫了一篇《太太萬歲題記》[4]，寄給《大公報》的《戲劇與電影》週刊，刊出時編者洪深還在文後寫了幾句〈編後記〉，極力讚許張愛玲。但不料反而因此引來了左派文人對張愛玲一場圍攻式的論爭，直至 1948 初洪深寫文認錯方告中止。

張愛玲受此文鬥教訓，再加上當時國共的內戰已全面展開，上海的形勢更加嚴峻，那時候文華電影公司本來打算再請張愛玲將其小說《金鎖記》改編為電影，但最後在這風急浪高的政治環境下，張愛玲亦被迫放棄已完成的劇本。發展中的文華公司心有餘悸，為保證其他影片的順利拍攝和上映，也為避免招致任何政治風波，張愛玲雖執筆《哀樂中年》，卻要徹底放棄署名，並與桑弧保守此秘密。若不是張愛玲寫信給蘇偉貞，透露她是顧問身分及參與《哀樂中年》寫作過程，並拿了些劇本費及不具名，才將這真相揭開，還事實本來的面目。

4　文華影片公司：張愛玲《太太萬歲題記》，《大公報・戲劇與電影》第 59 期（上海），1947 年 12 月 3 日。

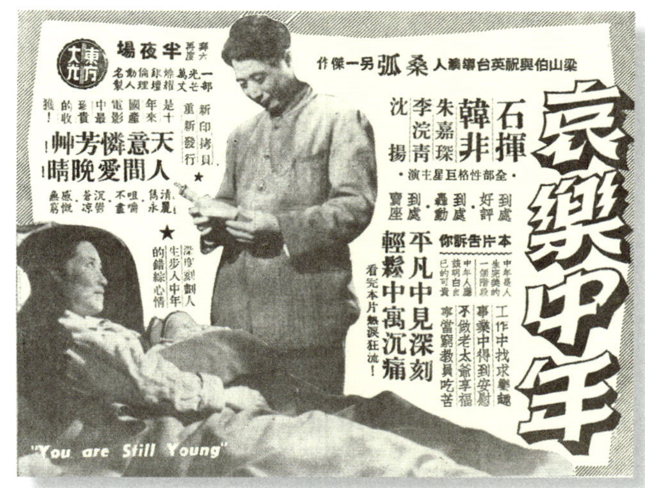

電影《哀樂中年》宣傳廣告，印有《梁山伯與祝英台》導演人桑弧另一傑作，演員有石揮、韓非、朱嘉琛、李浣青及沈揚。

《哀樂中年》影劇小說精華叢書，由世界出版社印行。

張愛玲於 1963 年編寫的劇本《小兒女》。圖為電影《小兒女》DVD，左下見有鄧小宇先生簽名。

電影《小兒女》黑白色宣傳廣告。

《老人與海》中譯本存世多少？

2018年11月4日，位於九龍西洋菜南街5號好望角大廈1609室「新亞圖書中心」內，正舉行一場精彩的舊書拍賣會，現場坐滿書迷、書商、收藏家，以及看熱鬧的朋友及捧場客，拍賣官由劉天賜先生主持，負責人蘇賡哲博士在旁協助及接聽拍賣朋友的電話落價。是次令人吸引的拍賣品除有金庸多部膾炙人口的武俠小說包括《鴛鴦刀》、《素心劍》、《倚天屠龍記》單行本外，還有董橋簽贈黃俊東的《在馬克思的鬍鬚叢中和鬍鬚叢外》及《小風景》精裝本等精彩著作。另外，一本編號為1723的《老人與海》范思平譯（中一出版社，1952年初版售價港幣一元正），其起拍價為港幣X元，屬暗標拍賣品，大部分書友沒多留意，但遠在內地、台灣及香港的張迷卻磨刀霍霍，即將出現一場激烈的暗標大戰。

以往在舊書拍賣會每有金庸、董橋、張愛玲等早期作品拍賣時，都招徠兩岸暨香港地區藏書家、收藏家、書迷前來競投。在2019冠狀病毒病爆發前幾年，拍賣成交價屢創高峰，每次不到最後競價仍不知鹿死誰手，令至拍賣場面激烈，落標價愈來愈高。勝出者贏得心頭好固然高興，敗北者難免心有遺憾而激發下次再戰，觀看者自然成為拍賣見證人而滿懷興奮。

1952 年 12 月初版（第一版）

在是次第 24 屆新亞拍賣會中，一本《老人與海》中譯本初版在「暗標」拍賣中，竟以高出港幣 X 元底價二百多倍增加，即港幣 Y 元成交，勝出買家需付連 15%佣金共港幣 Z 元，令人咋舌。《老人與海》作者為諾貝爾文學獎得獎者海明威（E. M. Hemingway），譯者署名「范思平」，由香港中一出版社於 1952 年 12 月首次出版，小 32 開本，正文 105 頁，書前有《海明威》一文二頁，文末署「譯者代序」，封面主要以藍及白作主色，畫有海明威頭像、船上的漁夫和跳出海面的巨魚，但畫家姓名沒有註明。

為何這本《老人與海》中譯本初版那麼吸引，其暗標價竟超過底價二百多倍？不只是初版書的原因，原來譯者范思平就是張愛玲，范思平是她在香港首次改的筆名，初版存世量不多。至於這筆名的來源，張愛玲沒有說明，但筆者認為范思平源自「海明威」這三個字，由於張愛玲覺得這世界上的水實在太多，很容易引致海水泛濫，估計它便選泛的同音字「范」為姓，明字改為思考的「思」，威字改為平凡一些便選「平」，成為「范思平」。

存世量

1952 年 12 月，當香港中一出版社首次出版《老人與海》中譯本時，沒人知道誰是范思平，是男是女也不清楚。所以，當人們看過中譯本後，留下來存世的數量相信不多。經筆者聯絡、核算、紀錄，以及擁有人的通知下，直至 2024 年 6 月 26 日，全球擁有《老人與海》初版者共有 8 人，香港共佔 5 人，內地、台灣、馬來西亞各佔 1 人，名單如下：

香港：林冠中、(鄭明仁)、吳邦謀、馮務毅、胡兆昌
內地：陳子善
台灣：陳逸華
馬來西亞：蕭永龍

各位讀者及書友，若你或你的親朋戚友藏有張愛玲《老人與海》中譯本初版本，而不在以上名單之內，請告之筆者以便更正。

1954 年 5 月再版本（第二版）

1954 年 5 月，香港中一出版社繼《老人與海》初版後發行第二版（版權頁印上中華民國四十三年五月再版），譯者仍是范思平，同為小 32 開本，正文 105 頁，封面圖案與初版一樣，都是以藍及白色為主色，畫有海明威頭像、船上的漁夫和巨魚。改變的地方只是作者及譯者名稱的位置由右中移至近右上角，字體縮小一半約 2.5 毫米，而出版社名稱由右中移至近左下角。

由於初版於 1952 年 12 月首次面世時大部分讀者都閱讀過，不足一年半後香港中一出版社再版《老人與海》，而且封面圖案一樣，內文不變，結果銷售不及初版，坊間能留下及收藏的少之更

少，引致再版稀有程度比初版更甚，估計存世只有四本，筆者幸獲一本，已知內地、台灣及東南亞收藏家各有一本。

1955 年 1 月再版本（第三版）

1954 年 12 月，海明威以《老人與海》一書獲頒諾貝爾文學獎，翌年 1 月，香港中一出版社第三度出版《老人與海》中譯本，以賀海明威榮獲最高的榮譽。筆者數年前在拍賣場難得一遇這本《老人與海》第三版（版權頁印上民國四十四年一月再版），估計它的存世量比第二版更少，最後在與數個對手競投下，筆者以最高價取得。《老人與海》第三版同是小 32 開本，正文 126 頁，但封面改頭換面，以四個黑色方格（27 x 25 毫米）印有白字「老人與海」最是吸引眼球，配以淺綠山水一色與飛翔中的海鷗素描畫做背景。

《老人與海》第三版的譯者已轉為「張愛玲」，書前仍有《海明威》一文二頁，但文末已沒有「譯者代序」四字，新加「序」一篇二頁。序言由張愛玲撰寫，日期註明為 1954 年 11 月，序中提及海明威最常用的主題是毅力，他給毅力下的定義是：「在緊張狀態下的從容。」以下是張愛玲的序言全文：

序

我對於海毫無好感。在航海的時候我常常覺得這世界上的水實在太多。我最贊成荷蘭人的填海。捕鯨、獵獅，各種危險性的運動，我對這一切也完全不感興趣。所以我自己也覺得詫異，我會這樣喜歡《老人與海》。這是我所看到的國外書籍裏最摯愛的一本。

海明威自一九二幾年起，以他獨創一格的作風影響到近三十年來世界文壇的風氣。《老人與海》裏的老漁人自己認為他以前的成就都不算，他必須一次又一次地重新證明他的能力，我覺得這兩句話非常沉痛，彷彿是海明威在說他自己。尤其因為他在寫《老人與海》之前，正因《過河入林》一書受到批評家的抨擊。《老人與海》在1952年發表，得到普利澤獎金，輿論一致認為是他最成功的作品。現在海明威又得到本年度的諾貝爾文學獎金——世界寫作者最高的榮譽。雖然諾貝爾獎金通常都是以一個作家的畢生事業為衡定的標準，但是這次在海明威著作中特別提出《老人與海》這本書，加以讚美。

老漁人在他與海洋的搏鬥中表現了可驚的毅力——不是超人的，而是一切人類應有的一種風度，一種氣概。海明威最常用的主題是毅力。他給毅力下的定義是：「在緊張狀態下的從容。」書中有許多句子貌似平淡，而是充滿了生命的辛酸，我不知道年青的朋友們是否能夠體會到。這也是因為我太喜歡它了，所以有這些顧慮，同時也擔憂我的譯筆不能達出原著的淡遠的幽默與悲哀，與文字的迷人的韻節。但無論如何，我還是希望大家都看看這本書，看了可以對我們這時代增加一點信心，因為我們也產生了這樣偉大的作品，與過去任何一個時代的代表作比較，都毫無愧色。

張愛玲

一九五四年十一月

1955 年 5 月三版本（第四版）

1955 年 5 月，香港中一出版社第四度出版《老人與海》中譯本，比第三版出版日期只相隔四個月，估計由於原作者海明威取得諾貝爾文學獎，引起讀者購買的興趣。

銷售數字

香港中一出版社由 1952 年至 1955 年期間，曾四度出版張愛玲翻譯的《老人與海》，版本如下：

出版日期	版本	譯者署名
1952 年 12 月	初版	范思平
1954 年 5 月	再版	范思平
1955 年 1 月	再版	張愛玲
1955 年 5 月	三版	張愛玲

根據新竹清大社會學研究所王梅香博士在《歐美研究》第四十五卷第一期（2015 年 3 月）所寫的〈不為人知的張愛玲：美國新聞處譯書計畫下的《秧歌》與《赤地之戀》〉，提及：「麥加錫[1]在寫給華盛頓美國新聞總署的信件中提到，從沒有一本美新處出版的書

1 香港美國新聞處 (United States Information Service 簡稱美新處) 處長麥加錫 (Richard M. McCarthy)

可以賣超過 1,000 本，而《老人與海》竟賣了 2,470 本[2]。雖然麥加錫在信中提到，這個銷售數字還不是很漂亮（impressive），但是無疑給了麥加錫無比的信心，使他認為一直以來運作『商業路線』的譯書計劃是可行的。」

從以上可知道張愛玲翻譯的《老人與海》是香港美新處賣得最好的一本書，這可以解釋麥加錫和宋淇為何看重這本書背後真正的原因。之後，張愛玲陸續為美新處翻譯勞林斯（Marjorie Kinnan Rawlings）的《小鹿》（The Yearling)）（1953 年，香港天風出版）、范道倫（Mark Van Doren）編輯的《愛默森文選》（The Portable Emerson）（1954 年，香港天風出版）和歐文（Washington Irving）的《無頭騎士》（1955 年，香港今日世界出版）等，但銷售數字始終不及她翻譯的《老人與海》。

2 Operations Memorandum, Hong Kong USIS to USIA, "ICS: Book Translation Program," February 18, 1954, Hong Kong; U.S. Consulate, Hong Kong Classified General Records of the USIS, 1951—1955, Entry 2689, RG84 (NARA, n.d.).

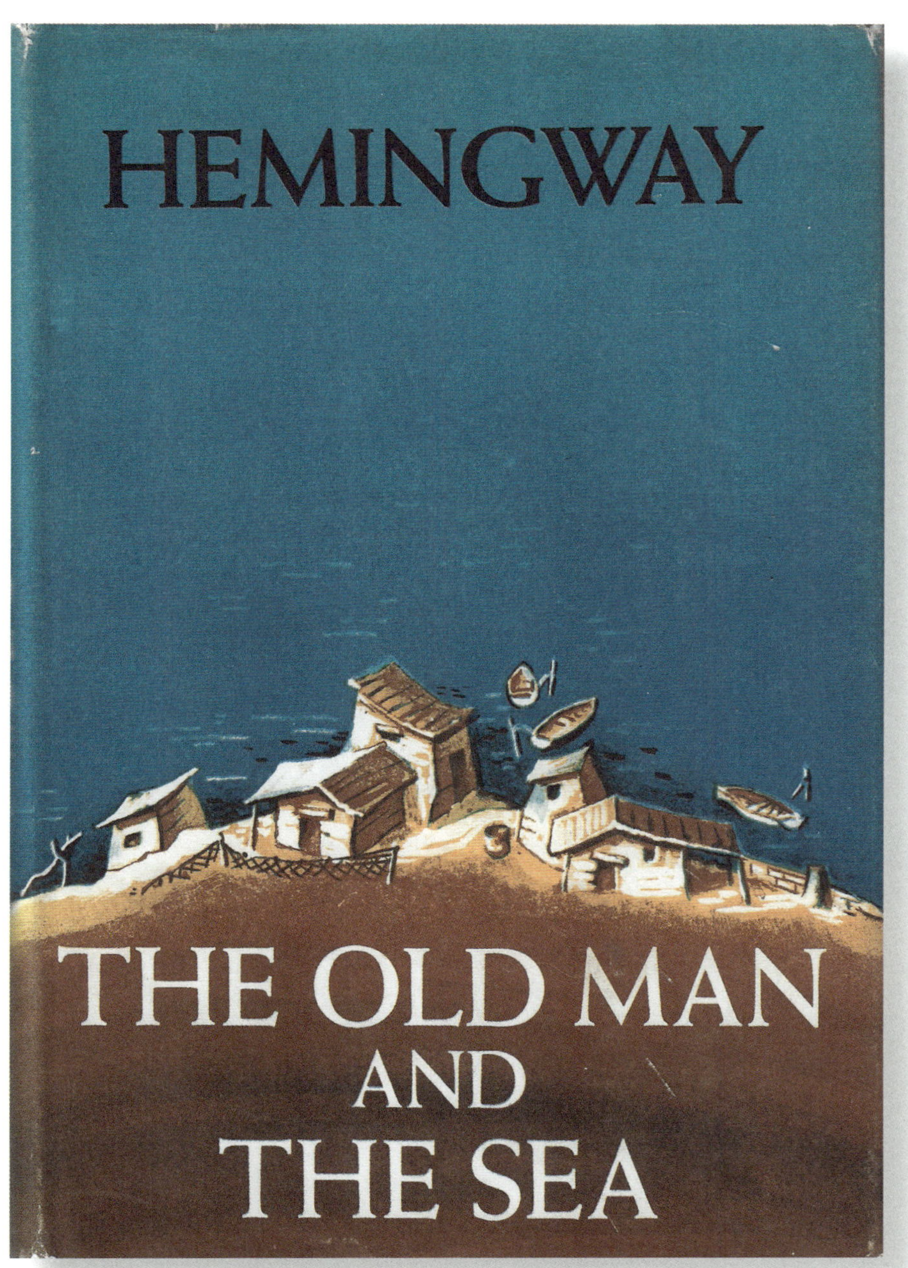

海明威 (Ernest Hemingway) 的小說《老人與海》(The Old Man and the Sea) 於 1952 年 9 月初次出版。

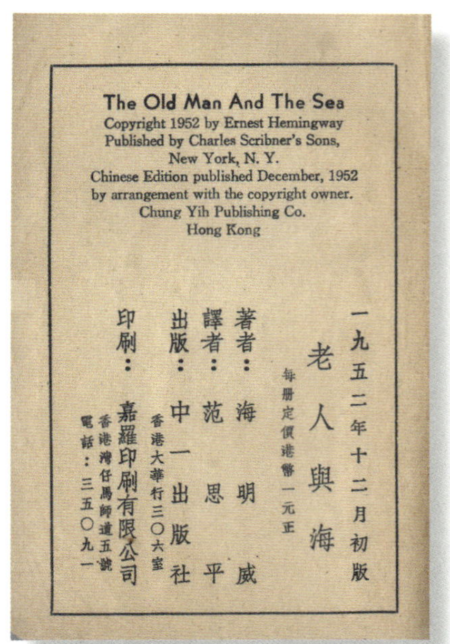

The Old Man And The Sea
Copyright 1952 by Ernest Hemingway
Published by Charles Scribner's Sons,
New York, N. Y.
Chinese Edition published December, 1952
by arrangement with the copyright owner.
Chung Yih Publishing Co.
Hong Kong

一九五二年十二月初版
老人與海
每册定價港幣一元正
著者：海明威
譯者：范思平
出版：中一出版社
香港大華行三〇六室
印刷：嘉羅印刷有限公司
香港灣仔馬師道五號
電話：三五〇九一

1952 年 12 月，香港中一出版社初版《老人與海》中譯本，譯者為范思平（張愛玲的筆名）。圖右是版權頁。

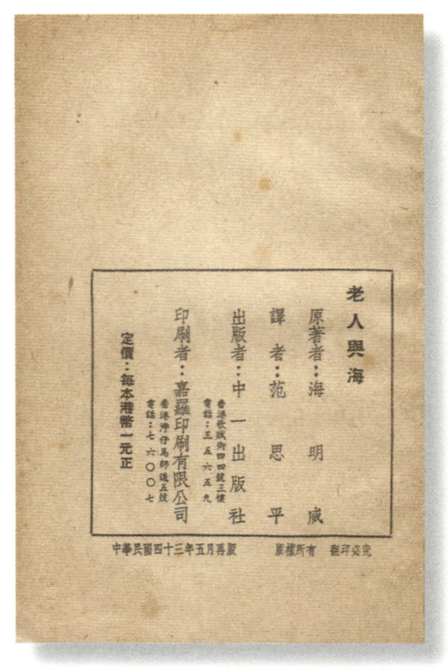

老人與海
原著者：海明威
譯者：范思平
出版者：中一出版社
香港軒鯉詩道四四號三樓
電話：三五六五九
印刷者：嘉羅印刷有限公司
香港灣仔馬師道五號
電話：七六〇〇七
定價：每本港幣一元正

中華民國四十三年五月再版　版權所有 翻印必究

1954 年 5 月，香港中一出版社再版《老人與海》中譯本，封面圖案與初版一樣，譯者仍是范思平，圖右是該書的版權頁。

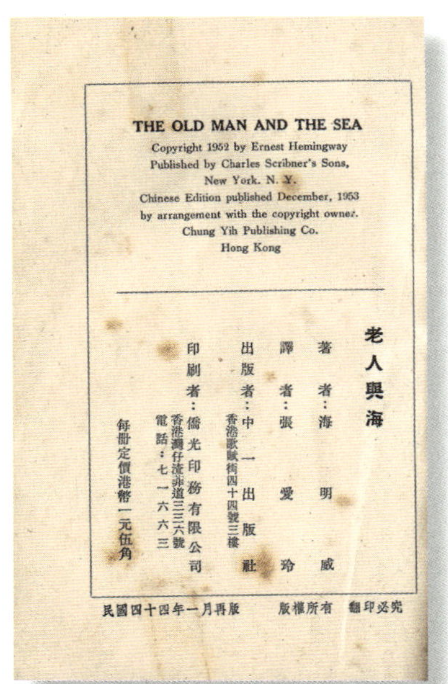

THE OLD MAN AND THE SEA
Copyright 1952 by Ernest Hemingway
Published by Charles Scribner's Sons,
New York. N. Y.
Chinese Edition published December, 1953
by arrangement with the copyright owner.
Chung Yih Publishing Co.
Hong Kong

老人與海

著者：海明威
譯者：張愛玲
出版者：中一出版社
香港歌賦街四十四號三樓
印刷者：僑光印務有限公司
香港灣仔渣菲道三三六號
電話：七一六六三
每冊定價港幣一元伍角

民國四十四年一月再版　版權所有　翻印必究

1955 年 1 月，香港中一出版社第三度出版《老人與海》中譯本，以慶祝海明威獲頒諾貝爾文學獎。除封面設計改變外，譯者名字已轉為「張愛玲」，並加上由她撰寫的序。圖右是該書的版權頁。

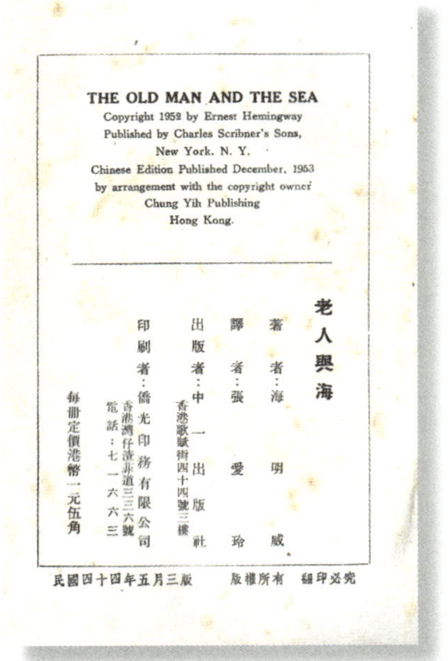

THE OLD MAN AND THE SEA
Copyright 1952 by Ernest Hemingway
Published by Charles Scribner's Sons,
New York. N. Y.
Chinese Edition Published December, 1953
by arrangement with the copyright owner
Chung Yih Publishing
Hong Kong.

老人與海

著者：海明威
譯者：張愛玲
出版者：中一出版社
香港歌賦街四十四號三樓
印刷者：僑光印務有限公司
香港灣仔渣菲道三三六號
電話：七一六六三
每冊定價港幣一元伍角

民國四十四年五月三版　版權所有　翻印必究

1955 年 5 月，香港中一出版社第四度出版《老人與海》三版，圖為版權頁。

《怨女》初稿新發現

筆者在數年前有緣購得台灣皇冠出版社初版本張愛玲《怨女》，從封底勒口獲知出版日期為 1968 年 7 日，從而揭開以往所見《怨女》單行本沒有統一出版時間的神秘面紗。[1]《怨女》是張愛玲繼《秧歌》《赤地之戀》之後第三部既有中文版又有英文版的長篇小說，其英文版為 *The Rouge of the North*（中文名《北地胭脂》）。張愛玲《怨女》的創作及出版過程曲折，曾幾乎鬧出「雙胞案」[2]。所謂雙胞案的兩位主角，一是張愛玲於 1965 年寄給宋淇的《怨女》中文初稿，翌年成為香港《星島晚報》副刊及台灣《皇冠》第 150 期至 152 期中的《怨女》連載小說；二是張愛玲經過修改的《怨女》，後來成為 1968 年皇冠出版社的《怨女》初版單行本。

1 台灣皇冠出版社出版的張愛玲《怨女》，屬皇冠叢書 167 種，封面設計夏祖明，版權頁沒有印上初版及出版日期；1984 年 11 月皇冠出版的張愛玲《怨女》，屬皇冠叢書 167 種，版權頁印上「第一版時間為 1966 年 4 月」；1997 年 10 月皇冠出版的張愛玲《怨女》，屬皇冠叢書 167 種張愛玲全集 4，版權頁印上「原始出版日—1966 年 4 月」；2010 年 8 月出版的張愛玲《怨女》，屬皇冠叢書 3980 種張愛玲典藏 7，版權頁只印上「著作完成日期—1966 年」。

2 宋以朗：〈張愛玲的出版史 · 港台篇〉，《宋淇傳奇 —— 從宋春舫到張愛玲》第六章（香港：牛津大學出版社，2014 年）。

由於距今接近 60 年刊登在《星島晚報》的《怨女》連載小說甚少出現在民間，可想而知這《怨女》連載小說實體本存世不多，可遇不可求。筆者多年在舊書店、舊物店、拍賣行、拍賣網、書展等地方亦遍尋不獲，最後有緣認識「古音坊」的老闆廖順光先生，他知道筆者多年尋找《星島晚報》的《怨女》，便很快在他的儲存大倉庫內，在數以萬份由戰前至七十年代的香港報紙堆裏細心尋找，由於大部分收藏的報紙普遍與港聞大事、電影廣告、足球新聞等題材居多，文化副刊反而不多，最後竟能找出 13 份不同日子（1966 年 8 月 23 日第一篇、8 月 28 日第六篇、9 月 1 日第十篇、9 月 6 日第十五篇、9 月 20 日第二十九篇、9 月 24 日第三十三篇、10 月 3 日第四十二篇、10 月 4 日第四十三篇、10 月 7 日第四十六篇、10 月 8 日第四十七篇、10 月 10 日第四十九篇、10 月 11 日第五十篇、10 月 12 日第五十一篇）的《怨女》售賣給我，其中最震撼的是第一篇的《怨女》能夠出土，真是如獲至寶！

《怨女》初稿發現

張愛玲唯一刊登在香港《星島晚報》的連載小說，它既不是《秧歌》，也不是《赤地之戀》，更不是《半生緣》，而是根據《金鎖記》改寫的中篇小說《怨女》，終於在她 105 歲誕辰之年出土！張愛玲的《怨女》開始刊登在 1966 年 8 月 23 日的《星島晚報》第十一版《星晚》上，連載兩個多月，直至同年 10 月 30 日[3] 為此。《星島晚

---

3 張愛玲、宋淇、宋鄺文美著，宋以朗編：《紙短情長 —— 張愛玲往來書信集》（台北：皇冠文化出版有限公司，2020 年）。

報》非常重視張愛玲的作品，將《怨女》放在副刊左上最顯眼的位置，並找名家設計版頭畫，可見一名穿上深色連身裙的年輕女子，手托香腮，倚在大樹旁，近樹頂地方見有小說名字「怨女」兩字，樹腳處印有「張愛玲」三個字，畫功細緻，吸引非常！

1966 年星晚的《怨女》連載小說與 1968 年皇冠《怨女》單行本不同，星晚版的是張愛玲的手稿，即最初的創作，未經進一步的覆檢，相反皇冠《怨女》單行本經過她後期多次的修改或潤飾，是比較合意的版本。現將星晚第一篇《怨女》部分文字與皇冠單行本節錄如下：

【怨女（1966 年星晚初稿版第一篇）】

上海那時候睡得早，尤其是城裏，還沒有裝電燈。黃昏的天色漸漸澄清下，碧藍的天，房子墨黑，是沉澱物，人聲嗡嗡也跟着往下沉。小店都上了排門，石子路上就他一個人踉踉蹌蹌穿來穿去，街這邊走到那邊，哼着京戲時而夾着個「梯個隆地咚」。天熱，把辮子盤在頭頂上，短衫一路敞開到底，帶着把芭蕉扇，刮喇刮喇在衣衫下面搧着背脊。去過一家店家，板門上的方洞沒關上，留着它通風，只看見一把芭蕉扇在黃色的燈照裏搖來搖去，看着有點頭暈，緊靠着牆走，免得跌跤。黑暗中忽然有一條長而涼的東西在他背上游下去，他直跳起來。第二次跳得更高，想抖掉它，又扭過去用扇子揮。他終於明白過來，是辮子滑落下來。

「操那！」

用芭蕉扇拍打着屁股，踱起方步來，掩飾他的窘態。「孤王醉酒桃花宮，韓素娥生來好貌容，」他唱。

一句話提醒了自己，他轉過身來四面看了看，往回走過幾家店面，揀中一家，砰砰拍門。

「大姑娘！大姑娘！」

「誰呀？」一個男人在樓上喊。

「大姑娘！買蔴油，大姑娘！」

「關門了，明天來。」女孩子的聲音，不耐煩地。「大姑娘，老主顧了，大姑娘。」

蓬蓬蓬儘着打門。樓上半天沒有聲音。他從門縫裏看見裏面漸漸亮起來，有人拿着燈走進店堂。

【怨女（1968年皇冠初版）】

上海那時候睡得早，尤其是城裏，還沒有裝電燈。夏夜八點鐘左右，黃昏剛澄淀下來，天上反而亮了，碧藍的天，下面房子墨黑，是沉澱物，人聲嗡嗡也跟着低了下去。

小店都上了排門，石子路上只有他一個人踉踉蹌蹌走着，逍遙自在，從街這邊穿到那邊，哼着京戲，時而夾着個「梯格隆地咚」，代表胡琴。天熱，把辮子盤在頭頂上，短衫一路開到底，裸露着胸脯，帶着把芭蕉扇，刮喇刮喇在衣衫下面搧着背脊。走過一家店家，板門上留着個方洞沒關上，天氣太熱，需要通風，洞裏只看見一把芭蕉扇在黃色的燈光中搖來搖去。看着頭暈，緊靠着牆走，在黑暗中忽然有一條長而涼的東西在他背上游下去，他直跳起來。第二次跳得更高，想把它抖掉，又扭過去拿扇子撣。他終於明白過來，是辮子滑落下來。

「操那！」

用芭蕉扇大聲拍打着屁股，踱着方步唱了起來，掩飾他的窘態。

「孤王醉酒桃花宮，韓素梅生來好貌容。」

一句話提醒了自己，他轉過身來四面看了看，往回走過幾家門面，揀中一家，砰砰砰拍門。

「大姑娘！大姑娘！」

「誰？」樓上有個男人發聲喊。

「大姑娘！買蔴油，大姑娘！」

叫了好幾聲沒人應。

「關門了，明天來。」這次是個女孩子，不耐煩地。

他退後幾步往上看，樓窗口沒有人。劣質玻璃四角黃濁，映着燈光，一排窗户似乎凸出來作半球形，使那黯舊的木屋顯得玲瓏剔透，像玩具一樣。

「大姑娘，老主顧了，大姑娘！」

蓬蓬蓬儘着打門。樓上半天沒有聲音。但是從門縫裏可以看見裏面漸漸亮起來，有人拿着燈走進店堂。

比較以上兩篇新舊文章，紅字代表更改、新加或潤飾地方，例如新篇的字數共 599 個，比舊的多 114 個（23.5%），特別是在尾前第三及第四段，加了共 64 個新字數來形容樓窗玻璃、窗戶及舊屋。新篇加了夏夜八點鐘左右及天上反而亮了，來形容上海黃昏的景象。並在「梯格隆地咚」後加上代表胡琴，讓讀者清楚這五個字代表甚麼。從以上新舊兩篇文章的分別，可看出張愛玲對自己的行文、用字、敍事等都非常講究，務求盡善盡美。

1966 年 12 月 26 日，張愛玲致信給宋淇：「收到《星晚》的《怨女》，隨手翻到一段，第一句就漏掉個『還』字。如果是在末尾，或者是為篇幅刪去一字，但是在篇首，使我不忍再看，只看了兩段別人的小說。你百忙中替我校一遍，我是真的感激，但是究竟跟自己寫的不同，不會少掉一個字就覺得口氣不對，那一句直跳出來，刺目。出書我只好請他們空郵寄給我校一遍，郵費我出。我在港台只想給讀者一個較好的印象，除了希望單行本多銷兩本，別的都不計較。」從中可看出張愛玲對《星晚》刊登的《怨女》不太滿意，初期她以為這初稿寄給宋淇已丟了，其後不斷修正，台灣《徵信新聞報》(今《中國時報》)的王鼎鈞又跟她接洽連載《怨女》，誰知忽然在《星島晚報》和《皇冠》連載起來，令張愛玲非常懊惱，因刊出的是她未修改的版本，亦導致《徵信》可能會誤會她出爾反爾。

《讀〈怨女〉》

1966年，胡蘭成在日本收到朋友剪寄來的《星島晚報》連載小說《怨女》，陸續讀到了第六十篇後，以署名「牽招」寫了一篇《讀〈怨女〉》評論文章給《星島晚報》，部分內容為：「《怨女》是金鎖記的改寫。為甚麼不寫新的呢？剛讀了開頭，不禁心裏幸災樂禍，要說張愛玲沒有進步。此時窗外秋陽淡遠，無拘無束。及後讀下去，即又歎息尋思。這改寫是寫得好。惟不知題目是否可以換做《懷人幽怨》。牡丹亭遊園驚夢裏杜麗娘唱：『驀地裏懷人幽怨，俺的睡情誰見。』……如今張愛玲住在美國，卻來寫《怨女》，亦可見現代美國的無情思了。美國的瓶裝花生醬也不及上麻油店裏芝麻醬花生醬來得香，莫說美國人是再也修不到麻油店裏銀娣姑娘的與小劉的木匠的今世裏無限意。」

1966 年 12 月 5 日，宋淇為寫了一封信給張愛玲，並附上《星晚》剪下來的一篇讀後感，看來是胡蘭成寫的，因為他的筆調獨特，別人寫不出來。張愛玲於同年 12 月 26 日回信給宋淇，道出：「胡蘭成獨創的『怪腔』討厭到極點，看了總是又好氣又好笑。」

出版者：皇冠出版社
臺北市第三三〇〇號信箱
電話：七七六八二二
發行人：平鑫濤
臺北市第三三〇〇號信箱
印刷：皇冠印刷有限公司
臺北市大理街四二巷二號
中華民國五十七年七月初版

本書定價
新台幣拾元
港幣貳元

盜印嚴究

登記證內警臺業字
第六七九號

台灣皇冠出版社初版本張愛玲《怨女》，出版日期為 1968 年 7 日，封面由夏祖明設計。

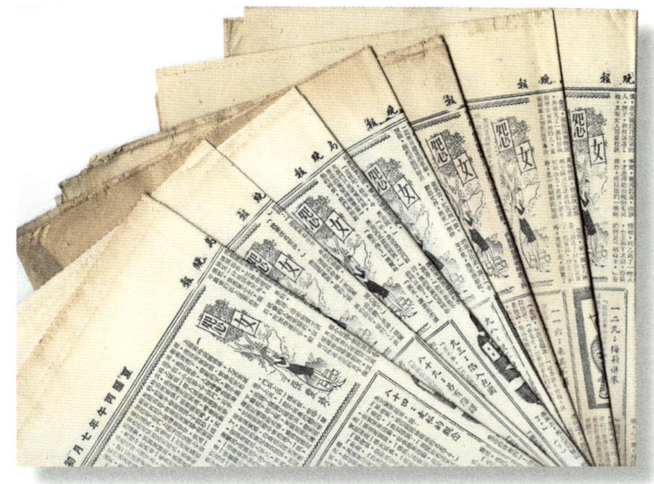

唯一刊登在香港報章連載的張愛玲小說是《怨女》，第一篇故事發表於 1966 年 8 月 23 日《星島晚報》副刊《星晚》上。圖為筆者收藏不同篇數的《怨女》。

怨女

張愛玲

她滿臉不情願，付了錢攙他出店。這次銀娣知道小劉明明看見他們，也不招呼。她又氣又疑心，難道聽見甚麼人說她？是爲了她那天晚上罵那木匠，還是那回相親的事？

「太陽都在你們這邊，」她外婆說。是把他們和對過藥店比？倒像是也看見了小劉。也不理他？

「不曉得你哥哥甚麼時候回來，」老太婆坐定下來說。「我有話跟他們說，」她大模大樣添上了一句。她除了借錢難得有事找他們，所以得意，到底忍不住要在銀娣跟前漏點口風。

悅中又若有所失。她不必再想知道未來，她的命運已經注定了。

她要跟他母親住在鄉下種菜，她倒沒想到這一點。他一年只回來幾天。她住着黃泥牆的茅屋，四面一望無際都是澆糞的黃泥地，伺候着個老婦人，一年到頭只看見時間過去，時間這東西一心一意，就光想把她也變成個老婦人。

小劉不像是會鑽營的人。他要是做一輩子夥計，她成了她哥嫂的窮親戚，和外婆家一樣。人家一定說她嫁得不好，她長得再醜些也不過如此。終身大事，一經決

《星島晚報》連載小說《怨女》的版頭畫，畫有一名穿上深色連身裙的少女，手托香腮，倚在樹旁。

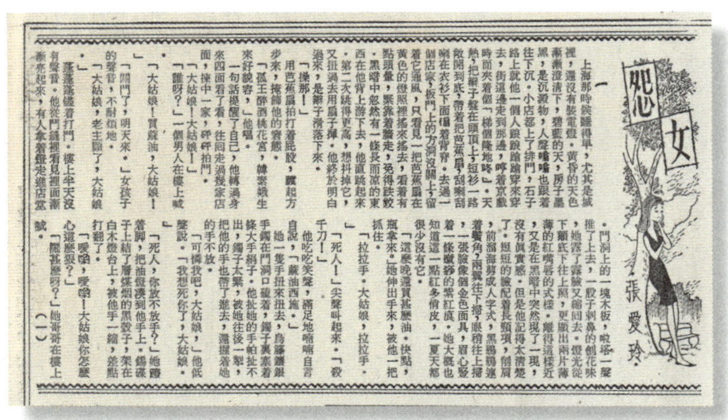

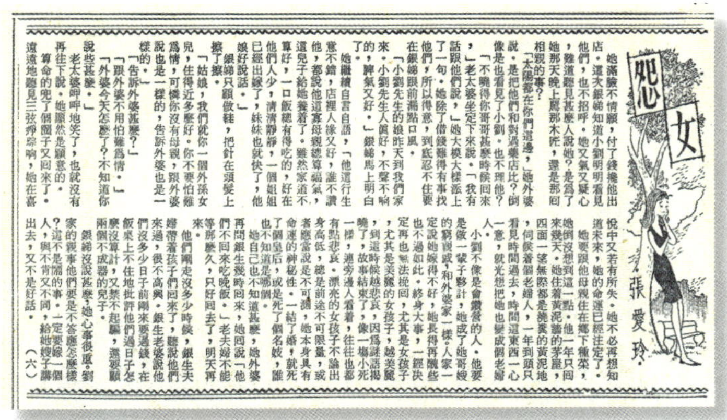

1966 年張愛玲連載小說《怨女》第一篇、第六篇及第十篇刊登在《星島晚報》副刊上。

不同年代發行的張愛玲《怨女》小說。

張愛玲的《怨女》英文版 *The Rouge of the North*《北地胭脂》初版本於 1967 年出版，右為其封底。

Eileen Chang has based *The Rouge of the North* on a novella she wrote in Chinese entitled *The Golden Cangue* and she is uniquely qualified to write about the periods of Chinese life she describes in her novel. Her grand-mother's father was the Chinese statesman, Li Hung-chang, while her grandfather, Chang P'ei-lung, was the chief political casualty of the Sino-French War of 1884. Eileen Chang herself was born in Shanghai and spent all her life there until she left for Hong Kong in 1952. Since 1955 she has lived in the U.S.A. and was until recently writer in residence at Miami University, Oxford, Ohio. She is now an Associate Scholar at the Radcliffe Institute for Independent Study, Cambridge, Mass., where she holds a fellowship to translate an Old Chinese novel, *Hai Shang Hua*.

1998 年 University of California Press（加利福尼亞大學出版社）初版張愛玲的 *The Rouge of the North*《北地胭脂》，該書是《怨女》英文版。

第三章

珍藏發現

李志清作品

誰是《南北喜相逢》編劇？

國際電影懋業有限公司於上世紀六十年代製作了三部南北系列的喜劇電影：《南北和》、《南北一家親》及《南北喜相逢》，皆由導演王天林執導，帶起南北系列電影的風潮。1961 年，由宋淇編劇的《南北和》（*The Greatest Civil War on Earth*）電影首次在香港上映，播放後大受歡迎，發展出雞同鴨講的南北喜劇系列。1962 年《南北一家親》（*The Greatest Wedding on Earth*）及 1964 年《南北喜相逢》（*The Greatest Love Affair on Earth*），編劇署名皆為張愛玲，一部比一部精彩，把南北市井人物的語言和文化的差異及矛盾，發展至包容及共融的思想，從而打破彼此間的差異及隔膜，最後以南北和諧為結局。

《南北和》

1950 年代，電懋每年都會舉辦慈善募款活動，其中有一環節稱為「萬花迎春」的歌舞劇，內有一段由宋淇撰寫對白的「南北和」諧劇表演，甚獲好評，觸發製作南北喜劇電影。《南北和》原先由岳楓擔任導演，葛蘭、文蘭主演，後改為王天林執導，宋淇編劇，梁醒波、劉恩甲、丁皓、白露明、張清、雷震擔綱主角。

梁醒波飾廣東人張三波，劉恩甲飾外省人李四寶，同是經營洋服店，同租一個公寓。因南北方人生活習慣不同，常有爭執和搶生意。梁醒波反對女兒麗珍（白露明飾）與外省人王文安（雷震飾）結交，李四寶反對女兒翠華（丁皓飾）與廣東人麥永輝（張清飾）交往。後來張三波，李四寶因資金問題使經營受挫，分別及時得到他們女兒的男友的幫助，張三波和李四寶放下偏見，同意孩子的婚事。最後兩家洋服店合併，南北共融一起發財。

由王天林執導、宋淇編劇的《南北和》電影於 1961 年在香港上映。圖為《南北和》本事，封面為兩位女主角：丁皓（右）和白露明（左）。

《南北一家親》

《南北一家親》是張愛玲延續宋淇編劇的《南北和》電影的首部，再次起用梁醒波、劉恩甲、丁皓、白露明、張清、雷震主演。梁醒波飾沈敬炳的廣東茶樓與劉恩甲飾李世普的北方館子，一個說廣東話，另一個說普通話，在戲中鬥個你死我活。梁醒波與馬笑英這一對南方夫妻，生下一兒一女 —— 張清與白露明，梁醒波為了生意上的競爭，不喜歡外省人，而年青的一代，偏偏愛上了外省人，張清愛上丁皓，白露明愛上雷震，在戀愛路徑上是沒有國籍，沒有階級觀念的，所以兩對情侶雖然各有各的方言，而情感上卻融成一片，努力設法消除老一輩的地方觀念。《南北一家親》言語上南腔北調，飲食上的各有所嗜，再加上兒女們的私情，使電影的笑料如湧泉不斷，層出不窮。最後兩對男女以假裝離家出走，逼得兩個肥爸爸為親情讓步，成全兩家的婚事。

《南北一家親》於 1962 年 10 月 11 日首映，大收旺場，原著作者是秦亦孚（即秦羽），原名朱蘐，在港大畢業，是當時學歷最高的電影人之一，人稱「才女」。她在 1957 年曾演出岳楓執導及張愛玲編劇的《情場如戰場》，1962 年在第 1 屆金馬獎中以改編徐速原著的《星星月亮太陽》獲最佳編劇獎。《南北一家親》在拍攝期間，電懋片場經常聽見有人大叫「神經病」及「離曬譜」，何來此怪聲？事實拍攝場地既無精神問題的病人，亦無任何人做事離譜，原來戲中的兩個食肆老闆，廣東人梁醒波的姓名是「沈敬炳」，北方人的劉恩甲叫「李世普」，都是很響亮的名字，可是「沈敬炳」三個字，在劉恩甲口中用廣東話說出，聽來便成為「神經病」，而梁醒波的生硬國語，將「李世普」說成「離曬譜」。只聽這兩個名字，便令片場上下忍俊不禁。由於張愛玲不太懂廣東話[4]，亦不甚了解南北文化的衝突，劇本內的廣東對話及南北差異部分，估計是靠宋淇幫忙的。

張愛玲編劇的《南北一家親》於 1962 年 10 月 11 日在香港首映，大受觀眾歡迎。圖為《南北一家親》本事，封面為白露明（右）和丁皓（左），分別飾演來自南方的沈佩明和外省的李曼玲。

4 引自張愛玲於 1959 年 11 月 26 日致鄺文美的信：「看見《有口難言》正上演。立刻進去看，不料廣東話配音，我一時懞住了簡直一句也聽不懂。」

《南北喜相逢》

《南北喜相逢》由白露明、鍾情、雷震、田青及兩諧星梁醒波、劉恩甲聯合主演，於 1964 年 9 月 9 日在倫敦、國賓、百老滙三院獻映。故事脫胎自英國話劇《真假姑母》(*Charley's Aunt*)，當時張愛玲亦以此話劇名字作劇本，但電懋公司見《南北和》及《南北一家親》非常賣座，便索性將《真假姑母》亦名為《南北喜相逢》。

《南北喜相逢》電影中的雷震和田青是兩名窮教員，分別喜歡來自廣東的白露明和北方的鍾情，這兩對愛人因為有個嫌貧愛富的劉恩甲作梗而無法結合。劉恩甲是鍾情的父親，又是白露明的舅父，他的身分是一家地產公司的經理，期間他要巴結來港投資地產的華僑女富商，她卻正是田青的姑媽，可是姑媽臨時改期來港，田青只好找來友人梁醒波扮女人頂替，他比雷震和田青更窮，時常被債主追得走頭無路，過程中因反串、謊言及誤會等製造出一連串笑料。兩位女主角面對愛情，視作世界上最偉大的事業，最後終得償所願。

電懋為提高觀眾觀看《南北喜相逢》的興趣，特別舉辦一項別開生面的磅秤上比重遊戲，一邊是鍾情、雷震及田青，另一邊是梁醒波及劉恩甲，試猜那一邊較重？重多少磅？如無答中者，以最接近為優勝，優勝者中答案相同的，抽籤決定。頒獎前上述六位男女明星當眾過磅，頭獎為海星型包金瑞士錶，二獎為不鏽鋼瑞士錶，三獎為原子粒收音機。

誰是編劇？

根據《宋淇傳奇 —— 從宋春舫到張愛玲》之第六章〈張愛玲〉，宋以朗曾提到他的父親宋淇有一份簡歷，列出了三部他寫的電影劇本，除了《有口難言》、《南北和》外，還有《南北喜相逢》，但現在《南北喜相逢》電影的編劇卻署名為張愛玲？至於誰是真正的編劇，當中有誰參與，各自寫了多少？

根據張愛玲於 1963 年 1 月 9 日致宋淇的信件，一開始便提到：「上月將《真假姑母》（即《南北喜相逢》）劇本寄到加多利道，算着除非節下信件太擠，聖誕前幾天當可寄到，不知有否失落？希望你來張便條告訴我，不要等公司辦完 official receipt（正式收據）。如丟了只好找出亂七八糟的原稿重抄，免再耽擱。如已寄到，假姑母見妻來掩面暈倒一場，需加兩句對白。……」另外，張愛玲於 1963 年 2 月 22 日致鄺文美的信件中，提及：「《真假姑母》的改編我卻自己覺得是《情場如戰場》後唯一較滿意的，寫的時候將原來大綱增删許多，胡鬧成分較少，有些地方我以為 Stephen 看到也許會喜歡，沒想到寄到的時候他已經請假休養，也沒看見。」從以上信件得知，張愛玲確是《南北喜相逢》的編劇，且對自己改編的故事頗滿意，而且當時宋淇身體不適需要請假休養，不大可能寫電影劇本，若真有參與編劇，應與張愛玲共同署名。可惜，這些問題已沒有答案，留下謎團。

電懋於 1961、1962、1964 年製作了三部南北系列的電影，分別為《南北和》、《南北一家親》及《南北喜相逢》，皆由王天林執導，其中宋淇編《南北和》，張愛玲編其餘兩部，帶起南北喜劇電影的風潮，圖為三部電影在香港的報章廣告。

宋淇製片及張愛玲編劇的《南北一家親》喜劇電影，於 1962 年在香港播映，大收旺場。圖為《南北一家親》電影海報，刊登在《國際電影》雜誌第 82 期。

《南北一家親》電影，梁醒波與馬笑英飾演一對南方夫妻，生下一兒一女（張清與白露明飾）；劉恩甲與王萊飾演一對外省夫妻，亦生下一兒一女（雷震與丁皓飾）。他們言語上南腔北調，再加上兒女們的私情，製造了不少笑料。

打破地域觀念・結成兒女親家

「男大當婚，女大當嫁」，梁醒波深明其理，但是他有一個條件，就是不准兒女與外省人結婚，他的理由也很充足，因為各地有各地的生活習慣，如果與外省人結親，未免有點地方格格不入。可是他兒子張清的女友丁皓，偏偏是北方人而能講廣東話，還會做蘿蔔糕，再加上愛情，梁醒波不得不消除成見，與劉恩甲結成兒女親家。同時，劉恩甲的兒子雷震也不願老頭子與廣東人有很深成見，堅持娶白露明為妻。兩對兒女戰勝了頑固的父親，也戰勝了不少有地域觀念的人們，讓南北結成一家親。「南北一家親」在南北觀衆的笑聲中開場，在笑聲中結束。

《南北喜相逢》故事脫胎自英國話劇《真假姑母》(*Charley's Aunt*)，電影中的梁醒波扮女人頂替華僑女富商，過程中因謊言、博懵及誤會等製造出一連串笑料。圖為梁醒波（上）及 Jack Benny（下）反串姑媽，與劇中兩位女角做對手戲。

《南北喜相逢》雙生雙旦，左起為：田青、鍾情、白露明、雷震。

《南北喜相逢》故事脫胎自《真假姑母》，圖為 1941 年《真假姑母》電影海報。

我們回不去了

曼楨道:「世鈞。」她的聲音也在顫抖。世鈞沒作聲,等着她說下去,自己根本哽住了沒法開口。曼楨半晌方道:「世鈞,我們回不去了。」他知道這是真話,聽見了也還是一樣震動。她的頭已經在他肩膀上。他抱着她⋯⋯。

《半生緣》,張愛玲

以上是曼楨向世鈞說的內心話,來自張愛玲的淒美愛情小說《半生緣》,一句「我們回不去了」,觸動無數男女的心靈,揪盡千萬讀者的心窩,成為至今張愛玲的經典語句。張愛玲的《半生緣》改寫自她於上海以筆名梁京創作的《十八春》長篇小說,由 1950 年 3 月 25 日至 1951 年 2 月 11 日刊登在上海《亦報》副刊中。直至 1951 年 11 月,上海亦報社為紀念《亦報》創刊一周年,將《十八春》重新修訂並以單行本發行,初版 2500 冊,瞬間銷售一空。後來,張愛玲於 1966 至 1967 年旅美期間,在《十八春》小說中減去政治色彩濃厚的內容,將男女主角認識的年期由十八年改為十四年,在尾段加多了牽動人心的情節，並將小說名字改為《悃然記》，至後來定名為《半生緣》，於 1968 年 3 月至 7 月份《皇冠》雜誌第 168 期至 173 期重新發表。

《十八春》

《十八春》故事發生在三十年代的上海，年青美麗的顧曼楨生長在一個貧窮家庭，自幼喪父，全靠姐姐顧曼璐作舞女養活。一個偶然的機會，曼楨認識了沈世鈞，他孝順父母，對朋友熱心，沒有過着驕奢淫逸的富二代生活。後來曼楨和世鈞相戀，雖然世鈞不在意曼楨的家庭背景，但他受到傳統思想的雙親壓力，內心始終難以完全放下顧慮。他雖喜歡曼楨，可是在世俗面前的他還是退縮的。畢竟曼楨的姊姊當舞女不是一件光彩的事，世鈞表面上是在維護曼楨在他父親心中的形象，本質上他是對曼楨的姊姊曼璐心存芥蒂，內心的矛盾讓他無法釋懷。世鈞是喜歡曼楨的，曼楨是疼愛世鈞的，但兩人因世俗之事耿耿介懷而分開，正是他們原本該在一起的卻沒有走在一起的緣故，曼楨和世鈞的一段情糾纏了十八年，二人又在偶然中遇見，曼楨無奈的向着世鈞說：「世鈞，我們回不去了。」

從書名「半生緣」已可得知，世鈞與曼楨終不能長相廝守，正是愛情的百轉，生命的千瘡，半生的緣分，一世的感情，瞬間成悃然。張愛玲在重寫《十八春》時，在未選定新書名字「半身緣」前，除以《悃然記》為書名外，其實還有其他考慮，可以追溯到 1966 年 12 月 26 日她致好友宋淇信中提到：「《十八春》本想改名《浮世繪》，似不切題；《悲歡離合》又太直，《相見歡》又偏重「歡」，《急管哀弦》又調子太快。」最後選以《惘然記》為書名，把小說刊登在《皇冠》雜誌上。其實，張愛玲不大滿意《惘然記》這名字，宋淇亦表示：「這名字不好，因為太沒有勁，可能影響到將來電影版權收入，亦未必會吸引拍電影的人。《半生緣》名字好多了，叫得響，而且很纏綿。」不久，張愛玲去信皇冠出版社，要求在《惘然記》加上《半生緣》為別名，到將來出單行本時再正式定名。

翻開1968年6月出版的皇冠雜誌第171期，「半生緣」這個名字首次出現，是《惘然記》的別名。直至1969年3月單行本初版正式發行，《半生緣》終成為正式小說的名稱取代《惘然記》，成為張愛玲的經典名著。《半生緣》小說中道盡人世滄桑及世事無常，一發行便吸引萬千讀者的追看，成為張愛玲最受歡迎的小說之一。上海華東師範大學中文系教授陳子善曾說過：「《半生緣》對《十八春》的改寫，凸顯了張愛玲新的藝術構思，是張愛玲式『傾城之戀美學』的燦爛重現，雖與《十八春》同源共根，結出的卻是不同的更為艷異的果實。」

《普漢先生》

據明報月刊1976年3月號刊有宋淇的〈私語張愛玲〉，提及張愛玲曾透露《十八春》及後來的《半生緣》故事結構，乃參考自馬昆德（John P. Marquand）的《普漢先生》（*H.M. Pulham, Esquire*）。北京鄺明艷文學博士更譯有《普漢先生》中文版，並提出有研究者認為《半生緣》仿襲了《普漢先生》中的四角戀愛的結構，而《半生緣》裏上海、南京兩地分離的空間設計，也是依循了《普漢先生》書中紐約與波士頓的藍圖。《半生緣》結尾處那蕩氣迴腸的一句「世鈞，我們回不去了」也是仿照《普漢先生》中的 Darling, we can't go back，特別在其最後一章即三十七章〈下山回家〉(XXXVII Home from the Hill) 中，還有其他相似的文句如下：

《普漢先生》H.M. Pulham, Esquire	《半生緣》
"Harry," she said. Her voice was shaky and uncertain. I waited for her to go on. I did not want to try to answer her and I heard her voice again, slow and insistent. "Marvin," I said, and her head was on my shoulder. "Darling," she said, "we can't go back." That was the answer to it. That was what we had been trying to say all the time – the truth, absolute and perfect.	曼楨道：「世鈞。」她的聲音也在顫抖。世鈞沒作聲，等着她說下去，自己根本哽住了沒法開口。曼楨半晌方道：「世鈞，我們回不去了。」他知道這是真話，聽見了也還是一樣震動。她的頭已經在他肩膀上。他抱着她。
"Harry, dear, have you been happy?" I could have asked her what she meant by happiness.	「世鈞，你幸福嗎？」世鈞想道：「怎麼叫幸福？這要看怎麼解釋。……」
...and perhaps that was what love really was – not passion or wish, but days and years – and now I was going home.	……也許愛不是熱情，也不是懷念，不過是歲月，年深月久成了生活的一部分。
"All I can do is to make you think, when you're up there all alone, that it isn't so bad if you know you have someone, someone forever and always, someone you can always come back to, dear, any time or anywhere..."	「世鈞，我要你知道，這世界上有一個人是永遠等着你的，不管是甚麼時候，不管在甚麼地方，反正你知道，總有這麼個人。」

筆名梁京

1950 年 3 月 25 日至 1951 年 2 月 11 日，張愛玲在上海《亦報》以梁京為筆名連載《十八春》小說，翌年 11 月，上海亦報社將《十八春》重新修訂並以單行本發行。當時很多讀者以至文教接管委員會副主任夏衍也不知道誰是梁京，後來得《亦報》社長龔之方告訴他，夏衍才知悉。

根據水晶於 1973 年的著作《張愛玲的小說藝術》，一篇名為〈蟬 —— 夜訪張愛玲〉文章裏，曾提及水晶與張愛玲的對話如下：

> 在談話進入正題後，張愛玲首先告訴我，她還有一個筆名，叫梁京。梁山伯的梁，京城的京。因為從前我在信裏問過她，弄錯了，以為叫蕭亮。

水晶還提及張愛玲在當年《十八春》(《半生緣》的前身）在上海《亦報》連載中，曾引起一陣轟動。她說，有個跟曼楨同樣遭遇的女子，從報社裏探悉了她的地址，曾經尋到她居住的公寓裏來，倚門大哭。這使她感到手足無措，幸好那時她跟姑姑住在一起，姑姑下樓去，好不容易將那女子勸走了。

至於梁京這筆名的來源，根據宋淇 1987 年 3 月 31 日致張愛玲，提及他想通及已解了這個謎：

> 梁 ——「玲」的子音 consonant「L」，「張」的母音 vowel「ing」—— 切為「梁」

京——「張」的子音 consonant「Ch」，「玲」的母音 vowel「ing」——切為「京」

又，…… 陳子善説明叔紅是桑弧的筆名，「叔」和「桑」用同一子音「S」，「紅」和「弧」用同一子音「H」

但是張愛玲於 1987 年 5 月 2 日回覆宋淇、鄺文美的信，似乎她不大認同宋淇以子音及母音來解釋筆名梁京的來源，在信中她指出：

梁京筆名是桑弧代取的，沒加解釋。我想就是梁朝京城，有「西風殘照，漢家陵闕」的情調，指我的家庭背景。……又，桑弧崇拜李叔同 (?) —— 弘一法師 (?) —— 不知是否與叔紅筆名有關。

圖為 1951 年 11 月上海亦報社出版署名為梁京 (即張愛玲) 的《十八春》單行本，初版只有 2500 冊，存世量不多。

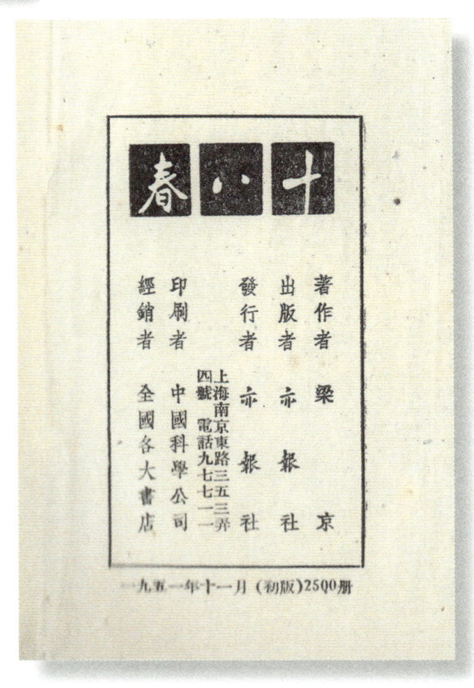
十八春

著作者 梁京
出版者 亦報社
發行者 亦報社 上海南京東路三五三弄四號 電話九七七一一
印刷者 中國科學公司
經銷者 全國各大書店

一九五一年十一月（初版）2500冊

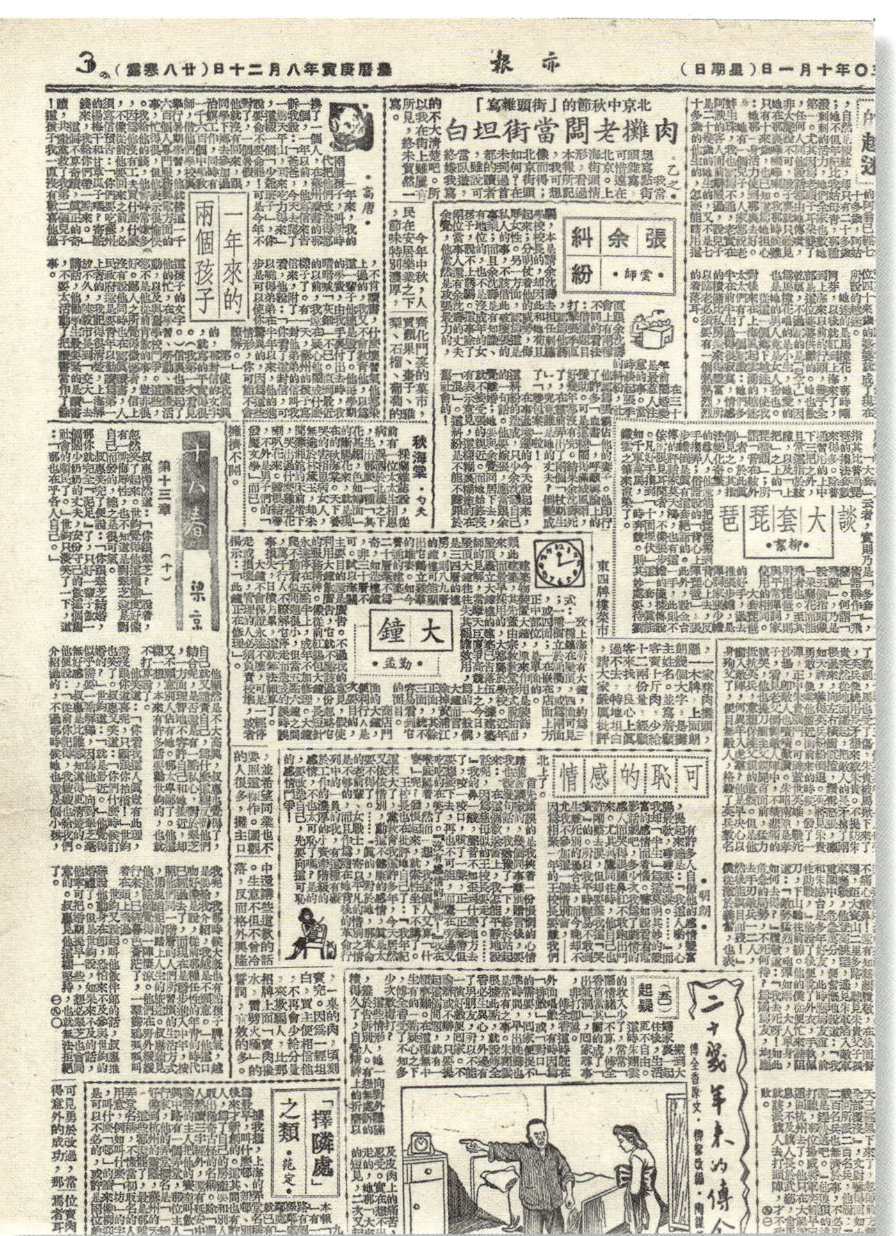

3 農曆庚寅年八月二十日（廿八寒露） 亦報 一九五〇年十月一日（星期日）

北京中秋節的「街頭雜寫」

肉攤老闆當街坦白

一年來的兩個孩子

張余紛糾

十八春

第十三章（十）

梁京

大鐘

談大套琵琶

可恥的感情

擇隣處之類

二十幾年來的傳人

1950 年 10 月 1 日，《亦報》刊有《十八春》小說之第十三章（十），作者署名為梁京即張愛玲（見圖左），當天正是中華人民共和國第一個國慶日。

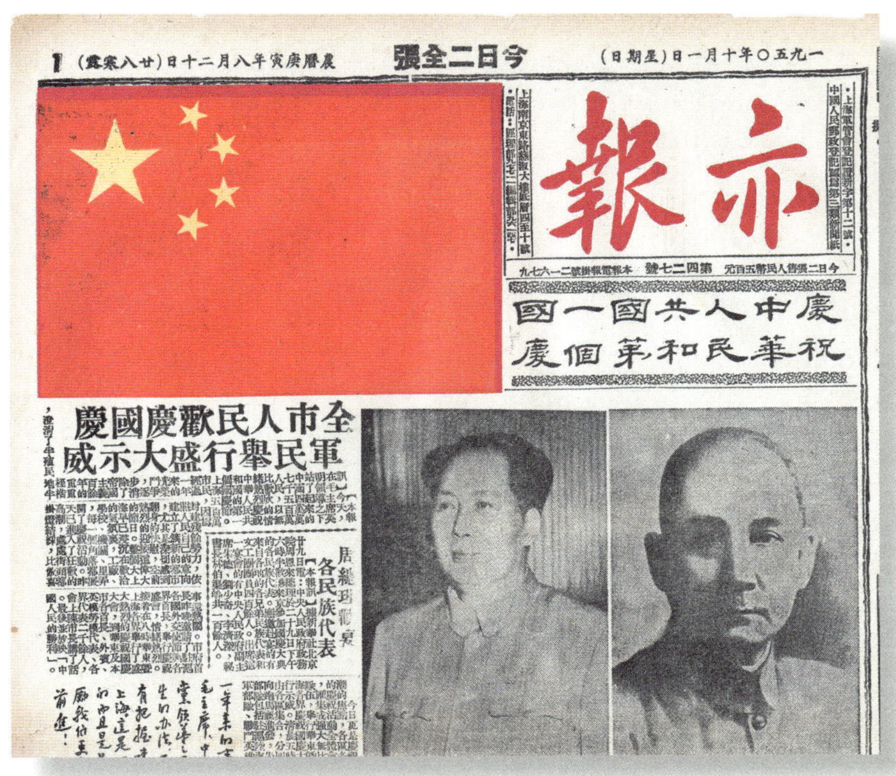

一九五〇年十月一日（星期日）　今日二全張　農曆庚寅年八月二十日（寒露廿八）

亦報

慶祝中華人民共和國第一個國慶

全市人民歡慶國慶 軍民舉行盛大示威

各民族代表

1950 年 10 月 1 日是中華人民共和國第一個國慶日，當天《亦報》的頭版上除報紙名稱特別以紅字印刷外，最奪目是以紅、黃兩色的中國國旗，以示慶祝國慶，該報副刊印有張愛玲的《十八春》連載小說。

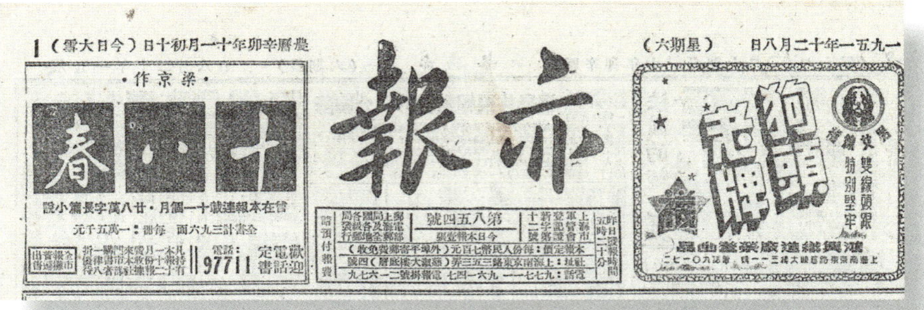

一九五一年十二月八日（星期六）　農曆辛卯年十一月初十日（今日大雪）

亦報

梁京作

十八春

曾在本報連載十一個月・廿八萬字長篇小說

全書計三九六面　每冊：一萬五千元

1951 年 12 月 8 日亦報頭版上印有梁京作的《十八春》單行本宣傳廣告，印有「曾在本報連載十一個月・廿八萬字長篇小說，全書計三九六面，每冊：一萬五千元」字眼。

H. M. PULHAM, ESQUIRE

By JOHN P. MARQUAND

Readers to whom the late George Apley was a living, breathing person will revel in the story of Harry Pulham's life. Many will react even more to this book than to that already famous novel, for George Apley was a member of an older generation while Harry Pulham is a contemporary.

"H. M. Pulham, Esquire" is the story of a man whose life is shaped by his surroundings in a mold formed by home, school, society, even business influences, smooth-fitting, comfortable—unbreakable. Many men and women live in such molds—more often than not without realizing it—for it is the unique quality of such a mold that one is unconscious of its existence until it chafes.

(*Continued on back flap*)

A serial version of this story appeared in *McCall's* under the title of "Gone Tomorrow."

張愛玲曾透露《十八春》及後來的《半生緣》故事結構，乃參考自馬昆德（John P. Marquand）的 H.M. Pulham, Esquire（中翻本《普漢先生》）。圖為馬昆德寫的 H.M. Pulham, Esquire 初版，於 1941 年由波士頓 Little, Brown and Company 出版。

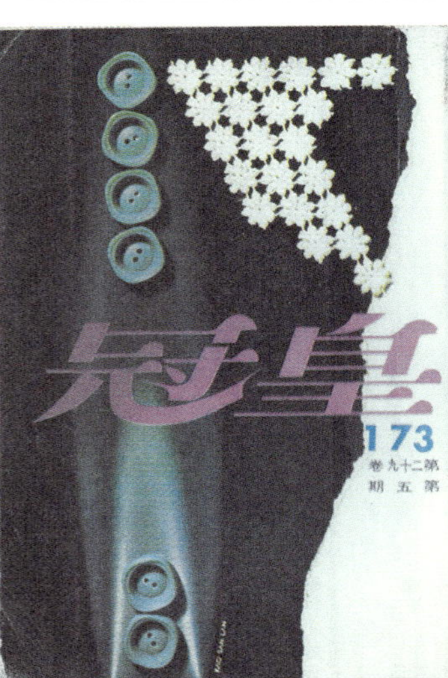

圖左至右及上至下為 1968 年《皇冠雜誌》3 月份第 168 期、4 月份第 169 期、5 月份第 170 期、6 月份第 171 期、7 月份第 172 期和 8 月份第 173 期，各期刊有張愛玲改自《十八春》的連載小說《半生緣》。

張愛玲從《十八春》改寫為《惘然記》，至後來定名為《半生緣》，於 1968 年 3 月至 8 月份《皇冠雜誌》第 168 期至 173 期重新發表。圖為夏祖明為配合每期小說的內容，精心設計插圖，非常吸引！

夏祖明的插圖仿如將張愛玲的文句呈現出來。曼楨道向世鈞說道：「世鈞，我們回不去了。」曼楨把頭靠在他肩膀上，二人緊緊擁抱。

1969 年 3 月皇冠雜誌社《半生緣》單行本初版發行，正式取代《惘然記》小說名稱，成為張愛玲的經典名著。圖為三本《皇冠》早期版本《半生緣》的長篇小說。

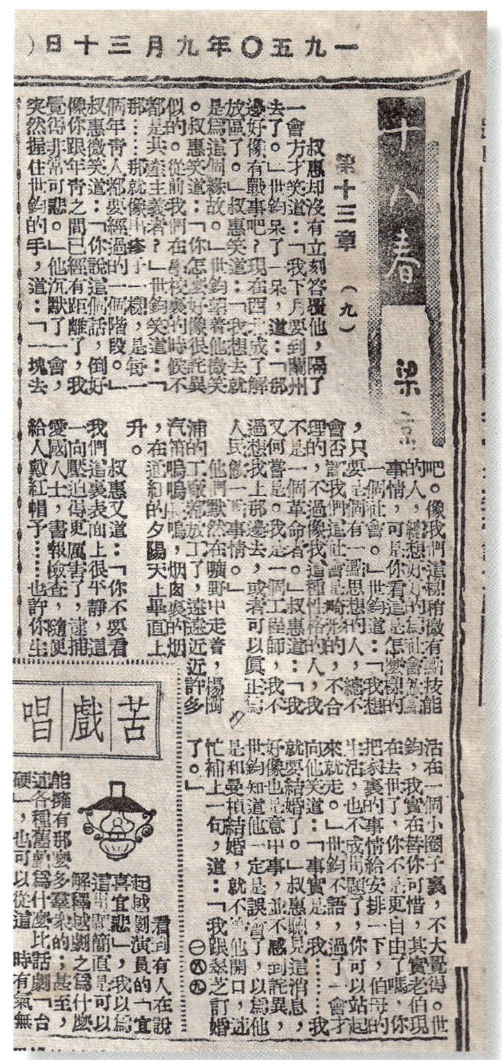

一九五〇年九月三十日

十八春 第十三章（九） 梁京

苦戲唱

1950 年 9 月 30 日，時值張愛玲三十歲生辰，她的一篇筆名梁京寫的〈十八春〉第十三章（九）刊於上海《亦報》。

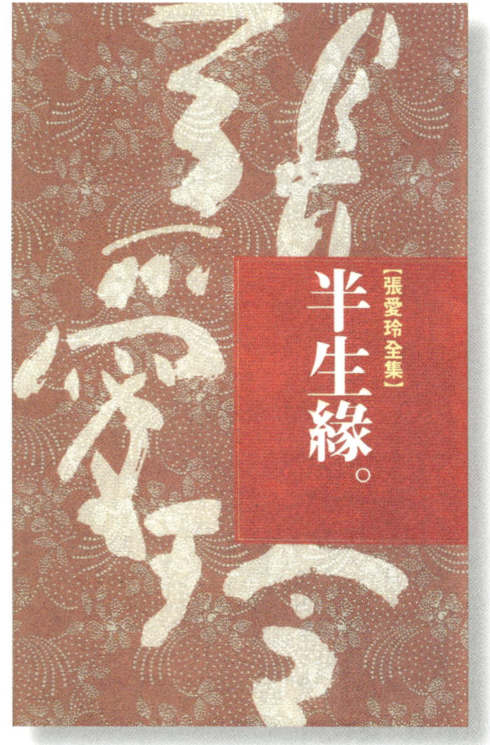

1991 年 8 月皇冠文學出版有限公司出版張愛玲全集《半生緣》初版，封面以紅底白字設計，題字為樓柏安，設計為吳慧雯。

皇冠出版社分別出版三本由 1980 年代至 2020 年張愛玲百歲誕辰紀念版的《半生緣》

稀有的《傳奇》簽名本

由作者、譯者、編者、收藏者等親筆簽名的書，稱為「簽名本」，它不論是新購、獲贈、轉贈還是自藏，若經名家簽署，它的價值會搖身一變升價百倍。若獲贈者亦是名家，其收藏價值會更高，如有上款、落款、題詞、蓋章、日期等的簽名本，在拍賣會上最受青睞，是收藏家趨之若鶩的追求目標。簽名本除了留下名家筆跡之珍貴外，亦是一種特殊的史料，像作者的文壇逸事、學界交往和學術傳播等。簽名本的散失、流傳、重現都可引出一個個精彩的故事，甚至是研究作者思想的重要參考資料和途徑，以至了解作者的著書緣起，簽名者和被贈與者之間的關係與往來，為我們了解中國現代文學提供了另一種視野。

1944 年 8 月 15 日，位於上海山東路的「雜誌社」出版了張愛玲的首本小說集《傳奇》，封面由張愛玲親自設計，以 14x16.5 厘米接近方形作開本，封面、封底、書頂和書脊塗上清一色的孔雀藍，非常少見和獨特！孔雀藍是孔雀的羽毛顏色，藍中泛紫，成色悅人，代表智慧及明淨，但張愛玲從未透露選孔雀藍作《傳奇》封面顏色的原因，這個問題一直令讀者困惑，直至半個世紀後，張愛玲生前出版的最後著作《對照記——看老照相簿》中，才正式揭曉這個謎底——遺傳自母親的喜好。

> 我第一本書出版，自己設計的封面就是整個一色的孔雀藍，沒有圖案，只印上黑色，不留半點空白，濃稠得使人窒息。以後才聽見我姑姑說我母親從前也喜歡這顏色，衣服全是或深或淺的藍綠色。我記得牆上一直掛着的她的一幅油畫習作靜物，也是以湖綠色為主。遺傳就是這樣神秘飄忽——我就是這些不相干的地方像她，她的長處一點都沒有，氣死人。

稀有簽名本

《傳奇》初版本封面左半部分印有「傳奇 張愛玲著」六個黑字隸書，全書共收錄了張愛玲的中短篇小說十篇：《金鎖記》、《傾城之戀》、《茉莉香片》、《沉香屑——第一爐香》、《沉香屑——第二爐香》、《琉璃瓦》、《心經》、《年青的時候》、《花凋》及《封鎖》。初版本的設計沒有扉頁及環襯，亦沒有序跋，目錄在第一頁的反面，而其正面正中印有兩排豎行字：

> 書名叫傳奇，目的是在傳奇裏面尋找普通人，在普通人裏尋找傳奇。
>
> 張愛玲

張愛玲從上述題詞說明這小說集《傳奇》出版的目的，旨在傳奇裏找普通人，在普通人裏找傳奇。目錄頁後印有一大幅的張愛玲半身側面玉照，呈現她左邊較圓的面頰，這代表她喜歡圓臉[5]。張愛玲為增加讀者購買及閱讀興趣，在玉照頁右下位置簽上英文名，以藍黑鋼筆斜署：「Eileen」，成為張愛玲最早期的簽名本。直至現在，這本距今超過 80 年的《傳奇》簽名本，已經是鳳毛麟角了，現存世估計只有數本，筆者幸獲一本。

從張愛玲的英文簽名筆劃來看，她的簽字瀟灑自如，筆鋒乾脆利落，相信對《傳奇》的銷售充滿信心。根據 1944 年 8 月 24 日上海《力報》刊有文海犁《〈傳奇〉印象》：「張愛玲的傳奇出版了，每一本是親筆簽名，贈送照片。……研究張愛玲的簽字，是一條傾斜的打圈的曲線，頗有曲線美，不過，又像蚯蚓，又像蛇，這怕是張愛玲的標記，我覺得倒也說明了張愛玲作品的風格，曲折有致，極有誘惑力。」果然《傳奇》初版本一經問世，迅即不脛而走，在短短四天已被搶購一空，創下當時上海現代文學出版歷史上新的紀錄。

原稱《香港傳奇》

1943 年 8 月《雜誌》第十一卷第五期「文化報道」稱：「張愛玲之《香港傳奇》短篇小說集，將由中央書店出版。」該期還登載了

5　據宋以朗主編的《張愛玲私語錄》第三部分「張愛玲私語錄 —— 女人」透露，張愛玲很喜歡圓臉，寫有：「我喜歡圓臉。下世投胎，假如不能太美，我願意有張圓臉。」

她的散文《到底是上海人》，其中稱：「我為上海人寫了一本香港傳奇沉香屑，包括一爐香、二爐香、茉莉香片、心經、琉璃瓦、封鎖、傾城之戀七篇。寫它的時候，無時無刻不想到上海人，因為我是試着用上海人的觀點來察看香港的。只有上海人能夠懂得我的文不達意的地方。」原來《傳奇》前身的名字為《香港傳奇》，但最後胎死腹中。

1944 年 9 月《雜誌》第十三卷第六期《〈傳奇〉集評茶會記》載雜誌社副社長魯風的話說：「張女士第一本小說集《傳奇》出版，如同個新生的嬰兒，作者非常熱心關懷，本社也很重視，本書出版，本社方面有個原則，即並不純以賺錢為目的，只是願助這本集子出版，使寂寞的文壇起點影響，關於本書裝幀、內容，儘量尊重作者的意見。」他並當面詢問作者：「《傳奇》初版已銷光，再版時封面是不是要更換？」張愛玲回答：「想換……換個封面。」

再版本

1944 年 9 月 25 日，上海雜誌社再版了《傳奇》，封面換了炎櫻的設計，以古綢緞上盤了深色雲頭，以紅字黑背景襯托。內文與初版一致，僅增加張愛玲寫《再版的話》一文以為序：

以前我一直這樣想着：等我的書出版了，我要走到每一個報攤上去看看，我要我最喜歡的藍綠的封面給報攤子上開一扇夜藍的小窗户，人們可以在窗口看月亮，看熱鬧。我要問報販，裝出不相干的樣子：「銷路還好嗎？——太貴了，這麼貴，真還有人買嗎？」呵，出名要趁早呀！來得太晚的話，快樂也不那麼痛快。

「出名要趁早呀！」這句出自1944年《傳奇》再版本的《再版的話》，成為至今的張愛玲名句，膾炙人口！

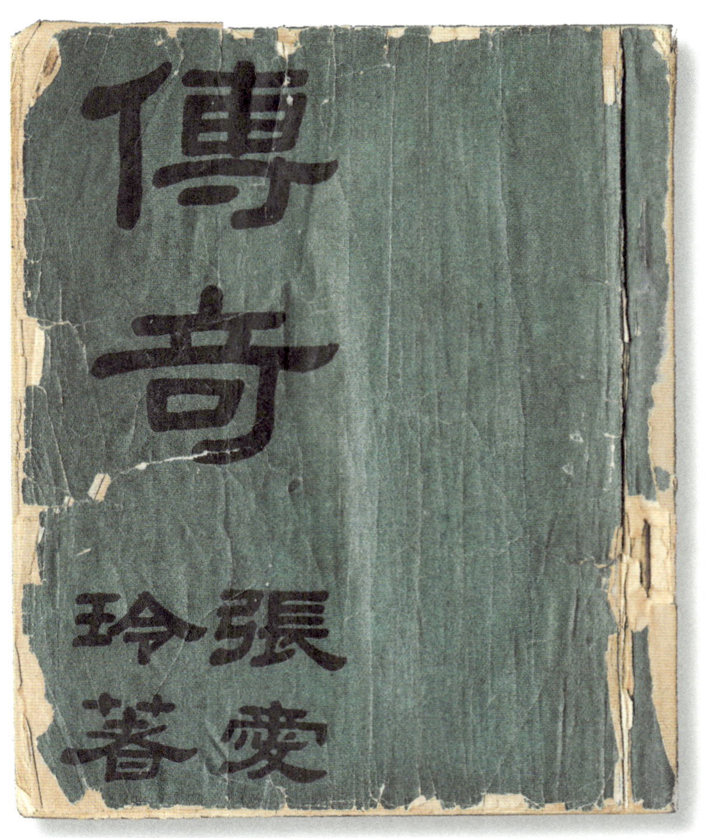

1944年8月15日，上海「雜誌社」出版張愛玲首本的小說集《傳奇》初版本。封面由張愛玲親自設計，簡單地用上「傳奇 張愛玲著」六個隸書，而封面、封底、書頂和書脊塗上清一色的孔雀藍。

1944 年，張愛玲在《傳奇》初版本玉照頁右下位置，以藍黑鋼筆簽上英文名「Eileen」，成為張愛玲最早的簽名本，距今超過 80 年，為筆者的稀有藏品。

1944 年 9 月 25 日，上海雜誌社出版《傳奇》再版本，封面換了炎櫻的設計，以古綢緞上盤了深色雲頭，以紅字黑背景襯托。

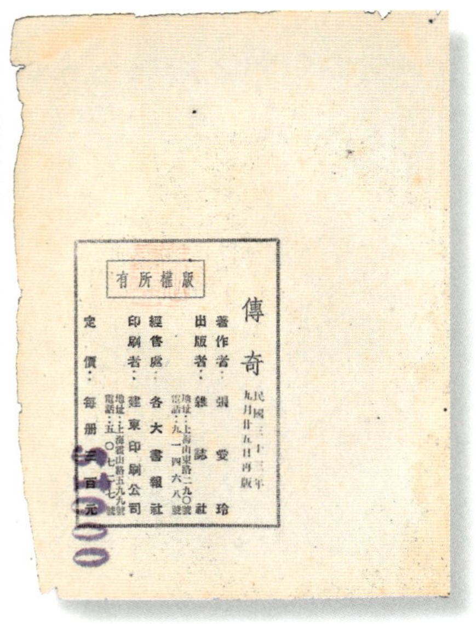

傳奇

民國三十三年九月廿五日再版

版權所有

著作者：張愛玲

出版者：雜誌社　地址：上海山東路二九〇號　電話：九一四六八

經售處：各大書報社

印刷者：建東印刷公司　地址：上海霞山路五九九號　電話：五〇七[illegible]七

定價：每冊[illegible]百元

1944 年 9 月 25 日發行的《傳奇》再版本，疑為偷印本，全書的印刷質量與原版無異，版權頁可見張愛玲的紅色鈐印，只是封面炎櫻設計的古綢緞、雲頭及背景顏色改變。

1945 年 2 月 15 日印製的《傳奇》第六版是偽冒版本，字體及圖片的印刷質量不佳。

1950 年代，由香港勵力出版社印行的《傳奇》，全是偽冒版本。

《傳奇》增訂本：封面出處

1946 年 11 月，張愛玲的《傳奇》增訂本面世，發行者為山河圖書公司，封面文字由上海著名書法家鄧散木題簽，圖案則由張愛玲的好友炎櫻設計。她們借用晚清的一張時裝仕女圖，再畫上一個綠色身軀但沒有面容的現代女子在欄杆外窺看，創意大膽。張愛玲在《傳奇》序言中對封面「仕女圖」設計留有以下說話：「畫着個女人幽幽地在那裏弄骨牌，旁邊坐着奶媽，抱着孩子，彷彿是晚飯後家常的一幕。可是欄杆外，很突兀地，有個比例不對的人形，像鬼魂出現似的，那是現代人，非常好奇地孜孜往裏窺視。如果這畫面有使人感到不安的地方，那也正是我希望造成的氣氛。」

其實《傳奇》增訂本的封面，是張愛玲和炎櫻挪借清末著名畫家吳友如在《飛影閣畫報》裏一幅〈以永今夕〉圖畫，而這幅畫亦重複出現在吳友如編的另一圖集《海上百豔圖》，以及蜥川蕙蘭沅編的《海上青樓圖記》，畫中打麻將的女子名叫謝素雲。以永今夕出自先秦《白駒》一詩，意思為盡情歡樂在今朝。

根據《飛影閣畫報》出版的說明，它是清末上海最著名的三大時事新聞畫報之一，其他包括《點石齋畫報》及《輿論時事報》，《飛影閣畫報》由晚清著名畫家吳友如創辦。吳友如（約 1840—1893），元和（今江蘇蘇州）人，名嘉猷，字友如，以字行，室名「飛影閣」。自幼家貧，善繪畫，自學勤練，多方吸取錢杜、任熊等人技法，無論走獸人物、花卉翎毛、山水博古，樣樣皆能，尤精人物仕女。他畫的仕女圖，包含梳妝、下棋、賞花、養蠶、玩麻雀、玩骨牌等，一派恬靜安樂的情態，為後人了解當時閨中女子生活提供了不少素材。

光緒十年（1884），吳友如應聘主編《點石齋畫報》，因其出色的插圖聲名鵲起。光緒十六年（1890）轉而獨立創辦《飛影閣畫報》，更多地着意於上海開埠以來新事物、新現象的描繪及有關社會生態與習俗的時事畫等。《飛影閣畫報》為旬刊，一月三期，一共出版 133 期，其中吳友如繪製了 90 期，周慕橋繪製了 43 期。

若要比較《傳奇》增訂本的封面及《飛影閣畫報》的〈以永今夕〉，可知炎、張兩人將原圖近中間位置即抱小孩的婦人頭上的女性肖像畫，以及壁燈、木椅和左下拉着風扇的婢女刪去，讓《傳奇》增訂本的封面圖畫，更聚焦在打麻將的女子謝素雲，及窗外那一個巨大沒有五官的綠色現代女子身上。另外原本被刪去的壁燈改為頂上一盞華麗的西方玻璃吊燈，重新改造原圖以增添現代元素，形成詭異的時空，達到張愛玲希望營造的氣氛。

1944 年《傳奇》增訂本的封面，是炎櫻和張愛玲挪借晚清著名畫家吳友如在《飛影閣畫報》裏一幅〈以永今夕〉圖畫。

1946 年 11 月，上海山河圖書公司出版《傳奇》增訂本，封面文字由著名書法家鄧散木題簽，圖案則由炎櫻設計，以晚清的一幅仕女圖〈以永今夕〉作藍本，畫上一個綠色身軀但沒有面容的現代女子在欄杆外窺看。

版權所有
翻印必究

傳奇
增訂本

著作者　張愛玲
刊行者　山河圖書公司
上海派克路廿一號
電話：三四六六七
總經銷　百新書店
上海河南路一七九號
電話：九四七二九
中國圖書雜誌公司
上海福州路三八四弄四號
電話：九六四五二
中華民國卅五年十一月增訂本初版

1946 年 11 月，張愛玲著的《傳奇》增訂本出版，刊行者為山河圖書公司，版權頁貼有張愛玲的紅色蓋印。

不要的兩篇小說

張愛玲在「序言」——〈有幾句話同讀者說〉一文裏有這麼說道：「《傳奇》裏面新收進的五篇，《留情》、《鴻鸞禧》、《紅玫瑰與白玫瑰》、《等》、《桂花蒸 阿小悲秋》，初發表的時候有許多草率的地方，實在對讀者感到抱歉，這次付印之前大部分都經過增刪。還有兩篇改也無從改起的，只好不要了。」還有在這一本《傳奇》增訂本裏，還有一篇作為「跋語」的文字——〈中國的日夜〉，張愛玲在「序言」裏頭沒有提及。在《傳奇》增訂本「序言」裏頭所說的：「還有兩篇改也無從改起的，只好不要了。」究竟是所指的是哪兩篇文章呢？

消失的兩篇文章

對照了初版本與增訂本的篇目，都沒有任何一篇被去掉。可見，張愛玲所說的那兩篇文字並不是指《傳奇》初版本裏原有的文章，而是指在《傳奇》增訂本出版以前所寫的。

估計其中一篇就是在《萬象》雜誌上連載了一部分，後來因張愛玲自己感到不太滿意而中斷的〈連環套〉。張愛玲在《自己的文章》曾寫下：「至於《連環套》裏有許多地方襲用舊小說的詞句——五十年前的廣東人與外國人，語氣像《金瓶梅》中的人物；賽珍珠小說中的中國人，說話帶有英國舊文學氣息，同屬遷就的借用，原是不足為訓的。我當初的用意是這樣：寫上海人心目中的浪漫氣氛的香港，已經隔有相當的距離；五十年前的香港，更多了一重時間上的距離，因此特地採用一種過了時的辭彙來代表這雙重距離。有時候未免刻意做作，所以有些過分了。我想將來是可以改掉一點的。」

另外的那一篇，估計是〈創世紀〉了，張愛玲在〈張看自序〉裏有這麼說道：「同一時期又有一篇〈創世紀〉寫我的祖姨母，只記得比〈連環套〉更壞。她的孫女與耀救戀愛，大概沒有發展下去，預備怎樣，當時都還不知道，一點影子都沒有，在我這專門愛寫詳細大綱的人，也是破天荒。自己也知道不行，也腰斬了。戰後出《傳奇》增訂本，沒收這兩篇。從大陸出來，也沒帶出來，再也沒想到三十年後陰魂不散，會又使我不得不在這裏作交代。」

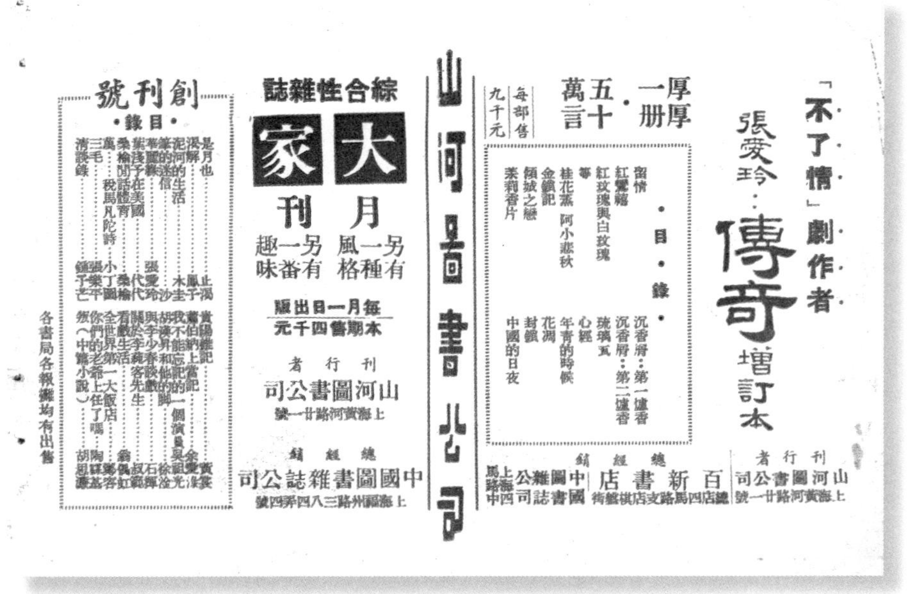

張愛玲《傳奇》增訂本出版宣傳廣告，見於電影《不了情》本事內頁。

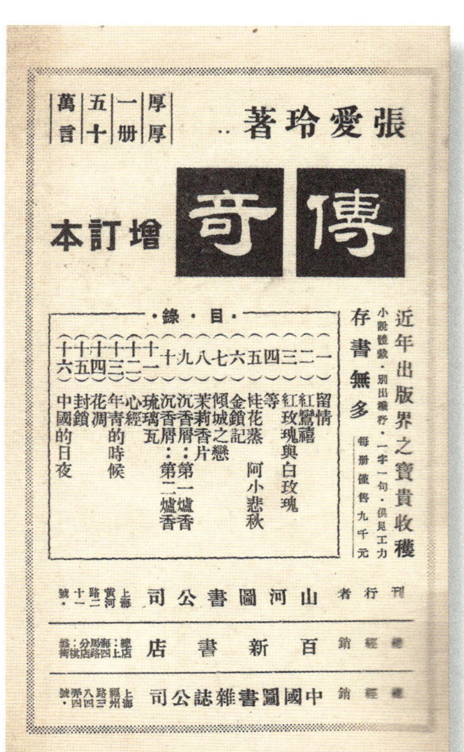

登於上海《大家》雜誌上的張愛玲《傳奇》增訂本廣告，除列出 16 篇作品名稱外，並以「厚厚一冊　五十萬言」、「近年出版界之寶貴收穫」作宣傳字句。

香港八十年代中，曾有《傳奇》增訂本偽冒版出售，其封面抄襲正版的圖案及設計。

〈不變的腿〉孤品發現

1946 年 6 月 26 日，上海出現了一份創刊號的小報，報名為《香雪海畫報》，主要報道社會新聞、演藝界消息、電影明星花邊新聞、大眾生活、消閒及趣味故事，文體偏向鴛鴦蝴蝶和海派文化之間，並配以精彩圖片及說明。在這《香雪海畫報》第一期上，除了刊登一篇〈張愛玲諷刺蘇青〉短文外，更有一篇署名「春長在」的文壇消息——〈張愛玲化名寫稿〉，由於題目關於張愛玲，吸引了不少讀者關注，內容如下：

善於心理描寫，在中國也有一部分讀者的張愛玲，自從勝利以後，便擱下中國筆，打開打字機，從事英語著述，準備像林語堂那樣換取大大的美國金洋錢。但據消息傳來稱：張愛玲近忽化個叫「世民」的筆名，寫了許多小品，交最近出版的《今報》的「女人圈」發表。她的第一篇東西叫「不變的腿」，是一篇頌揚女性大腿美的讚美詩，寫來清[輕]鬆有味，引證亦多。據該報「女人圈」的編者蘇紅說：「張愛玲還有十幾篇題材寫給我，並要求我，每一篇替她都換上一個新的筆名呢。」

〈張愛玲化名寫稿〉，春長在

根據春長在這篇〈張愛玲化名寫稿〉透露，張愛玲以筆名「世民」在《今報 —— 女人圈》刊有「〈不變的腿〉」，但他沒有說明刊登日期，只提到是最近出版。從中可推斷〈不變的腿〉是在《香雪海畫報》創刊號出版前刊登的，即 1946 年 6 月 26 日之前。根據上海陳子善教授的《「女人圈」．〈不變的腿〉．張愛玲》，在上海圖書館給他找到 1946 年 6 月 15 日、16 日和 17 日三天連載的《今報》，其副刊「女人圈」登有〈不變的腿〉。最後經過他的細心考據，證實〈不變的腿〉是張愛玲的作品，並確定她的筆名 —— 世民。

筆者在香港幸運地遇上極稀有的《今報》，並購得該報的創刊號及十多份的合訂本，其中包括三份連載由張愛玲以筆名「世民」所寫的〈不變的腿〉，實屬孤品，非常難得！

世代為民

「世民」意為世代為民，出自《晏子春秋・外篇下四》:「晏子聞之，曰:『嬰則齊之世民也，不維其行，不識其過，不能自立也。』張純一注:『嬰世為大夫，自稱世為齊民，謙也。』」張愛玲以筆名「世民」寫了〈不變的腿〉後不久，在 1946 年 8 月 25 日，她在上海《誠報》以本名發表〈寄讀者〉，向讀者提到她最近一年來被攻擊得非常厲害，聽到許多很不堪的話，不少涉及她的出身，如「所謂有貴族血液的作家張愛玲」,「骨頭奇輕自命貴族血液的張愛玲，現在已落魄了」等等。

有見及此，張愛玲反其道而行之，特別取了「世民」這一個筆名，針對着那些指責並含蓄地表明雖然出身貴族，自己仍只是一名普通的中國人、一名普通的中國作者而已。正如她在《傳奇》增訂本跋中真誠地提及：「我真快樂我是走在中國的太陽底下。我也喜歡覺得手與腳都是年輕有氣力的。而這一切都是連在一起的，不知為甚麼。快樂的時候，無綫電的聲音，街上的顏色，彷彿我都有份，即使憂鬱沉澱下去也是中國的泥沙。總之，到底是中國人。」

除了「世民」的〈不變的腿〉外，春長在還說明「女人圈」的編者透露：「張愛玲還有十幾篇題材寫給我，並要求我，每篇替她都換上一個新的筆名呢。」因此，筆者相信張愛玲的其他文章會以新的筆名署名，期待日後有所發現。

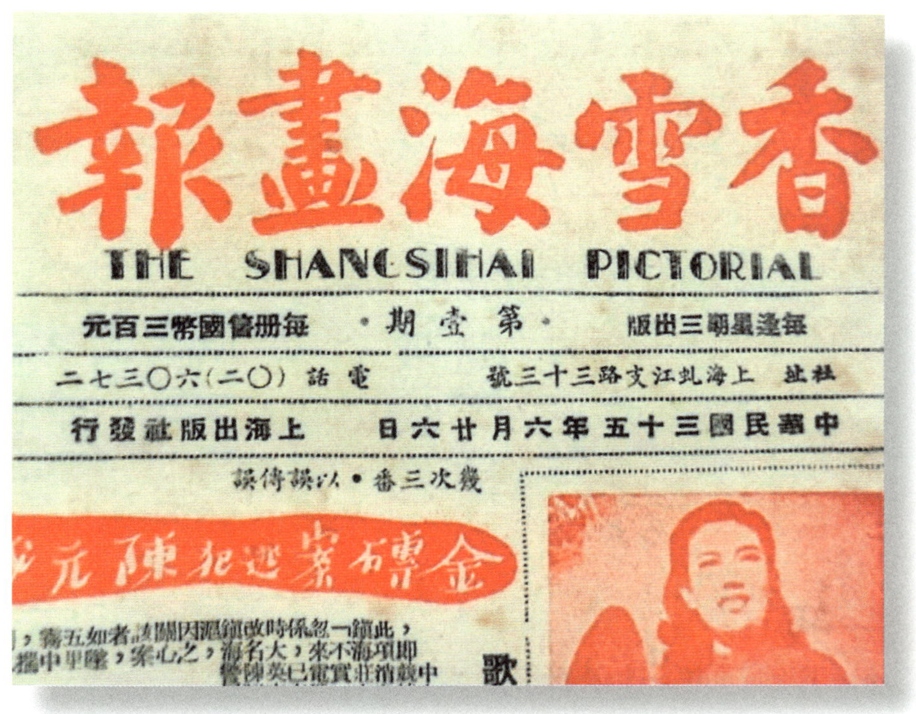

香雪海畫報
THE SHANCSIHAI PICTORIAL
每逢星期三出版 · 第壹期 · 每冊售國幣三百元
社址 上海虬江支路三十三號 電話 (〇二)六〇三七二
中華民國三十五年六月廿六日 上海出版社發行
幾次三番・以訛傳訛
金磚案逃犯陳元

《香雪海畫報》創刊號於 1946 年 6 月 26 日由上海出版社發行，圖為該小報頭版的報名。

張愛玲化名寫稿

・春長在・

善於心理描寫，在中國也有一部份讀者的張愛玲，自從勝利以後，便擱下中國筆，打開打字機，從事英語著述，準備像林語堂那樣換取大大的美國金洋錢。但據消息傳來稱：張愛玲近忽化個叫「世民』的筆名，寫了許多小品，交最近出版的『今報』的「女人圈』發表。她的第一篇東西叫『不變的腿』，是一篇頌揚女性大腿美的讚美詩，寫來清鬆有味，引證亦多。據該報『女人圈』的編者蘇紅說：「張愛玲還有十幾篇題材寫給我，並要求我，每一篇替她都換上一個新的筆名呢。』

在《香雪海畫報》第一期上，刊有一篇署名「春長在」的文壇消息——〈張愛玲化名寫稿〉，透露張愛玲以筆名「世民」在《今報》的〈女人圈〉發表〈不變的腿〉的秘密。

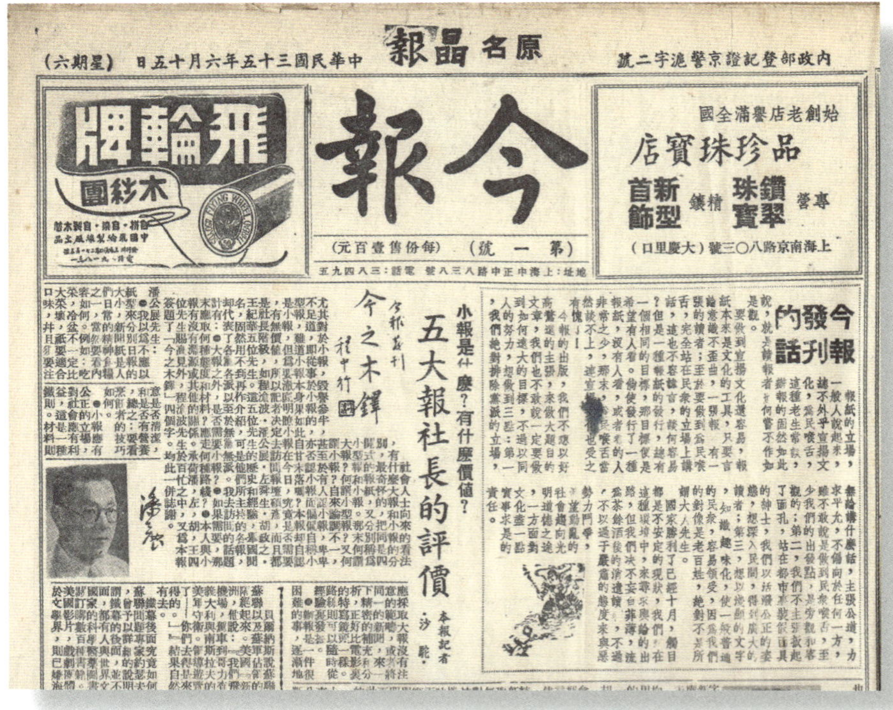

原名晶報

內政部登記證京警滬字二號　中華民國三十五年六月十五日（星期六）

今報

第一號　（每份售壹百元）

地址：上海中正中路八三八號　電話：三八四九五

今報發刊的話

小報是什麼？有什麼價值？五大報社長的評價

本報記者 沙聆

今之木鐸

1946 年 6 月 15 日，《今報》創刊號發行，印有五大報社長的評價。

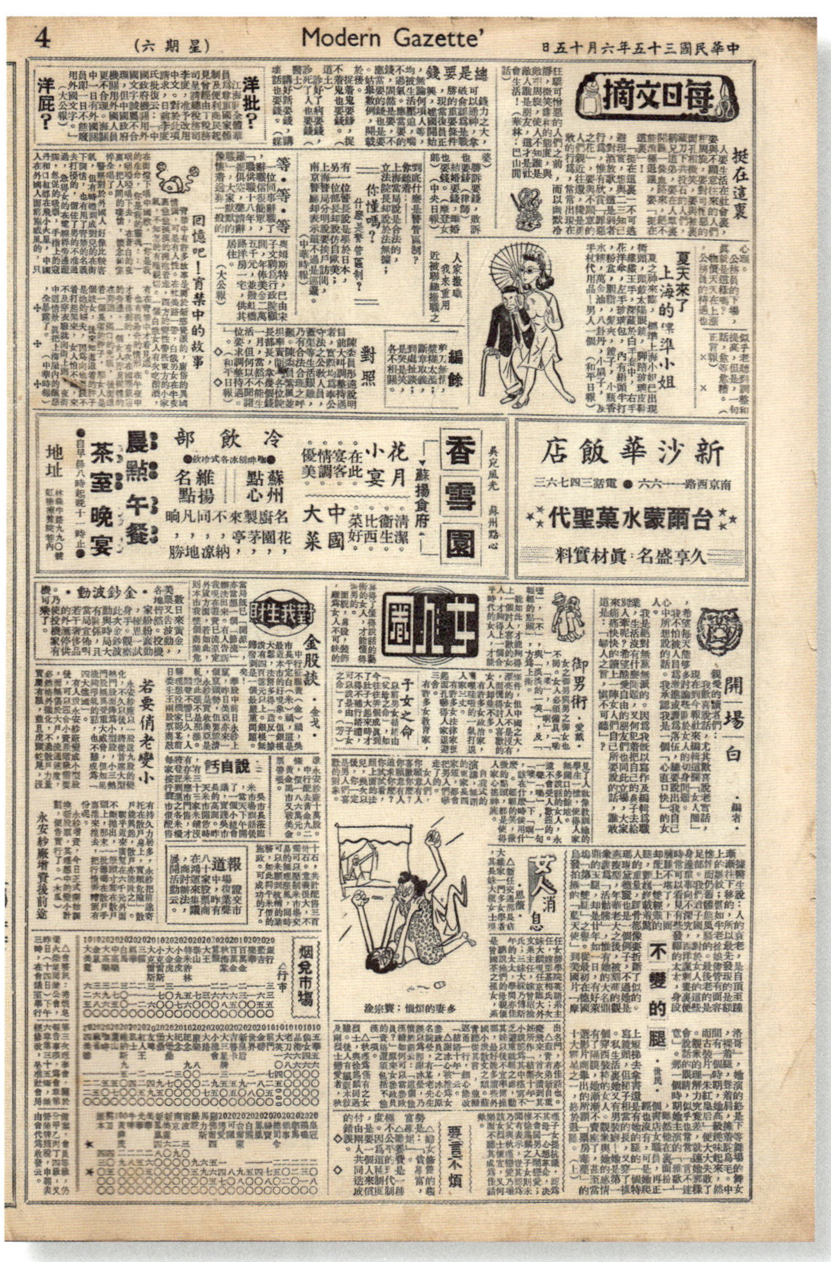

4 Modern Gazette' (星期六) 中華民國三十五年六月十五日

每日文摘

挺在這裏

洋批？

洋屁？

總是要錢

夏天來了 上海的標準小姐

回憶吧！育嬰中的故事

等·等·等

你懂嗎？

對照

編餘

新沙華飯店

南京西路一一六六號 ● 電話三四七六三

台爾蒙水菓聖代

久享盛名·貨真材實

香雪園

蘇揚食府

花月小宴 在此客宴 情調優美

中國大菜

冷飲部

蘇州點心 維揚名點

晨點 午餐 茶室 晚宴

女人圈

開場白

御男術

子女之命

金股談

若要俏老變小

烟兌市場

女人消息

不變的腿

要言不煩

永安紗廠增資後前途

1946 年 6 月 15 日，「女人圈」專欄於《今報》創刊號中首次面世，刊有第一篇署名世民（即張愛玲）的〈不變的腿〉。

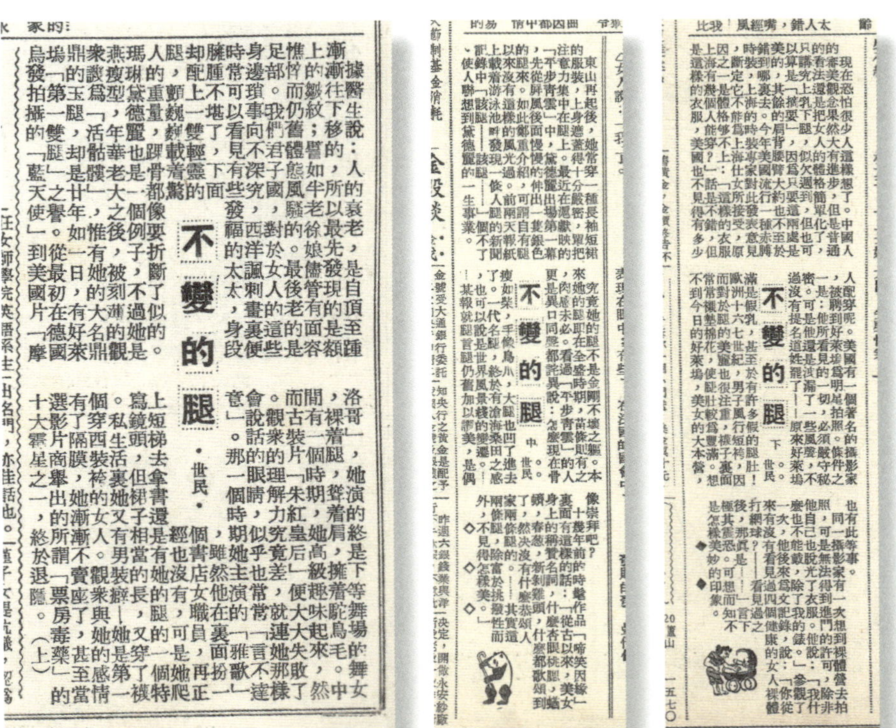

不變的腿 ·世民·

不變的腿 中 世民

不變的腿 下 世民

1946 年 6 月 15 日、16 日和 17 日（左至右）三天的《今報》，其副刊「女人圈」連載有張愛玲以筆名「世民」寫的〈不變的腿〉。

《傳奇》：橫看成嶺側成峯

1944 年 8 月 26 日下午 3 時，上海《雜誌》社主辦了一場張愛玲《傳奇》集評茶會記，在上海康樂酒家舉行，代表《雜誌》社出席的有魯風和吳江楓，而《新中國報》記者朱慕松則作現場採訪及記錄，被邀出席者除《傳奇》作者張愛玲外，還有其他的寫作人包括蘇青、炎櫻、實齋、谷正櫆（即沈寂）、南容、哲非、袁昌、陶亢德、堯洛川、錢公俠及譚正璧等等。

當時張愛玲搽着口紅，穿着橙黃色的綢底上裝，像《傳奇》封面那樣藍色的裙子，頭髮在鬢上捲了一圈，其他便長長地披下來，戴着淡黃色玳瑁邊的眼鏡，風度是沉靜而莊重。座談會由《雜誌》社吳江楓主持，他的開場白簡潔扼要：「此次邀請諸位，為的是本社最近出版的小說集《傳奇》，出版後銷路特別好，初版在發行四天內都已銷光，現在預備再版，因此請各位來作一個集體的批評，同時介紹《傳奇》作者張愛玲女士與諸位見面，希望各位對《傳奇》一書發表意見，予以公正的與不客氣的批評，如有缺點，也請提出來，在作者和出版者方面，都非常歡迎。」

實齋先生最愛說俏皮話，並發表：「《傳奇》前日送來時，立刻就被人搶去看，所以我只看過幾篇，依我個人看來，是『妙極』，可以一句話包括我的感想：『橫看成嶺側成峯。』看她的小說通篇看固可，一句句看亦可，所以『橫看成嶺』好，『側成峯』更好。」

蘇青寫好了感想，由吳江楓讀出：「我讀張愛玲的作品，覺得自有一種魅力，非急切地吞讀下去不了。讀下去像聽淒幽的音樂，即使是片斷也會感動起來。她的比喻是聰明而巧妙的，有的雖不懂，也覺得它是可愛的。它的鮮明色彩，又如一幅圖畫，對於顏色的渲染，就連最好的圖畫也趕不上，也許人間本無此顏色，而張女士真可以說是一個『仙才』了。我最欽佩她並不是瞎捧。」

不打不相識

年方二十的谷正櫆，筆名沈寂，直言不諱地向張愛玲指出《金鎖記》裏的七巧是心理變態的，在當時封建年代受盡壓迫，再以這種壓迫壓向子女。另外，在《傾城之戀》中，男主角范柳原是留學生，而女主角流蘇卻並不受過高等教育，流蘇的說話俏皮、敏捷，好像不是她所能說，而是張女士自己在借她說話似的，這點似乎不大適當。

在康樂酒家所舉行的《傳奇》集評茶會記上，沈寂並沒有給張愛玲留下好的印象，這反而引起了張愛玲對這位初次見面、敢於直言者的注意。後來，《雜誌》社的吳江楓把張愛玲的不快轉告了沈寂，他也知道他的直言冒犯了當時紅遍上海的張愛玲。在吳江楓的建議下，沈寂決定登門拜訪，他們前往赫德路 195 號愛丁頓公寓（今常德路常德公寓），電梯直達六樓的張愛玲香閨，經過他們東拉西扯及說說笑笑，終於冰釋前嫌，沈寂也因此結識比他年長四歲的張愛玲，正是不打不相識。

沈寂是誰？

沈寂（1924—2016）生於上海，浙江奉化人，原名汪崇，筆名汪波及谷正槐。1942 年，沈寂時在復旦大學就讀二年級的時候，在顧冷觀主編的《小說月報》裏，發表了首篇創作小說《子夜歌聲》。1943 年，沈寂在柯靈主編的《萬象》第三年第三期九月號發表了《盜馬賊》小說，獲得到外界很多正面評語，柯靈並在該期刊後記之《編輯室》，寫有「這裏想介紹的是《盜馬賊》，它似乎有若干處很像端木蕻良的《遙遠的風砂》，但細讀之下，作者自有其清新的風致。沈寂先生是創作界的新人，這也是值得讀者注意的一點吧？」

當時張愛玲的小說《心經》，還與沈寂的《盜馬賊》同時刊登在《萬象》第三年第三期九月號上。張愛玲以往創作了各式各樣的人物，他們有着不同的性格，面對着不同的人生。然而，儘管是細節上不盡相同，還是可以在這批人物身上找到一定的共性。《心經》於 1943 年最先發表，故事講述許小寒與父親許峯儀相愛的畸戀故事，打破常人及道德界線。在柯靈的眼中，張愛玲與沈寂是《萬象》的重點及青年作者，他們的發展潛力皆無限。

抗戰勝利後，年青有為的沈寂應環球出版社主編《幸福》雜誌，他非常重視《幸福》雜誌，每期以不同主題設計，以多色印刷，裝幀精美別緻，受到廣大青年及讀者歡迎。當《幸福》出版第二期時，沈寂獲知劉以鬯在戰時重慶自辦的週刊，亦是稱為《幸福》，欲在上海復刊。由於劉以鬯的週刊早已在中國登記，比沈寂那本同名的《幸福》雜誌早很多，若劉以鬯採取行動，沈寂勢必面臨侵權的不當行為，《幸福》或受到停刊結業的結果，然而最後劉以鬯並沒有起訴沈寂。

沈寂主編過《老上海奇聞》、《老上海南京路》、《老上海電影明星》等以老上海領銜的文集及大型畫冊，1984 年，沈寂創作的人物傳記小說《一代影星阮玲玉》引起轟動，後來被拍成電視連續劇。之後，沈寂還寫了第二部傳記小說《一代歌星周璇》。阮玲玉與周璇兩部傳記小說的成功，為沈寂贏得極大聲譽。

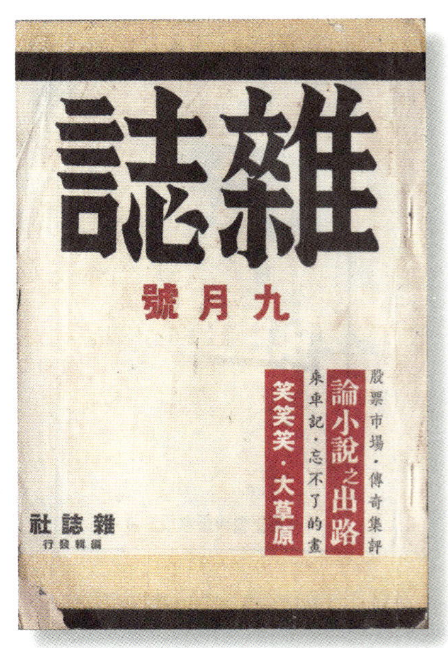

1944 年 9 月 10 日，上海雜誌社出版第十三卷第六期九月號《雜誌》，封面右下可見黑色細字「傳奇集評」。

1944 年 9 月 10 日出版的九月號《雜誌》，扉頁上印有張愛玲畫的「新秋的賢妻」，還配上圖解「格個絨線，顏色倒蠻清爽！」

「傳奇」集評茶會記

主催者：本社　日期：三十三年八月二十六日　地點：康樂酒家　出席者：（以姓氏筆劃多寡爲序）谷正櫆，炎櫻，柳雨生（書面參加），南容，哲非，班公（書面參加），袁昌，陶亢德，張愛玲，堯洛川，實齋，錢公俠，譚正璧，譚惟翰，蘇青。本社：魯風，吳江楓。紀錄：朱慕松。

（座談會是在下午三時開始，這次，張愛玲女士穿着橙黃色綢底上套，像「傳奇」封面那樣藍顏色的裙子，頭髮在鬢上捲了一圈，其他便長長地披下來，戴着淡黃色玳瑁邊的眼鏡，搽着口紅，風度是沉靜而莊重。同來的是她女友炎櫻女士，曾在「小天地」發表過文章，（不過因爲寫不來中文，由張女士執筆）穿大紅的上裝，白色短褲，手上戴圖案式底象牙鐲，從服裝和打扮上看來，表現出她熱帶人的性格。蘇青女士來晚了幾分鐘，穿的是綠底白花的旗袍，頭髮是新燙過的。依照着坐位的次序，靠西的一面，第一位是吳江楓先生，過後是穿着簡約服裝底魯風先生，他很忙，坐了半個鐘頭就先告辭，接着是穿中服的錢公俠先生，同他坐在一起是他的友人，前雲南大學教授，還是張愛玲小說愛讀者底袁昌先生，過後是寫報告文學出名的堯洛川先生，再後是穿上身灰色下身白色西裝底譚惟翰先生，靠東面坐的是正在翻讀「傳奇」的陶亢德先生，接着是哲非先生，南容先生，和新進作家谷正櫆先生，再後是愛說俏皮話的實齋先生，同他一起是新近編「近代中國女作家小說選」的譚正璧先生，在座者喝着茶，談話開始了：）

吳江楓：此次邀請諸位，爲的是本社最近出版的小說集「傳奇」出版後，銷路特別好，初版在發行四天內都已銷光，現在預備再版，因此請各位來作一個集體的批評，同時介紹「傳奇」作者張愛玲女士與諸位見面，希望各位對「傳奇」一書發表意見，予以公正的與不客氣的批評，如有缺點，也請提出來，在作者和出版者方面，都非常歡迎。

張愛玲（臉上浮着微笑，聲音很低，謙虛的說）：歡迎批評，請不客氣的賜教。

魯風：批評是不敢當，張女士第一本小說集「傳奇」出版，如同個新生的嬰兒，作者非常熱心關懷，本社也很重視，本書出版，本社方面有個原則，即並不純以賺錢爲目的，祇是願助這本集子出版，使寂寞的文壇起點影響，關於本書裝幀、內容，儘量尊重作者的意見。如有其他作者願以其優秀作品交本社出版，祇要爲本社能力所及，無不一視同仁，協助其出版，使讀者欣賞水準提高，至於對這本集子的批評，我當然不敢說張女士的文章怎樣超越，可是她是個女性，有這樣成熟技巧，豐富的生活經驗，是着實難得的，作者非常年青，前途很遠，文學生活開始後，到蘇青女士的年齡，當有更充實的作品給我們看。

（大家望着蘇青一眼，蘇青微笑。）

魯風：（朝着張愛玲說）：「傳奇」初版已銷光，再版時封面是不是要更換？

《傳奇》集評茶會記於 1944 年 8 月 26 日下午 3 時在上海康樂酒家舉行，出席者包括雜誌社代表魯風和吳江楓、《傳奇》作者張愛玲、蘇青、炎櫻、實齋、谷正櫆（即沈寂）、南容、哲非、袁昌、陶亢德、堯洛川、錢公俠及譚正璧等。

1944年9月25日發行的張愛玲《傳奇》再版本玉照頁。

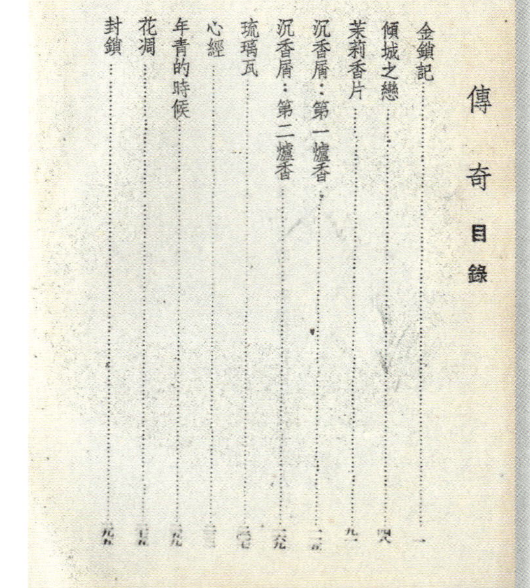
傳奇

目錄

《傳奇》初版本共收錄張愛玲的小說十篇：《金鎖記》、《傾城之戀》、《茉莉香片》、《沉香屑——第一爐香》、《沉香屑——第二爐香》、《琉璃瓦》、《心經》、《年青的時候》、《花凋》及《封鎖》。

小報揭露張愛玲的筆名

在張愛玲的散文集《流言》裏，其〈必也正名乎〉闡釋姓名的重要性，她明白若要及早出名，就要用真姓名，不用筆名，令讀者早些認識你、熟悉你。「出名要趁早呀！」這名句出自 1944 年張愛玲《傳奇》再版本的〈再版的話〉，這句話顯示出張愛玲除了追求盡早成名外，還希望以自己的名字「張愛玲」使讀者牢記在心，時刻不忘。

張愛玲無論發表小說或散文，大都使用「張愛玲」這個由她母親從英文 Eileen 音譯過來的名字，但張愛玲一生畢竟使用過的筆名，還不只一個，至於共有多少，至今成謎。各個作家發表文章時，基於某種原因不以真實姓名發表，而是採用筆名取代，可能包含以下因由：

1. 本名不夠響亮；
2. 本名太柔弱；
3. 本名與作品風格不相符；
4. 政治因素；

5. 隱藏自己真正的身分；
6. 吸引讀者注意；
7. 促進銷售量；
8. 自謙；
9. 向偉人或偶像致敬；
10. 在不同風格的作品使用不同的筆名，以作區別等等

1940 年代，張愛玲蜚聲上海文壇，但因她的前夫胡蘭成的漢奸身分，令她受到外間及文壇的負面抨擊，而且上海的報紙及期刊對她的評論及報道異常繁多。尤其是當時上海發行的小報，對張愛玲這樣一位出名的女作家，興趣特濃，各種假假真真、虛虛實實的消息皆有報道，張愛玲為了隱藏自己真正的身分，便以筆名來掩飾。

張愛玲喜愛看小報，特別對通俗小說的作者及故事非常留意。1945 年 7 月 21 日，張愛玲參與《新中國報》社召開的「納涼會」茶宴。席間，《海報》社長問及張愛玲對小報的意見，她回應說：「一直從小就是小報的忠實讀者，它有非常濃厚的生活情趣，可以代表我們這裏的都市文明。還有一個特點：不論它寫甚麼，寫出來都是一樣的，因為寫的是它自己。總可以很清楚地看見作者的面目，而小報的作者絕對不是一些孤僻的，做夢的人……所以我看小報的同時也是覺得有研究的價值的。我那裏每天可以看到兩份小報（即《社會日報》及《新聞報》），同時我們公寓裏開電梯的每天也要買一份，我們總是交換來看。有時候漏了幾天沒送來，就耐不住要跑到報攤上去翻翻……」

筆者收藏的上海小報，部分涉及張愛玲的生活、感情、寫作，以及外界對她批評及意見，其中兩份於1946年發行的小報：《香雪海畫報》和《香海畫報》更分別揭露張愛玲不為人知的筆名。

《香雪海畫報》

1946年6月26日，上海《香雪海畫報》第一期刊出一篇署名「春長在」的文壇消息〈張愛玲化名寫稿〉，內文如下：

據消息傳來稱：張愛玲近忽化個叫「世民」的筆名，寫了許多小品……據該報「女人圈」的編者蘇紅説：「張愛玲還有十幾篇題材寫給我，並要求我，每篇替她都換上一個新的筆名呢。」

《香海畫報》

1946年4月15日《香海畫報》第5期第54頁，作者署名「一之」撰寫的「張愛玲改名連雲 蘇青不忘『天地』」，提及張愛玲的新作及筆名，內容如下：

在某一本新出的旬刊中，我發現了兩個秘密，一個是〈上下其髮〉的作者，署名「連雲」，其實是張愛玲小姐的男化寫法，另一個是〈墮胎記〉的作者，署名「黃麗珠」，其實就是蘇青。過去有「文壇女縱橫家」的張蘇風頭，現在她們又走上賣文之路，想來大有苗頭，可惜她們換了筆名，自然讀者不容易知道了。

最近蘇青編某報，報名上面有八個字：「談天說地，博古通今」，乃是她不忘過去她編的「天地」半月刊與她的朋友朱樸之編的古今半月刊，兩個半月合而為旬刊，內容仍有天地作風，且多是天地作者，有人說這是蘇青的「槍花」，或者是不錯的。

根據以上兩份小報的揭露，張愛玲分別以筆名「世民」寫〈不變的腿〉[6]及「連雲」寫〈上下其髮〉[7]，後經論證及考據，確定是屬實。至今發現的張愛玲七個筆名：連雲、世民、梁京、霜廬、范思平、張愛珍和愛珍，前四個是她在上海四十年代時期使用的，其餘筆名是她身在香港五十年代時才改的。至於張愛玲還有沒有其他筆名，都是張學研究者、張迷及讀者一直想知道的，有待發現。

6 陳子善：〈「女人圈」〈不變的腿〉張愛玲〉，《東方早報・上海書評》（上海），2015年6月21日。

7 謝有坤：〈《山海經》裏的男化張愛玲〉，《讀庫2302》（北京：新星出版社，2023年4月）。

香海畫報

THE SHANGHAI PICTORIAL

每逢星期一出版 · 第伍期 · 每冊售國幣三百元

社址：上海南京路六一八號二一六室 電話 九四六一二

中華民國三十五年四月十五日 上海出版社發行

月薪一百萬元

丁芝曲線畢露

· 黃大郎 ·

大美電台 · 初見印象

一記耳光打進馬桶間 · 房門關上祇聞喊救命

小山東痛毆李麗華

看沙蟹 · 多嘴惹風波

一隻七 · 引起打相打

· 紅顏 ·

吳素秋擒白雲小計

康健的戀愛戲

二度表演自殺

一刀兩段 · 頂好頂好！

醫院裏訪問白雲

· 卜瑞禮 ·

胡蝶

不肯袒胸露背

1946 年 4 月 15 日，《香海畫報》第五期出版，頭版以「小山東痛毆李麗華」為題，吸引讀者購買。

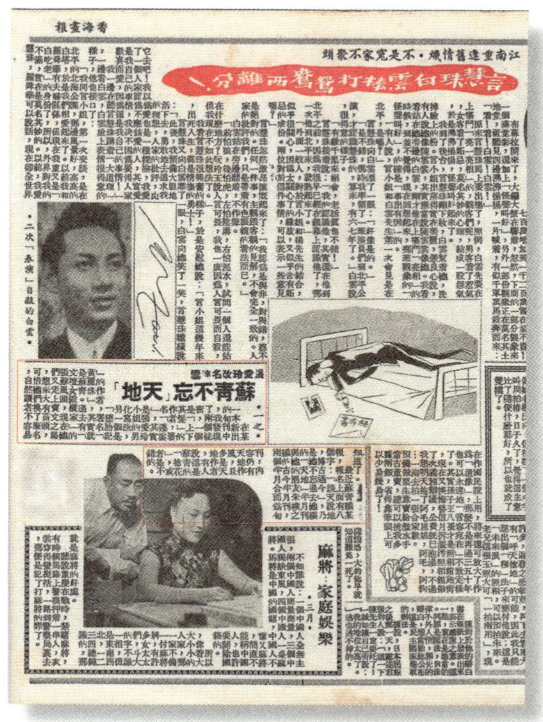

香海畫報

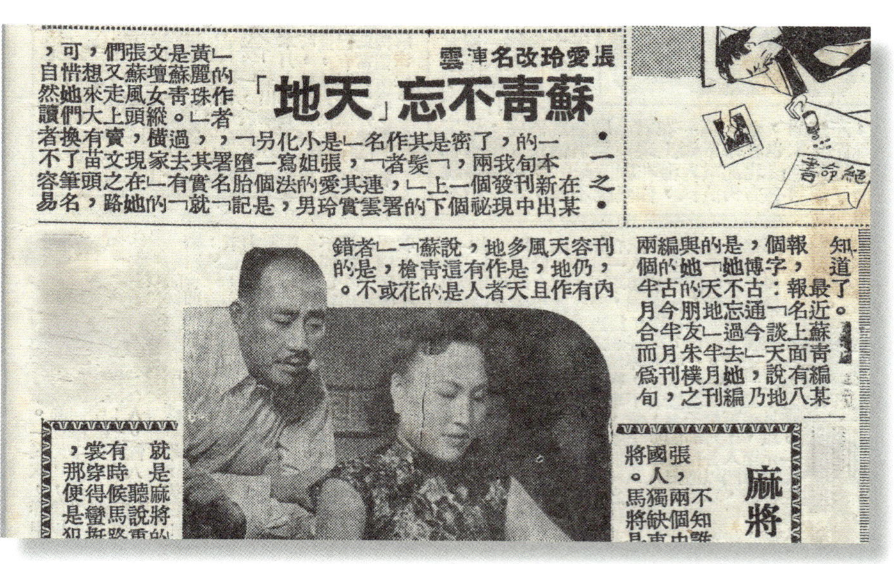

張愛玲改名連雲

蘇青不忘「天地」

一之

麻將

在 1946 年 4 月 15 日《香海畫報》第五期第五十四頁左下方，作者「一之」以「張愛玲改名連雲 蘇青不忘『天地』」為題吸引讀者。

《香海畫報》作者一之揭露張愛玲署名「連雲」寫《上下其髮》。

《今報》於 1946 年 6 月 15 日至 17 日，其三天副刊「女人圈」登有張愛玲以筆名「世民」連載的〈不變的腿〉。圖左下方見有〈不變的腿〉(下)。

張愛玲早期英文作品新發現

《鳳藻》

1919年聖瑪利亞女校年刊《鳳藻》創刊號是筆者近年收藏品之一，為十六開本道林紙精印，裝幀美觀，主要由歷屆畢業班學生負責編輯，內容分為中英文兩大部分，包括學校概覽、教職員介紹、畢業班學生介紹及留言、圖片和學生投稿等等，並印有贊助者的宣傳廣告。《鳳藻》英文名字為 *Phoenix*，寓意「鳳凰火中重生」。傳說鳳凰是人世間幸福的使者，每五百年要背負積累於人世間的所有不快和仇恨恩怨，投身於熊熊烈火中自焚，以生命美麗的終結來換取人世的祥和與幸福。可見無論是中文名稱「鳳藻」，或是英文名稱 *Phoenix*，都寄託了聖瑪利亞師生對這本校刊的厚愛。

1931年秋，當時只有十一歲的張愛玲，為初中一年級乙組的學生，入學後知悉校方的年刊《鳳藻》正徵求學生來稿，她便拿起筆來寫了短篇小說〈不幸的她〉，以及英文小品 *The School Rats Have a Party*（譯名：校鼠派對），交到《鳳藻》編委會，最後被刊登於 1932 年 6 月《鳳藻》第十二期上，該兩篇中、英作品分別被陳子善教授及筆者考證為張愛玲最早發表的中文及英文的文章。[1、2]

另一英文作品新發現

筆者早年在內地與香港舊書商處幸運購得多期的聖瑪利亞女校《鳳藻》年刊，從這些刊物中可見聖瑪利亞女中學生的英文程度很高，但中文也毫不遜色。在《鳳藻》年刊中都收錄了大量畢業生和在校學生的中文文學作品，小說、散文、古詩詞、評論、翻譯等都展現了她們極高的寫作能力、詩詞歌賦造詣及古文功底。

經細心翻閱該批《鳳藻》後，竟然在 1933 年的《鳳藻》第十三期中找到一篇埋藏超過 92 年的張愛玲英文作品 *Something About Our Lady Moon*（譯名：關於我們的月亮女神），終於在她 105 歲誕辰之年被筆者發現。至於在 1932 年至 1937 年的《鳳藻》年刊已被發現的張愛玲其餘少作，現列出如下：

1 陳子善：〈天才的起步 —— 略談張愛玲的處女作〈不幸的她〉〉，《說不盡的張愛玲》（臺北：遠景出版事業有限公司，2001 年 7 月）。

2 吳邦謀：〈最早的英文創作〉，《尋覓張愛玲》（香港：商務印書館（香港）有限公司，2020 年 6 月）。

年份（六月）	年級	《鳳藻》期數	中文作品	英文作品
1932	初中一	12	〈不幸的她〉	*The School Rats Have a Party*（校鼠派對）#
1933	初中二	13	〈遲暮〉	*Something About Our Lady Moon*（關於我們的月亮女神）#
1934	初中三	14	——	——
1935	高中一	15	——	*A Dream on the Journey*（書旅一夢）
1936	高中二	16	〈秋雨〉	*The Sun Parlor*（太陽房）
1937	高中三	17	〈論卡通畫之前途〉	*Sketches of Some Shepherds*（牧羊者素描） *My Great Expectations*（心願）

作品被筆者首先發現。

1933 年 6 月，張愛玲不足 13 歲，為初中二年級的學生，在該第十三期《鳳藻》年刊除有張愛玲的〈遲暮〉散文外，還有一篇以英文寫的短篇作品 *Something About Our Lady Moon*（關於我們的月亮女神）。張愛玲鍾情月亮，喜歡的程度可見其小說經常引用和描寫，在其筆觸中傳達出蒼涼的意識。1943 年 11 月至 12 月《雜誌》月刊中，張愛玲首次發表《金鎖記》，寫有「三十年前的上海，一個有月亮的晚上……我們也許沒趕上看見三十年前的月亮……。」以月亮為開篇，亦以月亮來結束。1936 年 10 月 20 日，上海聖瑪利亞女校國光會發行的《國光》創刊號上，當時高中三的張愛玲發表的一篇短篇小說〈牛〉，亦引用月亮來作小說的首尾呼應的寫作技巧。

從這篇新發現的英文作品 *Something About Our Lady Moon*，得知原來張愛玲對月亮的描寫及鍾愛早於 12 歲時，並稱月亮為 Lady Moon（可譯為月亮女神、月亮夫人、月亮娘娘、月亮女士等），這正吻合她在 1944 年發表在《天地》第七、八期的散文〈童言無忌〉，當中提到她 12 歲時，「因為有月亮」而令她有所感動，節錄部分內文如下：

有天晚上，在月亮底下，我和一個同學在宿舍的走廊上散步，我十二歲，她比我大幾歲。她說：「我是同你很好的，可是不知道你怎樣。」因為有月亮，因為我生來是一個寫小說的人，我鄭重地低低說道：「我是……除了我母親，就只有你了。」她當時很感動，連我也被自己感動了……。」

這篇英文作品的新發現，希望能對研究張愛玲的文學及史料價值有所裨益。

Something About Our Lady Moon

Did you ever look at the evening sky? Oh! It's so beautiful! I look at it every evening. After sunset, many red or golden clouds still stay in the sky. Then Lady Moon rises from the east with her children - the little, stars. They are just like a group of travelers coming from the far, far land. They are very hungry, of course, so they eat the red clouds as fast as they can. After that they go on and on all night long.

In winter, the little stars won't go out of their home because they are too weak, and will get sick in the cold wind and frost. Lady Moon goes on alone. She is a fair lady. She wears a big fur coat, which is made by the snowy clouds, to keep the frightful cold wind out. Oh! Can you imagine seeing her beautiful face? I think you will forget all of your coldness if you see her at midnight.

TSANG AI-LING, 1937.

關於我們的月亮女神

你曾經仰望過夜空嗎？哦！真是太美了！我每天晚上都會看它。日落後，天空中仍然停留着許多紅色或金色的雲彩。接着月亮女神會帶着她的孩子們——小星星，從東方升起，他們就像一羣從很遠很遠的地方來的旅客。當然，他們非常飢餓，所以用最快的速度吞噬紅的雲彩，然後他們就這樣持續一整夜。

在冬天，小星星因為太虛弱而不敢離家，一遇寒風及霜凍便會生病，月亮女神唯有獨自前去。她是一位美麗的女神，穿着一件用雪雲製成的大皮衣，用來阻擋可怕的寒風。哦！你能想像看到她美麗的臉龐嗎？我想如果你在半夜裏見到她，你自會忘記所有的冷漠。

張愛玲，1937

（吳邦謀譯）

（根據聖瑪利亞女校的班級釋別方法，學主名字都尾隨畢業年份，例如 TSANG AI-LING，1937。）

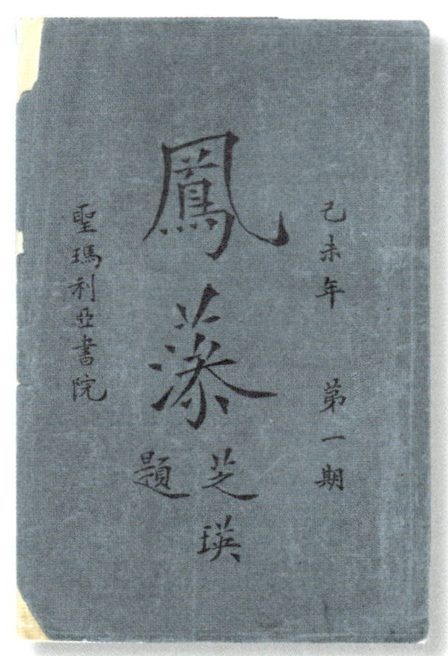

「聖瑪利亞書院」前身是「文紀」女校和「裨文」女校合併而成，1923 年改名為「聖瑪利亞女校」。圖為 1919 年（乙未年）聖瑪利亞女校年刊《鳳藻》創刊號，一書印有兩個封面，左為《鳳藻》中文面，右為 *Phoenix* 英文面。

1932 年聖瑪利亞女校年刊《鳳藻》第十二期海外孤本，刊有張愛玲的處女作〈不幸的她〉短篇小說及首篇英文作品 *The School Rats Have a Party*（校鼠派對）。

鳳　藻

划到海心遊樂的吧！」

「雍姊！你快看這絲海草，不是像你那管草哨子一樣嗎？拾它起來，我吹給你聽！」她一面說一面彎轉了腰伏在船沿上去把手探到水裏。

「雍姊忙着攔他「仔細點！跌下去不是頑的。你不看見浪很大嗎？」她不言語了，只緊靠在雍姊的懷裏，顯出依傍的神氣。

夜幕漸漸罩下來，那一抹奇妙的紅霞，照耀得海上金波似的。在那照徹海底的光明中，她倆唱着柔美的歌兒，慢慢地搖回家去。暮色漸漸黯淡了，漸漸消失了她倆的影子。

五年之後；雍的愛友的父親死了，她母親帶她到上海去依靠她的姨母，她倆就在熱烈的依戀中流淚離別了。

在繁華的生活中又過了幾年，她漸漸的大了，像一朵盛開的玫瑰一樣，她在高中畢了業，過着奢華的生活，城市的繁榮使她腦中的雍姊，和海中的游泳，漸漸的模糊了。

她二十一歲，她母親已經衰老，忽然昏悖地將她許聘給一個紈袴子弟！她觸起憤怒煩恨的心曲，毅然的拒絕她，並且怒氣冲冲的人所以她要求自立——打破腐敗的積習——她要維持一生的快樂，只能咬緊了牙齒，忍住了淚痕，悄悄地離開了她的母親。

飄泊了幾年，由故友口中知道母親死了。在徬徨中，忽然接到了童時伴侶雍姊的消息，惹她流了許多感激傷心欣喜的眼淚。雍姊師範學校畢業後，在商界服務了幾年，便和一個舊友結了婚，現在已有了一個美麗活潑的女孩子，正和她十年前一樣，在海濱度着快樂的生活。

幾度通信後，雍姊明瞭了她的環境，便邀她來暫住。她想了一下就寫信去答允了。

她急急的乘船回來，見着了兒時的故鄉，天光海色，心裏蘊蓄已久的悲愁喜樂，都湧上來，一陣辛酸，溶化在熱淚裏流了出來。和雍姊別久了，初見時竟不知是悲是喜。雍姊倒依然是那種鎮靜柔和的態度，只略憔悴些。

「你真瘦了！」這是雍姊的低語。

她心裏突突的跳着，瞧見雍姊的丈夫和女兒的和藹的招待，總覺怔怔忡忡的難過。

四五

在 1932 年只有 11 歲的張愛玲，在聖瑪利亞女校年刊《鳳藻》第十二期上，發表處女作〈不幸的她〉。文中她寫到「我不忍看了你的快樂，更形我的淒清！別了！人生聚散，本是常事，無論怎樣，我倆總有蘊着淚珠撒手的一日！」她把人性的矛盾深入的刻劃，把生命的灰暗面肆意地鋪陳。

婚，因為有她存在，他不能自由婚娶的。

當他父親看到他的信時，氣得鬍子都豎起來了；「唉！家門不幸！出了這種不肖子，他在外糊鬧不夠，還要休妻，依我們這種門第，豈能做這種沒廉恥的事嗎？……唉！……

不久，慶君終究回家了；這是在二個媽媽談話的前一星期罷，但是他回家後仍舊在父親前提議要離婚的事。

『哼！你這種不肖子，竟要做出這種辱沒祖上的榮光的事嗎？況且媳婦如此的賢慧孝順，你自己想想，我們是何等樣的人家，豈可做這種敗壞門楣的事嗎？』慶君的父親氣忿忿的說着。

慶君聽着這些話，就一逕走進自己的房裏去了，看到他的五歲的女小孩，正睡在被窩裏，他想到這就是他同一個沒有由戀愛而結婚的女子所生的罪惡；一時恨從心起，竟走到床前，把被窩想悶死這個無知的小孩。在正這個當兒，張媽走進房來，看到這個樣子，大吃一驚！就高聲的喊着：老爺……太……太……快……快……來呀！

當外面的人聽到張媽高喊的聲音，不知是什麼事都走了進來，大家就慌忙的去救小孩，不久聽到哇！哇！的幾聲。

你為什麼要害死她，你這種不肖子，我的眼前不願看到你。』

『我在這家庭裏若一日不許我離婚，一日不許我除這罪惡，我決不能一日存在的。在家庭裏得不到一些自由，毋甯就離去了罷！』說着竟提了皮包，大踏步走向大門口去了，這大約就一直到上海去了。

不幸的她

初一　張愛玲

秋天的晴空展開一片清艷的藍色，洗淨了雲翳，在長天的盡處綿延着無邊的碧水，那起伏的海潮，好像美人的柔胸在藍綢中呼吸一般，靡盪出洪大而溫柔的波聲。幾隻潔白的海鷗，活潑地在水面上飛翔。在這壯麗的風景中，有一隻小船慢慢的掉槳而來，船中坐着兩個活潑的女孩子，她們才十歲光景，袒着胸，穿着緊緊的小游泳衣服，赤着四條粉腿，又常放在船沿上，讓浪花來吻她們的脚。像這樣大胆的舉動，她倆一點兒也不怕，只緊緊的抱着，偎着，談笑着，遊戲着，她倆的眼珠中流露出生命的天真的洸摯的愛的光來。

——=o=——

The School Rats Have A Party

In our school there is a beautiful lady rat named Miss Black. She is very stylish and famous, so that all the rats know her. She married a great gentleman named Mr. Brown on Saturday. That night they were very happy, all their friends and relatives came to the party. Miss Black wore a pretty long dress, and a white long veil on her head. It made her black face and body more black. Mr. Brown has two little brown eyes, and little black whiskers. When their wedding was finished, they gave a feast and danced and sang. The guests and ladies danced with their little boots and little high heeled shoes as loudly as they could, but no student heard it, because it was midnight and they were fast asleep.

Next morning, I rose very early and went down the stairs to take a walk. When I passed the doorway, suddenly I heard a noisy voice, then I peeked in at the door. When I saw the happy party, how surprised I was! I cried, "See! See! The rats have a party!" Maybe my voice was too loud for the rats all stood up and took their feast and quickly ran to their home.

TSANG AI-LING, 1937.

——=o=——

1932 年，張愛玲在上海聖瑪利亞女校年刊《鳳藻》*The Phoenix* 第十二期上，發表英文處女作 *The School Rats Have a Party*（校鼠舞會），被筆者於 2020 年首先發現。

1933 年上海聖瑪利亞女校年刊《鳳藻》第十三期封面。

—=0=—

Something About Our Lady Moon

Did you ever look at the evening sky? Oh! It's so beautiful! I look at it every evening. After sunset, many red or golden clouds still stay in the sky. Then Lady Moon rises from the east with her children —the little stars. They are just like a group of travelers coming from the far, far land. They are very hungry, of course, so they eat the red clouds as fast as they can. After that they go on and on all night long. In winter, the little stars won't go out of their home because they are too weak, and will get sick in the cold wind and frost. Lady Moon goes on alone. She is a fair lady. She wears a big fur coat, which is made by the snowy clouds, to keep the frightful cold wind out. Oh! Can you imagine seeing her beautiful face? I think you will forget all of your coldness if you see her at midnight.

TSANG AI-LING, 1937.

1933 年，張愛玲在上海聖瑪利亞女校年刊《鳳藻》*The Phoenix* 第十三期，除發表中文作品〈遲暮〉外，還有筆者新發現的 *Something About Our Lady Moon*（關於我們的月亮女神）。

1934 年聖瑪利亞女校《鳳藻》年刊第十四期，張愛玲沒有發表任何文章。圖為該期的封面及內頁。

1936年聖瑪利亞女校年刊《鳳藻》第十六期，以棕紅底色配以金色鳳凰，分外吸引。

102 —— *The Phoenix* ——

The Sun Parlor

My favourite spot in St. Mary's Hall is the Sun Parlor. It gives me the same impression as its name; a warm, bright room constantly filled with sunshine. It is a rectangular room. The walls are painted in white, but the lower half of them is hidden behind a cover of black wood. In the middle of the room there is a long black table, and around it are many chairs. These are prepared for the girls to have a chance for reading newspapers. In one comer of the room there is a wooden box placed on the shelf. This belongs to the Phoenix Board, and every girl has the privilege of putting her own themes in it. The box is locked, and we always dream of how we would open this mysterious box and see the things within. On the wall there hang many interesting pictures and records that attract girls' attention every time they pass the Sun Parlor. The room is very bright, because one side of it faces the big glass door that leads to the school gate, and one side of it is composed of three glass doors which face the school garden. Sunlight can reach the room in both directions. When we stand before the glass door, we can see the whole view of our lovely school garden. In winter afternoons, when the pale yellow sunlight lies lazily on the stone ground, we sit beside the steam heaters, with newspapers in our hands. We feel nice and warm and pleasant, and thoroughly enjoy the charm of the "Sun Parlor."

TSANG AI-LING, 1937.

——:o:——

1936年聖瑪利亞女校《鳳藻》年刊第十六期，張愛玲除發表〈秋雨〉外，還有英文小品 *The Sun Parlor*（太陽房）。

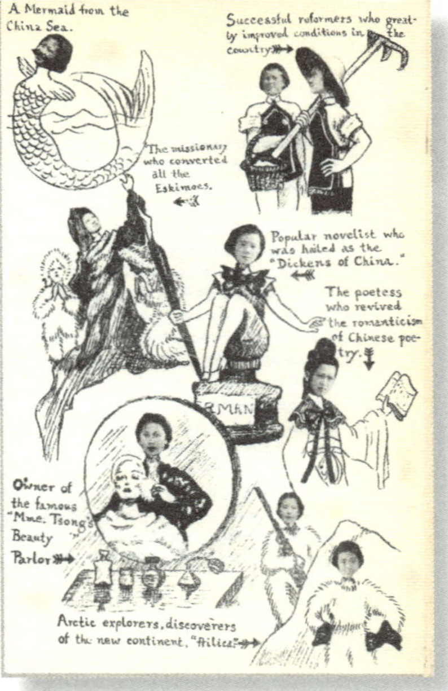

1937 年聖瑪利亞女校年刊《鳳藻》第十七期，張愛玲繪畫的 PROPHECIES of a FORTUNETELLER (算命者的預言) 漫畫，配以各同學的面容及文字，神似非常。

第四章

愛玲往事

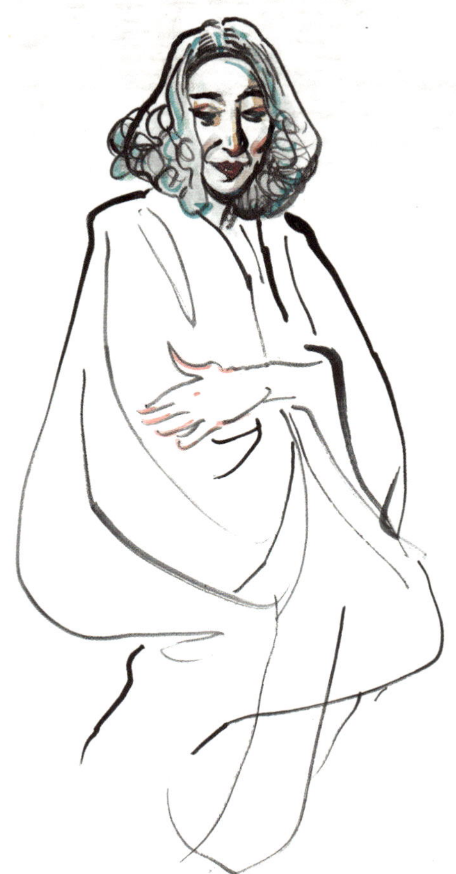

李志清作品

張愛玲的中學生照

張愛玲於1931年秋入讀上海著名的「聖瑪利亞女校」(St. Mary's Hall)，完成為期六年的中學教育，直至1937年夏畢業。聖瑪利亞女校源於1881年由美國聖公會創辦的「聖瑪利亞書院」，前身是創立於1851年的「文紀」女校和1861年的「裨文」女校兩者合併而成，1923年改名為「聖瑪利亞女校」。聖瑪利亞女校的校史有以下記載：

聖瑪利亞女校，距上海五里，佔牧區二十五英畝，係由二校合併而成。先是上海有女校二，一曰文記(即文紀 Emma Jones School)，一曰裨文(Bridgman Memorial School)。文記創設於1851年，由 Miss Emma Jones 開始，彼乃佈道會中未出嫁之第一女子，於1862年因病回國，由 Miss Catherine E. Jones 繼續進行，未幾罹疾而死(1863)，校務因以中輟學。1876年，復由 Miss Nelson 重行開辦，仍定原名。迨至1881年，與裨文(初為 Rev. and Mrs.Syle 管理，後為 Rev. and Mrs. Thomson 管理)合併，始改今稱，即現在之梵王渡聖瑪利亞也。[3]

3 引自〈聖瑪利亞女校小史〉，載1922年《上海聖瑪利亞女學校章程匯錄》。

聖瑪利亞女校

聖瑪利亞女校原址位於上海白利南路 65 號，近中山公園西南側。1929 年學校共計有八年制畢業生 100 人，師範畢業生 17 人，初中畢業生 137 人，高中畢業生 145 人，中文特級畢業生 63 人。聖瑪利亞女校一年學費是 84 元，相當於普通工人 10 個月的工資；專學西文的一年學費是 168 元，其他伙食、雜費尚且不包括在內。這樣高昂的費用，普通人家顯然是難以支付的。[4]

1952 年，上海市教育局接管了中西女中和聖瑪利亞女中，並把兩校合併為上海市第三女子中學。而原聖瑪利亞女中的校址上則建立起了一所新的大專院校 —— 上海紡織高等專科學校。1999 年 8 月，該校併入東華大學，成為東華大學紡織學院（長寧分校區），直至 2006 年 7 月停止使用。2009 年，開發商強行清拆學院，在民眾抗議聲音下，除了約 12 米的禮拜堂和 20 米的鐘樓得以保留外，其餘已被拆除變成一片廢墟。2015 年，該址改建為長寧來福士廣場。聖瑪利亞女校遺留的一座鐘樓，經過加固、修葺及優化，成為上海市優秀歷史建築，於 2017 年 7 月 2 日正式對外開放。張愛玲曾在她高中三年刊《鳳藻》上，發表了一篇英文作品 *My Great Expectations*（譯名：心願）[5]，以「飽經風霜的古老鐘樓，仍將兀立

4　潘敬芳、馬學強主編：〈中西兼融：從聖瑪利亞書院到聖瑪利亞女校〉，《至慧至雅：從聖瑪利亞女校、中西女中到上海市第三女子中學》，商務印書館（上海）有限公司第 1 版，2022 年 10 月。

5　陳子善：〈雛鳳新聲 —— 新發現的張愛玲少作〉，《說不盡的張愛玲》，遠景出版事業有限公司初版，2001 年 7 月。

在金色的陽光中，發出在我聽來是如此熟悉的鐘聲。」來描寫她母校的這座鐘樓。

學校簡章

根據筆者收藏的 1934 年《聖瑪利亞女學校簡章》得知，女校屬美國聖公會之一部隸駐滬佈道郭主教轄下一女子中學，以「公誠勤敏」為校訓，其宗旨在養成擁有完美人格而可作為模範的基督女子。學制為八年制，中英文並重無偏，每星期計有中文十二時刻，高年級有英文之數學、科學、文學、歷史，至於地理，本國史、國文等則自修業始至畢業止均用中文本，作文一科為特別注重之科目。各科中琴科為選課制，初級中學之唱歌為必修課，高中之歌詠團則學生可自由選進。學生每星期須讀聖經三時刻，凡欲受洗禮及堅振禮者得開特班研究，學生如欲受洗禮，須得家長或保證人之許可，每日早禱及星期日之禮拜，學生須一律參加。每一學生皆為自治會會員、國光會會員。凡學習琴科者，須入高級琴會或低級琴會。運動會及清心會可自由選入，以上各會及級長宅長等均為課外服務之工作學生。操行之優劣，既視其課外工作及公共德道之如何，以為定每人有一課外服務，勤惰表記其工作之名稱及成績。

以上八年學制為初中三年，高中三年，另在中學之下設英文預備年級（預科）兩年，即小學五、六年級，目的在幫肋學生更快適應中學階段的英語學習。張愛玲因入學時英文成績優異，在聖瑪利亞女校直入初中一年級，不用參加兩年預備年級。當時張愛玲在聖瑪利亞女校所學的中學課程分為英文及中文兩部，英文部所包括英語、數學、西洋史、地理及聖經等科目，所採用的課本全是英文，並且大部分由英美等外籍人士擔任教授；而中文部所包括的課程有國文及中國史地，擔任初中以下的老師由師範畢業，初中以上則多半是前清科舉出身的年老教書先生。當時的聖瑪利亞女校非常注重英文，大部分學生能說一口流利的英語，其中張愛玲便是其中一個表表者。張愛玲在中學時的夢想，是能夠有一天像林語堂那樣，在美國寫英文小說成名，而且要比林語堂還要出風頭，要穿最別致的衣服，周遊世界，在上海有自己的房子。

圖為 1932 年聖瑪利亞女校禮拜堂和鐘樓，現經過加固及修葺後，成為上海市優秀歷史建築。張愛玲曾在她高中三年級時，在年刊《鳳藻》上發表了一篇英文作品 *My Great Expectations*（心願），內文有描寫這座鐘樓。

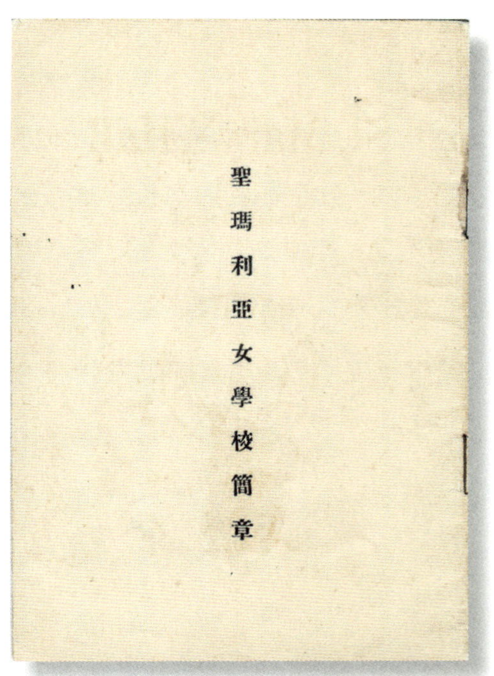

圖為 1934 年《聖瑪利亞女學校簡章》(St. Mary's Hall Announcement) 封面及封底，張愛玲是該年的初中三學生。

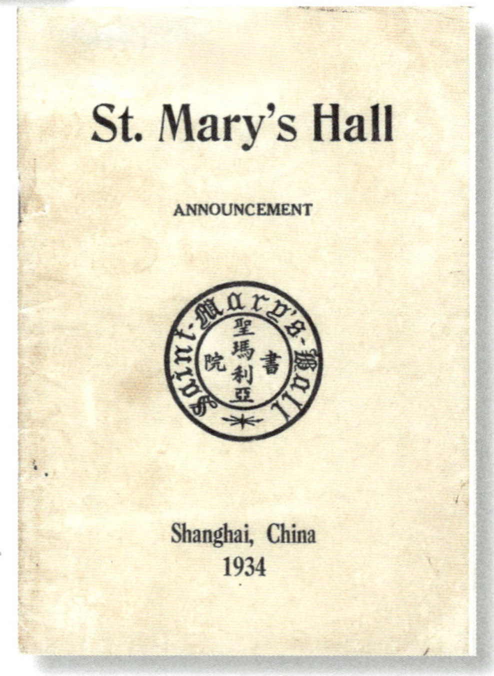

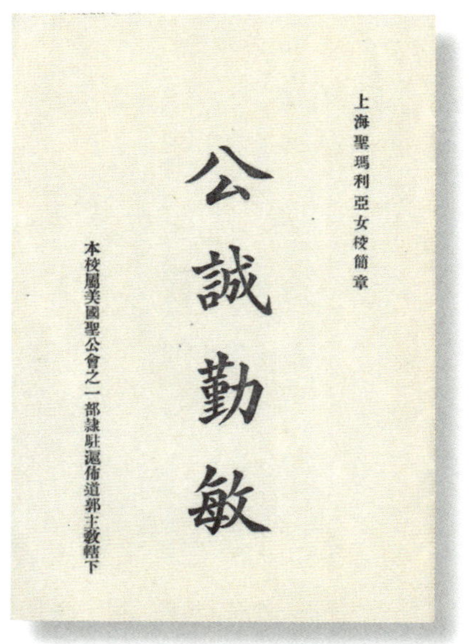

上海聖瑪利亞女校簡章

公誠勤敏

本校屬美國聖公會之一部隸駐滬佈道郭主教轄下

聖瑪利亞女校源於 1881 年由美國聖公會創辦的「聖瑪利亞書院」，以「公誠勤敏」為校訓，其宗旨要成為一完美之人格而可為模範之基督女子。

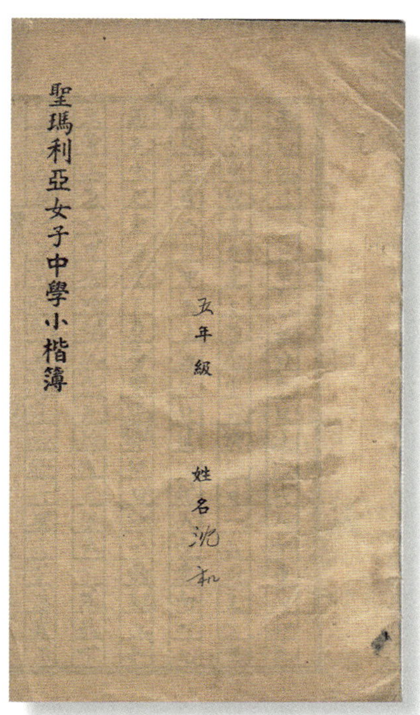

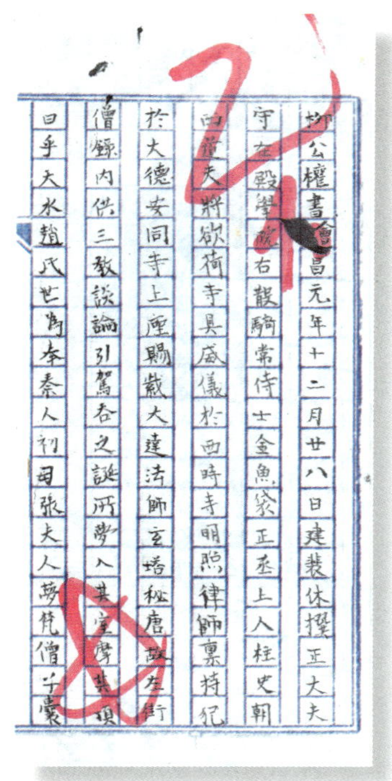

1940 年代聖瑪利亞女子中學小楷簿，右圖為該校五年級學生的毛筆功課。

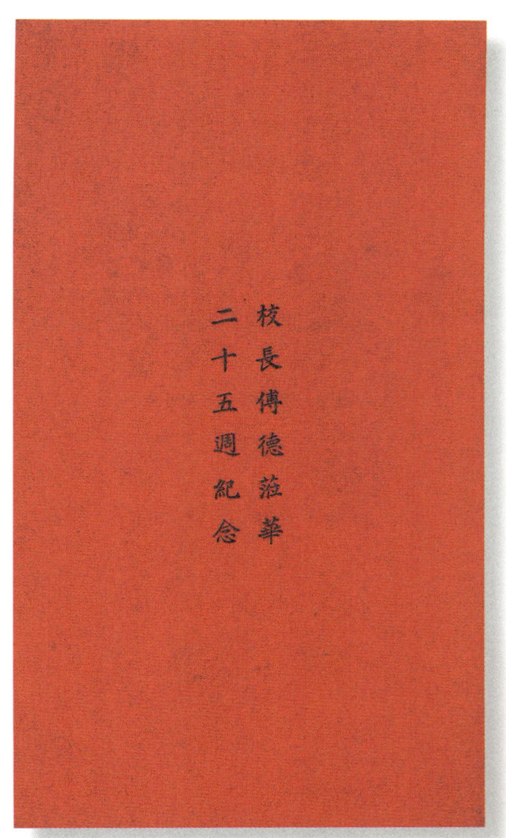
校長傅德蒞華
二十五週紀念

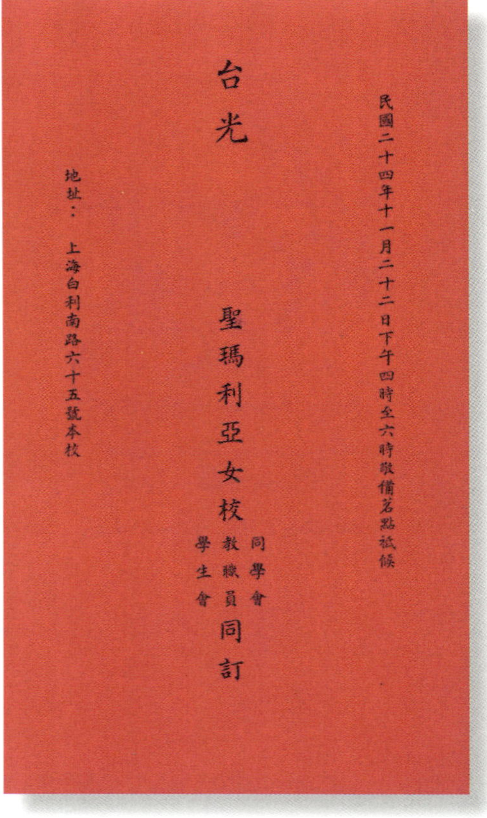
民國二十四年十一月二十二日下午四時至六時敬備茗點祇候
台光
聖瑪利亞女校
同學會
教職員
學生會
同訂
地址：上海白利南路六十五號本校

1935 年聖瑪利亞女子中學校長傅德 (Caroline A. Fullerton) 蒞華 25 周年紀念紅色請柬，該年張愛玲是高中一學生。請柬上可見該校位於上海白利南路 65 號。

1932 年，聖瑪利亞女校 15 位初中一乙組學生倚坐在一張長蹺板上， 11 歲的張愛玲身穿一件深色小格子短袖旗袍，被安排坐在中間位置（右八），她不是正面望向前方，而是目光游移至右方別處，滿懷心事似的。

1932 年，初中一學生張愛玲是初級琴會的小成員，身穿深色格子短袖旗袍坐在草地上（前排左三）。

圖為 1932 年聖瑪利亞女校初級及高級琴會成員團體照，初中一學生又是初級琴會成員的張愛玲坐在最下排中間位置（最前排右十二），由於身型瘦削被隔鄰同學遮擋，只露出頭部及面容。

1933 年，初中二乙組學生張愛玲，身穿淺色旗袍站立在後排右五位置。

1934 年，初中三學生張愛玲，身穿淺色旗袍站立在後排左四位置。

1935 年，張愛玲為高中一學生，身穿淺色旗袍站立在後排左二位置，視線向左。

1936 年，張愛玲為高中二學生，身穿深色旗袍站立在後排右十位置。

1937 年，張愛玲為高中三學生，即將中學畢業，她身穿深色旗袍站立在後排左四位置。

1937 年張愛玲畢業照。

張愛玲與蘭心照相館

一張於 1954 年由香港北角蘭心攝影公司（簡稱蘭心照相館）所拍攝的張愛玲叉腰相，流傳至今 70 年，成為祖師奶奶經典之照。蘭心照相館位於北角英皇道 338 號（現為華懋交易廣場二期大樓），據刊登在《星島日報》的廣告得悉，蘭心照相館於 1954 年 6 月 10 日開幕，東主名叫厲文俊。上一世紀四十年代，在上海亦有一家蘭心照相館，位於福煦路 544 號，而上海以蘭心命名的商家最有名的是「蘭心大戲院」，因它早已成為老上海的集體回憶，而蘭心亦成為代表海派風情的代名詞。張愛玲早在 1943 年創作《傾城之戀》小說，更於翌年受邀編寫同名小說劇本，飾演男女主角范柳原及白流蘇的舒適及羅蘭，借蘭心大戲院的場地排練，張愛玲親到現場支持。

香港蘭心攝影公司的英文名稱是 Lee's Studio（Lee 是店東厲姓音譯），而上海蘭心照相館則是 Lyceum Studio，從英文名稱比較兩地的蘭心是顯然不同，相信彼此並無分店、傳承或其他關係，估計香港店東欲借「蘭心」這老上海名詞來吸引北角的上海人。香港蘭心照相館在開幕前，於 1954 年 5 月 29 日的《華僑日報》刊登有以下介紹：

蘭心照相館，設在英皇道上的一家具有最新設備之第一流照相館，經過幾個月的籌備和裝置，即將於下月初隆重開幕，而且器械配備之講究，可獨步港九，攝影室與黑房，都具有冷氣設備，去拍照的人不怕天氣和燈光的暑氣迫人。該照相館對拍攝彩色照之一切設備和技術經驗，更是首屈一指，此更是喜愛攝影留念的仕女們的最好消息。

蘭心「廬山真面目」

以往從留下來的舊照片，大多只能看到蘭心照相館在北角英皇道的高位招牌，但在 2022 年 9 月 24 日面書專頁香港遺美（Hong Kong Reminiscence）上，竟發佈了蘭心正門彩照的帖文，揭開了其「廬山真面目」！相中看見約七十年代蘭心照相館的門口招牌及圓拱入口，裝有白色底板配以金色花紋，中文招牌名稱為「蘭心禮服攝影公司」，而英名名稱為 Lee's Studio，在英皇道旁的路人於蘭心店前駐足停留，聚精會神觀看櫥窗陳列的東西。根據香港遺美的版主林曉敏小姐提供的資料：「蘭心照相館的相片，是一位住在港島的無名氏攝影師拍攝的，當時有幾本相簿，這一張主要在一本婚紗攝影的相簿之中，從照片角度和模糊欄杆可見，大約是在電車上拍攝。」

約七十年代位於北角英皇道的蘭心照相館正門，可見其紅色的中文及英文招牌名稱，分別為「蘭心禮服攝影公司」及 LEE'S STUDIO。圖片由香港遺美提供。

香港七十年代北角英皇道彩色明信片，路邊兩旁可見商戶的高位招牌，其中右方見有白底紅字的蘭心照相館招牌。

對照記

張愛玲於 1993 年完成《對照記 —— 看老照相簿》，其中圖 49 有以下敘述：

> 1954 年我住在香港英皇道，宋淇的太太文美陪我到街角的一家照相館拍照。1984 年我在洛杉磯搬家理行李，看到這張照片上蘭心照相館的署名與日期，剛巧整三十年前，不禁自題「悵望卅秋一灑淚，蕭條異代不同時。」

拍攝時張愛玲踏入 34 歲，正是風華正茂，30 年後她已經 64 歲，翻看照片上的自己，心裏感慨萬千，雖然生在不同的年代，但蕭條感仍沒有改變。1954 年，張愛玲於有小上海之稱的北角英皇道居住，其好友鄺文美（即宋淇的妻子）陪伴下，到街角的蘭心照相館拍照，沖曬出來的照片用於美國《紐約時報》（*New York Times*）書評上的插圖，主要給西方的讀者認識作者張愛玲，並同時介紹其首本英文小說 *The Rice-Sprout Song*（中譯本《秧歌》）[1]。

由於張愛玲對自己首本英文著作在美國出版寄予厚望，所以當《紐約時報》書評作者要求她提供個人照片，她非常重視。當時張愛玲悉心打扮，身穿一件深色的高領及修腰的短襖，繡有中國的吉祥圖案，小鳳仙裝模樣，而雙耳佩戴呈半球型的耳環，雙手戴有手鐲，仿如古代女子流行的戴法，盡顯中國女性的優雅。張愛玲跟

1 張愛玲著：The Rice-Sprout Song（New York: Charles Scribner's Sons, 1955）.

隨攝影師到了蘭心影相室，那處白色牆身上設計有意大利批盪，與她身穿深色短襖非常配合拍攝。張愛玲在蘭心拍下多款不同姿勢的照片，其中一張右手叉腰，左手曲後，頭往上抬，眼望右方，高傲而自信的照片，最流傳至廣，最經典。據宋以朗主編的《張愛玲私語錄》透露，張愛玲很喜歡圓臉，寫有：「我喜歡圓臉。下世投胎，假如不能太美，我願意有張圓臉。（正如在蘭心拍的一張照片，頭往上抬，顯得臉很圓。）」[2]

叉腰代表甚麼？

1955 年 4 月 3 日《紐約時報》刊登了 *The Rice Sprout Song* 的書評，並選用了張愛玲雙手叉腰，目光平視的一張照片，至於這拍攝姿勢，是張愛玲自己想出來的或是蘭心攝影師傅從旁指導下擺拍的，無人知曉，但張愛玲從臉上所表達出的自信及傲氣，相信一定是發自內心的。

一個人的身體語言透露着許多細節，代表着一定的意義，一個小小的叉腰姿勢都可以透露出一個人的個性與心理。叉腰代表着怎樣的意義？一個人擺出叉腰的姿勢是讓自己顯得挺拔及威懾力。許多男士比較喜歡叉腰的動作，是為了展現自己的野心、強勢及自信，並突出自己的男子氣概。至於女士，叉腰姿勢在她們身上是比較少見到的，因為女士叉腰往往在發怒之前或是破口大

2 張愛玲、宋淇、宋鄺文美著，宋以朗主編：〈張愛玲私語錄 —— 女人〉，《張愛玲私語錄》第三部分（臺北：皇冠文化出版有限公司，2017 年 8 月）。

罵時的動作。但有時女士叉腰動作也是魅力的展現，例如模特兒在 T 台上都是以叉腰的姿勢來展示設計師的作品，這種姿勢不僅在向觀眾暗示她們感到自豪，而且是一種自信的表現。所以，在男女人際交往中欲表現出強勢及自信，可以做出雙手或單手叉腰的動作。

從這張流傳至廣，用於《紐約時報》作宣傳的張愛玲半身照，她擺出這叉腰的姿勢，可展現她自己的自信、野心及傲氣，對自己在美國出版的首本英文小說，充滿信心及期望。果然，由美國紐約 Charles Scribner's Sons 出版的 *The Rice-Sprout Song* 在美國受到讀者支持及歡迎，夏志清在《中國現代小說史》中給予張愛玲的篇幅比魯迅的還要多上一倍，甚至認為張愛玲是「今日中國最優秀最重要的作家」。

張愛玲是能中能英的雙語書寫作家，更能反覆改寫。她的作品先用英文寫後自譯成中文，*The Rice-Sprout Song* 中譯本《秧歌》便是一個好例子。張愛玲於 1954 年創作了這本小說，內文描寫農人金根一家在飢餓之中掙扎求存的故事，反映了土改後中國大陸的農村生活。胡適於 1955 年 1 月 25 日在張愛玲《秧歌》的扉頁上題有以下文字：

> 此書從頭到尾寫的是「飢餓」，——書名大可以題作「餓」字——寫的真細緻，忠厚，可以說是寫到了「平淡而近自然」的境界。近年我讀的中國文藝作品，此書當然是最好的了。

《環球電影》

來自上海的蘭心照相館攝影師甘臨，出名拍攝人像攝影，特別是明星照及甫士咭的出品，令眾多影視明星及大眾都十分讚賞。1958 年 1 月，由環球圖書雜誌出版社發行的《環球電影》創刊號，在雜誌的第二頁上，見有國泰旗下影星，其配以創新手法在照片上塗以彩畫及背景，並加上該月份的月曆，令人眼前一亮，原來彩照由北角蘭心照相館所拍攝及製作的，並在每期作品上印有蘭心兩字標誌，以下是由創刊號至第 6 集被拍攝過的影星：

1958 年 1 月創刊號：麥玲

1958 年 2 月第二期：葛蘭

1958 年 3 月第三期：丁皓

1958 年 4 月第四期：上官清華

1958 年 5 月第五期：林翠

1958 年 6 月第六期：李湄

在《環球電影》第 3 期第 32 頁，刊登了圖文並茂的〈照相室裏的麥玲〉，圖片中可見蘭心照相館內部設施，非常精彩，其內文如下：

「三姊妹」一片奠定了麥玲在電影界的基礎，並且代表了一種新的典型，最近意大利導演麥魯西在物色「萬里長程」一片中的中國女演員時看中了她。這部電影是意大利與台灣合作的，麥玲飾演一個自北平最後一輛列車隨着意籍修女逃亡出來的中國女孩子，她不日要遠赴羅馬去拍內景，中國女明星赴歐拍片，她可說是第一個人，自此也可儕身國際影星之列。這次麥玲應本刊特約，在「蘭心」攝影室為我們串演一套明星拍照過程的畫面，讓大家明瞭一下明星照片是怎麼樣拍攝出來的。

蘭心照展覽

2018 年 7 月 18 日至 24 日，由香港貿易發展局主辦為期七天的第 29 屆香港書展，吸引超過百萬人次入場，打破以往紀錄，書迷除選購各類心儀書籍外，亦參與各類不同的文化活動、現場講座及文藝廊展覽等等。當屆書展以「愛情文學」作為年度主題，為配合閱讀活動及推廣文化，文藝廊展出「文間有情」的專題展覽，並介紹香港最具代表性的愛情文學作家，其中包括張愛玲、林燕妮、亦舒、鄭梓靈等等。文藝廊展出有關張愛玲的小說、書籍及手稿外，更公開祖師奶奶於 1954 年在北角英皇道 338 號「蘭心攝影公司」，拍下的三張不同姿勢的個人照，而相片右下壓有字體「蘭心攝影 LEE’S STUDIO HONGKONG」，分別為：

（一） 雙手微曲而叉腰，身體微傾左方，雙眼望向右方，平視而不帶笑容，最先刊登於 1955 年 4 月 3 日《紐約時報》書評版，後刊於 1957 年 7 月份第 21 期的《國際電影》雜誌內的〈我所認識的張愛玲〉，作者是章麗（鄺文美的筆名）。

（二） 頭部特寫，雙眼望向右下方，不帶笑容，背景漆黑，首次刊登這照片在 1955 年 12 月第 3 期的《國際電影》雜誌內，一篇文章報道張愛玲成為國際影片發行公司「劇本編審委員會」要員之一，其餘包括姚莘農（筆名姚克）、孫晉三及宋之淇（即宋淇），其後刊登於2011年4月皇冠叢書第3086種《張愛玲典藏全集第11冊：「譯註」海上花開》的封面。

（三） 站立姿勢，雙眼望向前方，平視而面帶一絲笑容，雙手十指交扣放於腹前，該照片出現在港大港鐵站設置的香港大學百年壁。

若說到最流傳至廣的張愛玲半身照，便是張愛玲右手叉腰及頭往上抬的蘭心照片，最先刊登在1956年11月份第13期的《國際電影》雜誌內的一篇介紹文章〈張愛玲編劇・林黛主演「情場如戰場」〉上，該經典叉腰相更配以說明文字「在美國寫成「情場如戰場」電影劇本的中國著名女作家張愛玲女士近影（Miss Ai Ling Chang）。」由於電影《情場如戰場》於1957年在香港連映22天，盛況空前，反應熱烈，刷新了近十年來國語片票房紀錄[3]，除女主角林黛受到萬千影迷崇拜及迷戀外，是編劇又是作者的張愛玲被影迷及讀者進一步肯定，她的作品更成為名家佳作的標誌，不同凡響！

3 第21期《國際電影》雜誌，國際電影畫報社，1957年7月。

1954 年，張愛玲在好友鄺文美陪伴下到街角的蘭心照相館拍照，其中一款照片的拍攝姿勢是雙手微曲而叉腰，身體微微傾向右方，雙眼望向左方，平視而不帶笑容。圖片拍攝於 2018 年香港書展文藝廊展櫃。

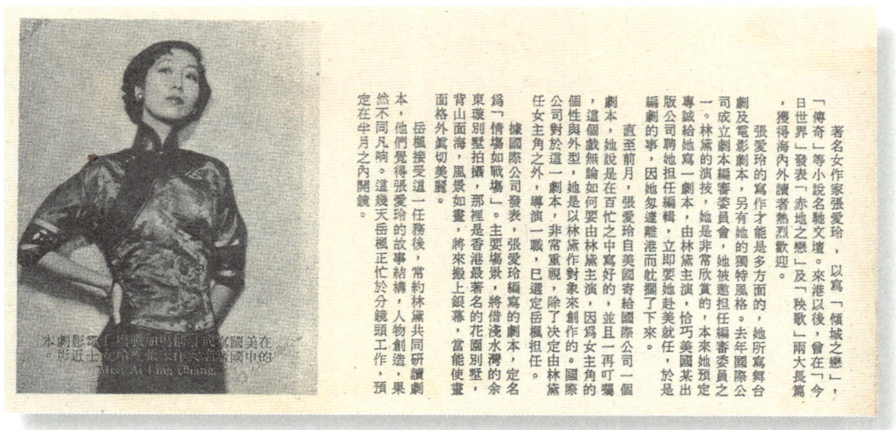

著名女作家張愛玲，以寫「傾城之戀」，「傳奇」等小說名馳文壇。來港以後，曾在「今日世界」發表「赤地之戀」及「秧歌」兩大長篇，獲得海內外讀者熱烈歡迎。

張愛玲的寫作才能是多方面的，她所寫舞台劇及電影劇本，另有她的獨特風格。去年國際公司成立劇本編審委員會，她被邀担任編審委員之一。林黛的演技，她是非常欣賞的，本來她預定專誠給她寫一劇本，由林黛主演，恰巧美國某出版公司聘她担任編輯，立即要她赴美就任，於是編劇的事，因她匆遽離港而躭擱了下來。

直至前月，張愛玲自美國寄給國際公司一個劇本，她說是在百忙之中寫好的，並且一再叮囑，這個戲無論如何要由林黛主演，因爲女主角的個性與外型，她是以林黛作對象來創作的。國際公司對於這一劇本，非常重視，除了決定由林黛任女主角之外，導演一職，已選定岳楓担任。

據國際公司發表，張愛玲編寫的劇本，定名爲「情場如戰場」。主要場景，將借淺水灣的余東璇別墅拍攝，那裡是香港最著名的花園別墅，背山面海，風景如畫，將來搬上銀幕，當能使畫面格外眞切美麗。

岳楓接受這一任務後，常約林黛共同研讀劇本，他們覺得張愛玲的故事結構，人物創造，果然不同凡响。這幾天岳楓正忙於分鏡頭工作，預定在半月之內開鏡。

1956 年 11 月份第 13 期的《國際電影》雜誌，刊有一篇〈張愛玲編劇 · 林黛主演情場如戰場〉短文，圖左可見首次曝光的張愛玲經典叉腰相。

張愛玲首本英文著作 The Rice-Sprout Song，由美國紐約 Charles Scribner's Sons 出版社於 1955 年出版，圖為該書彩色封面及封底的外紙。

繼 1955 年由美國紐約 Charles Scribner's Sons 出版張愛玲的 The Rice-Sprout Song 後，另一美國出版社 Nelson Doubleday, Inc. 於同年出版最佳書籍 (Best-in-Books) ，其中包括張愛玲的 The Rice-Sprout Song，並配有封面設計圖和她的自序。

1963 年 6 月，香港出版社 Dragonfly Books 出版張愛玲英文小說 The Rice-Sprout Song，該書封面由 Koo Suen Koh 設計。

1988 年，加州大學出版社出版張愛玲的英文小說 The Rice-Sprout Song，該書封面由 Steve Renick 設計。

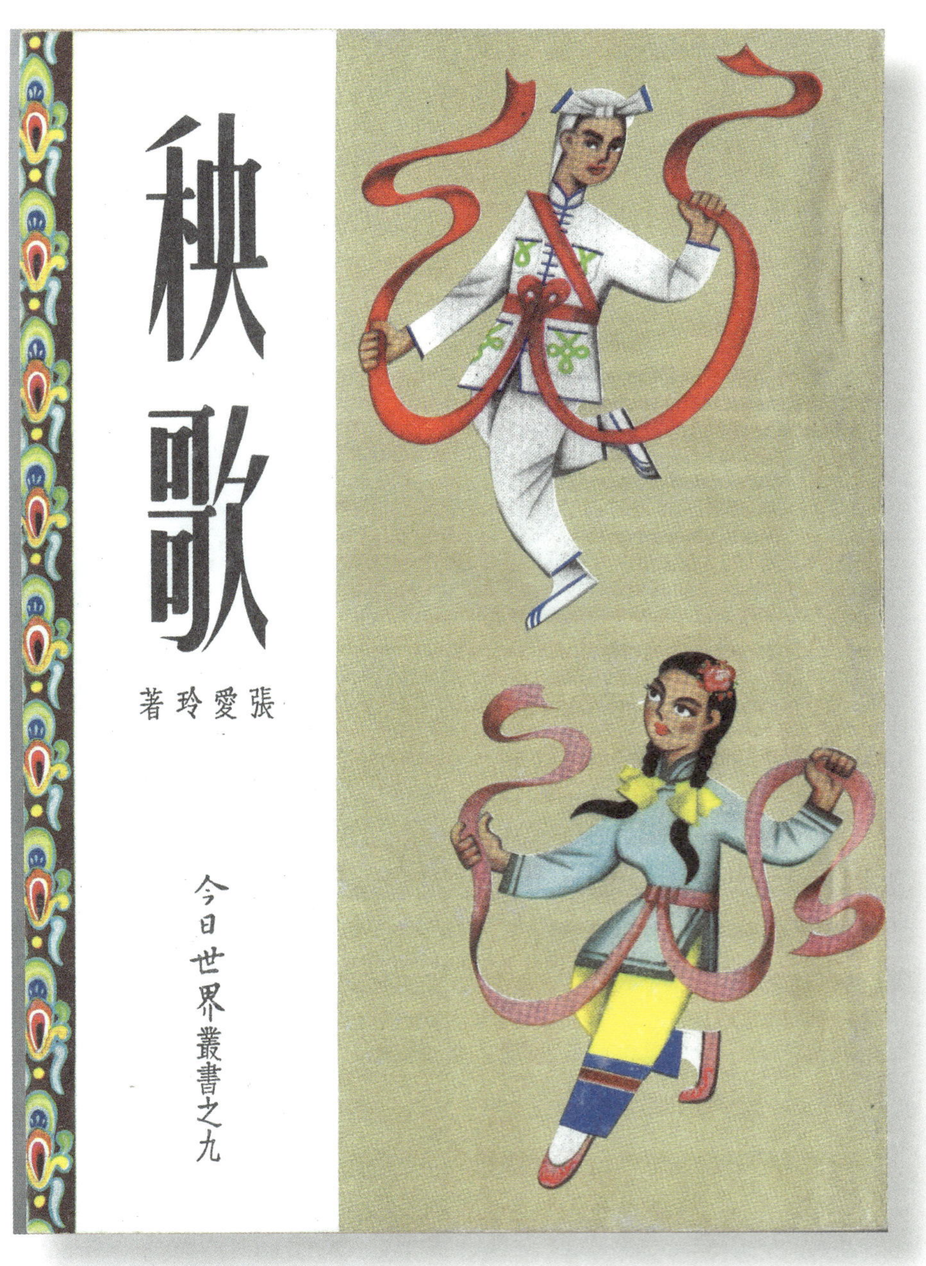

張愛玲於香港寫的《秧歌》，於 1954 年 7 月由今日世界社出版，屬於今日世界叢書之九，書的封面畫有一男女跳著秧歌舞《喜氣洋洋》，由薛志英先生設計。

《環球電影》雜誌由 1958 年 1 月創刊號至第六期，每期的內頁印有國泰旗下影星（上圖為葛蘭、丁皓、上官清華、林翠、李湄）及月曆表，旁有手寫蘭心兩字的標誌，由北角蘭心照相館所拍攝及設計的，份外吸引。

1958 年 1 月，環球圖書雜誌出版社發行《環球電影》創刊號。圖為《環球電影》第 4 期，刊於 1958 年 1 月，以紅星葛蘭小姐作封面。

北角英皇道 338 號蘭心照相館的兩款七十年代相套。

張愛玲的嗜好

1944 年十月及十二月出版的《飇》創刊號及第二期尾刊號，在創刊號中有一篇張愛玲的親弟張子靜所寫的〈我的姊姊 —— 張愛玲〉，介紹張愛玲的個性、興趣、嗜好等，文章印有由張愛玲本人所畫的一幅「無國籍的女人」作插畫，是難得一見由兩姊弟合作的作品。

《飇》創刊號出版時，張愛玲只有 24 歲，弟弟張子靜比她細一歲。據張子靜的〈我的姊姊 —— 張愛玲〉一文，得知張愛玲的個性就是喜歡特別，總愛跟別人不一樣，愛穿標奇立異及創新的衣服。在 1942 年她從淪陷中的香港回來上海，穿着一件矮領子的布旗袍，大紅顏色的底子，上面印着一朵一朵藍的及白的大花，兩邊都沒有紐扣，是跟外國衣裳一樣鑽進去穿的，領子矮得可以說沒有，在領子下面打着一個結子，袖子短到肩膀，長度只到膝蓋，在張子靜眼中是一件他從沒有看見過的旗袍款式。張子靜問張愛玲這是不是最新式的樣子，張愛玲淡漠的笑道：「你真是少見多怪，在香港這種衣裳太普通了，我正嫌這樣不夠特別呢！」嚇得張子靜也不敢再問了。有一次，張愛玲的一個朋友的哥哥結婚，她穿了一套前清老樣子繡花的襖褲去道賀，滿座的賓客看見後都非常驚訝，張子靜更自嘲上海人，全跟他一樣少見多怪。

張愛玲的嗜好包括繪畫、彈琴及看書，在這三者中，張愛玲最喜歡是看書，而看小說書是她的最愛，其中包括張恨水的《金粉世家》、李涵秋的《廣陵潮》、天虛我生的《淚珠緣》、老舍的《二馬》、《離婚》、《牛天賜傳》、穆時英的《南北極》、曹禺的《日出》、《雷雨》，以及曹雪芹寫的《紅樓夢》和英國小說家毛姆（Somerthet Maugham）寫的《紅毛》、《螞蟻與蚱蜢》等。

張愛玲愛看《紅樓夢》和毛姆的作品，對《紅樓夢》的深厚摯愛更直接影響她的小說創作，尤以中篇小說《金鎖記》最為突出。《金鎖記》中人物的塑造、環境氛圍的渲染等都對《紅樓夢》作了很多的借鑿，同時又以獨特的女性視角展示《金鎖記》豐富的價值內涵，表現出張愛玲對人性的思考與理解。張愛玲對《紅樓夢》的熟悉程度，在其著作《紅樓夢魘》自序中清楚說明：「我唯一的資格是實在熟讀《紅樓夢》，不同的本子不用留神看，稍微眼生點的字自會蹦出來」。毛姆的小說像對張愛玲的作品也影響很大，除了心理刻劃細緻外，還有是故事未到最後亦不知道結果，張愛玲的許多早期小說都看得出與毛姆神似，像《沉香屑 —— 第二爐香》、《茉莉香片》、《心經》、《連環套》等。

張愛玲的英文比中文好，英文寫得流利、自然、生動、活潑，她的姑姑對張子靜曾說：「你姊姊真本事，隨便甚麼英文書，她能拿起來就看，即使是一本物理或化學。」她是看書中的英文寫法，至於內容她不注重，這也是她英文進步的一個大原因。

張愛玲曾向張子靜說過做人的哲學：「一個人假使沒有甚麼特

長，最好是做得特別，可以引人注意。我認為與其做一個平庸的人過一輩子清閒生活，終其身，沒沒無聞，不如做一個特別的人做點特別的事，大家都曉得有這麼一個人，不管他人是好是壞，但名氣總歸有了。」

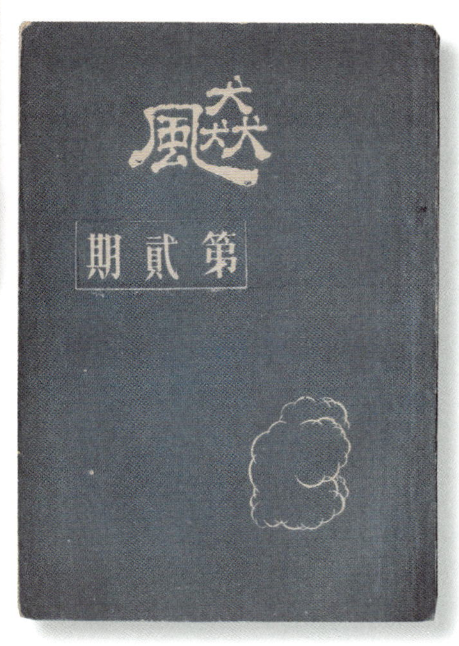

《颷》創刊號及第二期尾刊號分別於 1944 年十月及十二月出版。

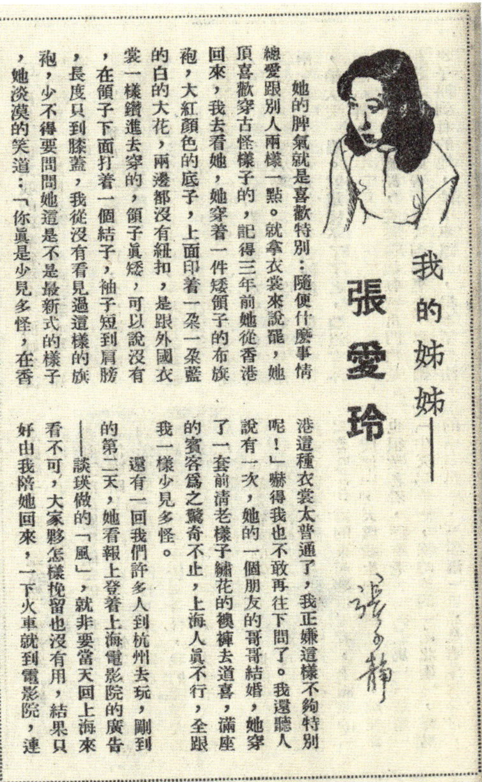

我的姊姊——張愛玲

張子靜

她的脾氣就是喜歡特別：隨便什麼事情總愛跟別人兩樣一點。就拿衣裳來說罷，她頂喜歡穿古怪樣子的，記得三年前她從香港回來，我去看她，她穿着一件矮領子的布旗袍，大紅顏色的底子，上面印着一朵一朵藍的白的大花，兩邊都沒有紐扣，是跟外國衣裳一樣鑽進去穿的，領子眞矮，可以說沒有，在領子下面打着一個結子，袖子短到肩膀，長度只到膝蓋，我從沒有看見過這樣的旗袍，少不得要問問她這是不是最新式的樣子，她淡漠的笑道：「你眞是少見多怪，在香港這種衣裳太普通了，我正嫌這樣不夠特別呢！」嚇得我也不敢再往下問了。我還聽人說有一次，她的一個朋友的哥哥結婚，她穿了一套前清老樣子繡花的襖褲去道喜，滿座的賓客爲之驚奇不止，上海人眞不行，全跟我一樣少見多怪。

還有一回我們許多人到杭州去玩，剛到的第二天，她看報上登着上海電影院的廣告——談瑛做的「風」，就非要當天回上海來看不可，大家夥怎樣挽留也沒有用，結果只好由我陪她回來，一下火車就到電影院，連

《飇》創刊號刊有張子靜所寫的〈我的姊姊——張愛玲〉

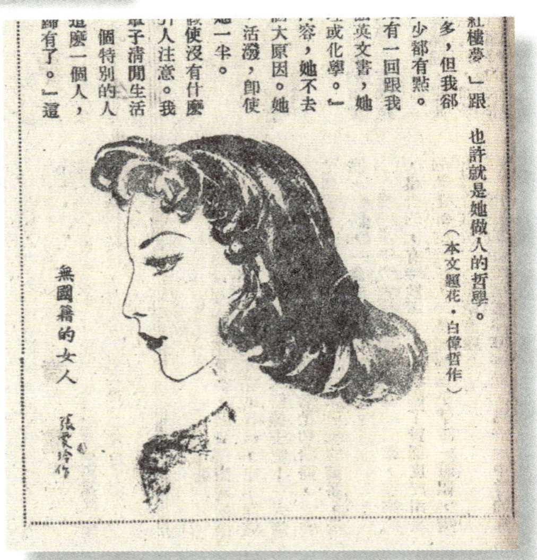

紅樓夢」跟
多，但我卻
少都有點。
有一回跟我
英文書，她
或化學。」
容，她不去
大原因。她
，活潑，卽使
她一半。
使沒有什麼
人注意。我
子淸閒生活
個特別的人
這麼一個人，
歸有了。」這

也許就是她做人的哲學。

（本文題花・白偉哲作）

張愛玲畫的「無國籍的女人」插圖。

張愛玲著的《紅樓夢魘》，封面亦是由她設計。

不敢去愛的男人

張愛玲一生有三段愛情及兩段婚姻，首任及第二任丈夫分別是汪偽政府要員胡蘭成（1906—1981）及德裔美籍劇作家賴雅（1891—1967），第三位是不敢去愛的桑弧（1916—2004）。說到最長情的是桑弧，在 2004 年他因病離世，子女在其遺物中找到他保留超過半世紀且從未公開的張愛玲半身照底片，原來這些底片都是桑弧在上世紀四十年代在張愛玲的香閨常德公寓拍下的，竟保留至今，可知其內心對她的愛慕多深！

張愛玲和桑弧不能修成正果結為夫婦的原因，大多人認為源於桑弧對張愛玲的愛只埋藏在其內心深處，而張愛玲卻有那份擔心自己其實不值得被愛的恐懼，最後兩人有緣無分。在 1947 年上海有一部電影《不了情》，由桑孤執導，文華影片公司製作，主角為銀幕情侶陳燕燕及劉瓊，於上海的皇后、金城、金都、國際四大影院同時獻映。由於劇情吸引，深受觀眾歡迎，結果票房叫好又叫座！至於誰是這部電影的編劇，答案就是張愛玲。

《不了情》是文華公司成立後拍攝的第一部影片。一個有身分、有地位而對人生產生了倦意的中年男子，鍾情於一個卑微貧寒的女子，這是張愛玲所熟悉的荷里活電影中曾經出現的故事情節。《不了情》是張愛玲首次嘗試編寫電影劇本，1946 年 12 月 26 日至 1947 年 1 月 12 日，在短短半個月期間，她把這個劇本一揮而就，稍作修改後於 1947 年 2 月 6 日由桑弧執導開拍，至 3 月 22 日停機殺青。同年 4 月初，《不了情》在上海公映，被譽為「勝利以後國產影片最適合觀眾理想之巨片」。張愛玲和導演桑弧首次合作《不了情》過程相當愉快，後來張愛玲又根據《不了情》的電影劇本改寫成長篇小說《多少恨》。

張愛玲的「文」，加上桑弧的「武」，兩人很快成為銀幕上的最佳拍擋。女人或許總是在對一類男人失望後，轉而喜歡上另一類男人吧，張愛玲便是一個好例子。正如與胡蘭成相比，桑弧完全是另一類人。桑弧性格內向，寡言多行，張愛玲在與桑弧合作了《不了情》後，二人很快互相傾慕，但是張愛玲對此卻憂慮重重，她自覺自己配不上桑弧，因為桑弧還沒有婚配，自己卻已經有過兩段失敗的婚姻。

1950 年初起，張愛玲在上海《亦報》以筆名「梁京」連載長篇小說《十八春》，翌年十一月發行小說單行本。梁京這個筆名是桑弧替張愛玲改取的，而桑弧曾用「叔紅」這個筆名，懷着深情的調子寫了一篇〈推薦梁京的小說〉，讚賞「梁京」文章的進步。

桑弧對張愛玲的愛埋藏於心底，在一起相處的日子，他談到的也只是電影的話題及劇本的內容，情與愛的事情不易表露。桑弧對愛情不是一個勇敢的人，比起胡蘭成，他對愛的表達就懦弱許多。張愛玲心底裏愛不愛桑弧？在張愛玲所著的《小團圓》裏，便可知一二，她寫下「雨聲潺潺，像住在溪邊。寧願天天下雨，以為你是因為下雨不來。」九莉便是張愛玲的化身，句子中的你就是燕山，即是桑弧。

年青時期的桑弧。

1940 年代，桑弧身在張愛玲的香閨，為她拍下的精美半身照，收藏超過半世紀。

與寶島的緣分

張愛玲一生中曾三度到訪香港，分別於 1939 至 1942 年、1952 至 1955 年和 1961 至 1962 年。頭兩次分別為求學及工作，至於最後一次來港，張愛玲有兩個目的[4]：

1. 因為長途編劇不方便，和宋淇面對面傾談比較省力。
2. 有兩個想寫的故事背景在東南亞，沒見過就沒法寫，在香港住過一年光景，希望能有機會去看看。

張愛玲前兩次與最後那次所乘的交通工具截然不同，她不是乘船，亦不是坐火車，而是搭飛機。根據張愛玲於 1961 年 9 月 12 日夜間在美國寫給摯友鄺文美的信中，提到她將於 10 月 3 日夜乘一家較便宜的美國海外航空公司（United States Overseas Airline，USOA）來港，飛機在啟德機場降落，因她聽聞香港旅館非常擠擁，

4 據張愛玲於 1961 年 9 月 12 日夜間在美國寫給摯友鄺文美的信件內容。

所以打算到埗後在宋淇夫婦所住的加多利山不遠的地方，找個房間租住下來，而旅館只預備住數天，即使環境髒一點及貴一點也沒關係，並請鄺文美代為留意及安排。

不可靠的航空公司

11 天後即 9 月 23 日，張愛玲在美再次寫信給鄺文美，內容提及：「飛機是 10 月 3 日（星期二）夜離三藩市，幾時抵港，昨天打電話到那小航空公司去問，不得要領，今天跑去問過，星期五下午 4 時 3 刻才到香港。途經 Guam（關島）、Wake Island（威克島）、Okinawa（沖繩），又因 international dateline（國際換日線）失去一天，路上要兩天之久。他們的時間表完全靠不住，你們千萬不要來接，白等一天半天，徒然使我負疚。」

從以上信件的描述，可知 USOA 提供的服務，實令張愛玲失望，其航班時間表完全不可靠。筆者翻查該間航空公司的歷史，得知它於 1946 年在美國成立，開始時以道格拉斯的四引擎 DC-4 客機為主，欲在雄霸航空市場的汎美（PanAm）分一杯羹。該航空公司機隊於五、六十年代改以道格拉斯的四引擎 DC-6B 客機，載客量百多人，巡航速度每小時超過 500 千米，但航程不足 4850 千米。根據 USOA 的航班資料，客機提供的飛航服務從美國往來歐洲、亞洲、非洲、夏威夷、印度、南美等地，並以廉價收費來吸引旅客乘搭，事實上，公司不能長期維持其運作成本，再加上經常因航班延誤或改期甚至取消，收到不少乘客投訴，USOA 終在 1964 年因財務困難而停止營運。

停留台灣

到了 10 月 2 日，USOA 突然間改了航班時間表，延長至每兩星期一次到港，張愛玲三度寫信給鄺文美。她在信中提及 USOA 因入秋後生意低迷，10 月 3 日班機延遲至 10 月 10 日起飛，同時她為了節省一百多塊錢，買了十日的機票，但這班飛機需在台停留，張愛玲索性逗留台灣，想到台中或台南近土人的村鎮住兩星期，看看土人與小城生活。在信中她提到有兩個非看不可的地方，台灣就是其一，因為她對張學良的故事感興趣，而張學良自 1949 年後一直在台灣被軟禁，直到晚年才逐漸恢復自由。

張愛玲到了台灣，因記起欣賞的年輕作家王禎和在《現代文學》上發表的小說〈鬼．北風．人〉，對其筆下的台灣傳統鄉鎮感興趣，於是請他為嚮導帶她遊覽花蓮，在 10 月 15 日於花蓮的「金茂照相館」拍下一張重要的合照，照中人為王禎和、張愛玲、王禎和之母蘇招治。因這次台灣、香港之旅，張愛玲在 1963 年 3 月 28 日於美國雜誌《*The Reporter*》發表了一篇英文遊記〈*A Return To The Frontier*〉，在當時台灣文學界，引起了極大的迴響。2007 年 11 月，張愛玲的遺產繼承人宋以朗先生從家裏的張愛玲遺物中，發現了一篇極為珍貴的文稿——《重訪邊城》，那是根據張愛玲於 1961 年在台灣和香港的短期旅遊經歷，所寫的完整遊記。讓人驚訝的是，《重訪邊城》不是從英文版〈*A Return To The Frontier*〉直接翻譯，而是張愛玲重新寫過的版本。以下是節錄於《重訪邊城》的美文佳句：

我以前沒到過台灣，但是珍珠港事變後從香港回上海，乘的日本船因為躲避轟炸，航線彎彎扭扭的路過南台灣，不靠岸，遠遠的只看見個山。是一個初夏輕陰的下午，淺翠綠的欹斜秀削的山峰映在雪白的天上，近山腳沒入白霧中。像古畫的青綠山水，不過紙張沒有泛黃。倚在船舷上還有兩三個乘客，都輕聲呼朋喚友來看，不知道為甚麼不敢大聲。我站在那裏一動都不動，沒敢走開一步，怕錯過了，知道這輩子不會再看見更美的風景了。當然也許有更美的，不過在中國人看來總不如——沒這麼像國畫。

我學生時代的香港，自從港戰後回上海，廢學十年，那年再回去，倒還沒怎麼改變，不過校園後面小山上的樹長高了，中間一條磚砌小徑通向舊時的半山女生宿舍，比例不同了，也有點「面熟陌生」。………這次別後不到十年，香港到處在拆建，郵筒半埋在土裏也還照常收件。造出來都是白色大廈，與非洲中東海洋洲任何新興都市沒甚麼分別。偶有別出心裁的，抽屜式洋台淡橙色與米黃相間，用色膽怯得使人覺得建築師與畫家真是老死不相往來的兩族。

台灣與香港，在張愛玲眼中皆屬「邊城」，透過她的眼睛，我們彷彿穿越時光，看見了一個煥發着奇特生命力的台灣，以及舊時香港色香味俱全的尋常生活。如果不是美國海外航空公司突然延遲航班，張愛玲應可直飛香港，不會在台灣停留，更不會在台會見了王禎和、白先勇、王文興和陳若曦等人，而在台灣花蓮唯一與王禎和的世紀合照也不會出現。張愛玲能夠唯一一次到這邊城，相信都是她與寶島的緣分！

2008 年 4 月，皇冠雜誌第 650 期 (2008/04) 出版，封面彩圖是著名畫家也是電影導演高山嵐的作品，圖左上印有「張愛玲 最新發現珍貴文稿 重訪邊城」字眼。

2008 年《重訪邊城》出版。

Roland Soong
August 24, 2008
!!!

發掘〈重訪邊城〉的過程

宋以朗◎文

〈重訪邊城〉是怎麼樣發掘出來的？這件事是我經手的。

首先，我要介紹自己。我的名字是宋以朗，我是宋淇（林以亮）和鄺文美的兒子。根據我家裡人說，我父母與張愛玲早在五〇年代結交好友。當時我年紀太小，所以我沒有任何回憶。在一九六一年秋天，張愛玲先訪台灣，再到香港。在香港期間，有幾個星期，張愛玲是住在我們家裡的，我記憶中的張愛玲，是一個高高的貴雅的上海女士。一九六八年，我放洋讀書，其後定居美國東岸，從此沒再見過張愛玲。

一九九五年，張愛玲過世，我父母告訴我，張愛玲留了遺囑，將所有財產贈予他倆。當時我也沒有多想；一九九六年，我父親過世。二〇〇二年十二月，我母親中風。二〇〇三年一月，我返回香港長期照顧母親。

回香港後，我發現家裡面有一箱箱的張愛玲資料，包括書信、文稿、日常觀察、語錄、簽語、證件等等。但那些資料沒有經過整理，所以我也不大明瞭內容情況。

二〇〇七年，李安的電影『色，戒』上映，我這才重新閱讀家裡的張愛玲資料，找出有關〈色，戒〉的部份，並提供給媒體發表，我也因此逐漸明瞭張愛玲資料的大致狀況。這期間，香港大學要求提供有關『張愛玲，〈色，戒〉與香港大學』的資料，當時我從一堆三十四頁非常混亂的資料中，才找出一頁描述香港大學校園的資料。

二〇〇七年十一月，母親逝世，我開始正式細心整理張愛玲的資料。當我重新閱讀那份三十四頁稿子的時候，我發現它其實是一篇完整

92

皇冠雜誌第 650 期發行於 2008 年 4 月，刊有張愛玲遺產繼承人宋以朗撰文《發掘〈重訪邊城〉的過程》，右上角見有宋以朗的英文簽名及日期。

美國海外航空公司 (United States Overseas Airline, USOA) 旗下的四引擎 DC-6B 客機及飛行路線圖。張愛玲原計劃在 1961 年 10 月 3 日晚乘搭美國海外航空公司 DC-6B 班機，由三藩市出發飛往香港，但 USOA 突然改了航班時間表，來港班機改為 10 月 10 日，張愛玲為了節省費用，買了十日期的機票，但飛機需在台停留。

美國海外航空公司（USOA）選用 DC-6B 四引擎客機，機票價錢比市場低來吸引顧客，飛行航點包括洛杉機、紐約、三藩市、加州、夏威夷、邁阿密、芝加哥、底特律等，而威克島、關島及沖繩三處地方更可連接其他航空公司班機來往東京、香港、台北、曼谷及馬尼拉。

Burbank: 2627 North Hollywood Way	Triangle	7-0179
Chicago: 7 West Washington Street	Andover	3-0700
Chicago: Midway Airport	Reliance	5-1020
Detroit: 505 Park Ave.	Woodward	1-9833
Guam: Agana, P.O. Box 1025		42-5134
Hong Kong: c/o Foshing Airlines		2-0502
Honolulu: 2429 Kalakaua Ave		939-844
Honolulu: Airport		812-144
La Guardia: Marine Terminal	Hickory	6-6400
Los Angeles: 624 South Hill Street	Madison	7-0711
Miami Beach: 1441 Collins Ave.	Jefferson	2-3338
Miami: International Airport	Newton	4-2639
New York: 142 West 42nd Street	Judson	2-6400
Oakland: Municipal Airport	Templebar	4-2121
Okinawa: Naha, P.O. Box 424		87-1376
San Diego: 415 West Broadway	Belmont	4-8468
Taipei: c/o Foshing Airlines		4-4451
Wildwood, N. J.: Box 234	Wildwood	2-7716

REFUND COUPON

(Not to be filled out and not valid if ticket is issued against a Government Transportation Request or Warrant or other credit contract.)

Subject to the tariffs, rules and regulations of the Carriers and to all applicable laws and governmental regulations, refund will be made only to the passenger, unless another person shall have been designated below as Refund Payee, and in that event only to such Refund Payee; and in any case only upon surrender of the Passenger Coupon, all unused Flight Coupons and Excess Baggage Tickets.

____
(Refund Payee)

____
Signature of Passenger or Purchaser

FLIGHT CHECK IN

Please check in at the Airport Ticket Counter one hour prior to the scheduled departure time of your flight. Failure to do so will subject your reservations to cancellation.

YOU MUST RECONFIRM

To insure your return reservation, reconfirm your return flight within 24 hours after you arrive by telephoning office nearest you. Failure to comply will make your return reservation subject to cancellation.

上世紀五十至六十年代美國海外航空公司手寫舊機票（正及背面）。

第二次踏足香港

經羅湖橋

1952 年 7 月，張愛玲為了繼續因港戰而中斷的學業，隻身離開上海，搭火車南下經廣州至羅湖過關，這是她人生第二次踏足香港。張愛玲在其帶有自傳色彩的小說《浮花浪蕊》中，描寫了她這次南下的經過，並借故事中的人物來告訴讀者，當年從上海到香港的漂泊歲月，刻畫了期間的無奈與悵惘，至後來赴美的因由。她在《浮花浪蕊》裏提及羅湖橋及過關出境的過程，內文精彩，令人印象深刻。

羅湖的橋也有屋頂，粗糙的木板牆上，隔一截路挖出一隻小窗洞，開在一人高之上，使人看不見外面，因陋就簡現搭的。大概屋頂與地板是原有的，漆暗紅褐色。細窄橫條橋板，幾十年來快磨白了，溫潤的舊木略有彈性，她拎着兩隻笨重的皮箱，一步一磕一碰，心慌意亂中也像是踩着一軟一軟。橋身寬，屋頂又高，屋樑上隔老遠才安着個小電燈，又沒多少天光漏進來，暗昏昏的走着也沒數，不可能是這麼個長橋——不過是邊界上一條小河——還是小湖？羅湖。

橋堍有一羣挑夫守候着。過了橋就是出境了，但是她那腳夫顯然認為還不夠安全，忽然撒腿飛奔起來，倒嚇了她一大跳，以為碰上了路劫，也只好跟着跑，緊追不捨。是個小老頭子，竟一手捉着兩隻箱子，一手攜着扁擔，狂奔穿過一大片野地，半禿的綠茵起伏，露出香港的乾紅土來……。

1911 年，粵港雙方官員在羅湖橋上主持接軌儀式。

1950 年代，深圳車站內設有九龍海關旅客檢查站。

1950 年代，回鄉人士拿着重重行李步過羅湖橋，鄭中建攝。

上世紀七十年代，位於深圳河之上的羅湖橋。

張愛玲透過其小說《浮花浪蕊》，描述羅湖橋及過關出境的過程。圖為 1978 年 7 月皇冠雜誌上《浮花浪蕊》的插圖，由胡澤民畫。

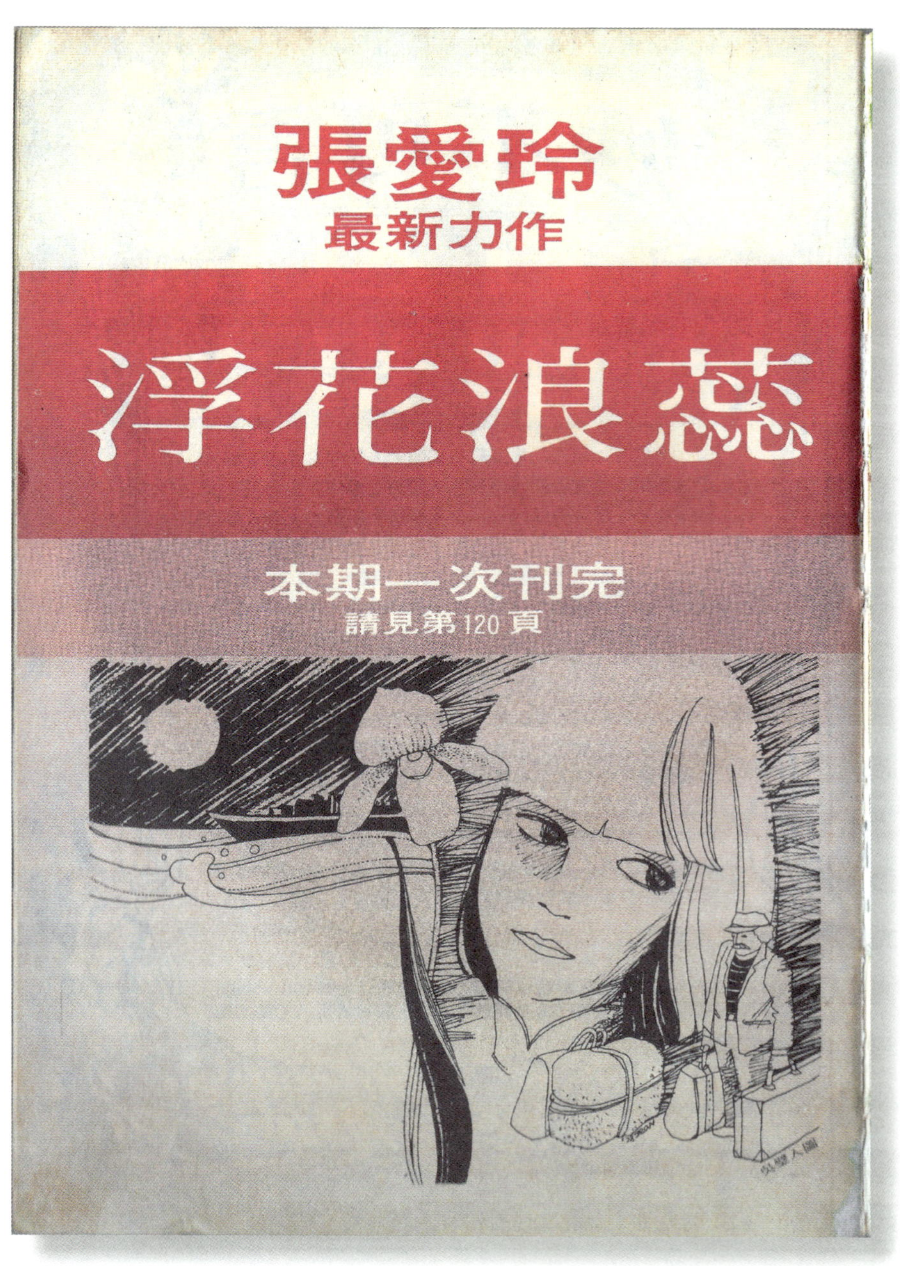

張愛玲小說《浮花浪蕊》首次發表於 1978 年 7 月皇冠雜誌 293 第 49 券第 5 期。圖為《浮花浪蕊》的宣傳廣告，插畫由吳璧人畫。

翻譯《老人與海》

張愛玲到達香港後返回港大，辦理因戰爭被中斷的課程註冊。期間她在報章上看到一則由美國新聞處刊登的招聘廣告，原來他們正需要一名翻譯好手，以翻譯於 1952 年 9 月在美國發行的海明威最新中篇小說《老人與海》。張愛玲為了日後的生活開支，能有一份臨時工作及收入對她來說非常重要，她隨即投了簡歷申請，靜待佳音。

張愛玲很快收到美新處的面試通知，接見她的有素未謀面、在美新處譯書部工作的宋淇，以及美新處文化部主任 Richard M. McCarthy（麥君）。由於張愛玲英文得體，說英語時富有英國腔調，深受宋淇及麥君欣賞，最後決定交由張愛玲翻譯《老人與海》。張愛玲於 1952 年 9 月至 11 月期間翻譯《老人與海》，她花了短短二個多月時間便完成了該譯作，《老人與海》中譯初版本於同年 12 月推出，全書正文 105 頁，小 32 開本，譯者署名「范思平」（張愛玲筆名），由香港中一世版社出版。

根據宋淇於 1991 年 6 月 20 日寫給皇冠出版社編輯方麗婉的信中[5]，提到他結識張愛玲及選定由她翻譯《老人與海》的經過如下：

> 我入美新處譯書部任職，係受特殊禮聘，講明自 1951 年起為期一年，當時和文化部主任 Richard M. McCarthy（麥君）合作整頓了無生氣的譯書部（五年一本書沒出）。⋯⋯不久接到華盛頓新聞總署來電通知

5 宋以朗主编：《張愛玲私語錄》（香港：皇冠出版社，2010 年 7 月初版一刷）。

取得海明威《老人與海》中文版權，他和我商量如何處理。我們同意一定要隆重其事，遂登報公開徵求翻譯人選，應徵的人不計其數，最後名單上赫然為張愛玲。我們約她來談話，印象深刻，英文有英國腔，說得很慢，很得體，遂決定交由她翻譯。其時愛玲正在用英文寫《秧歌》，她拿了幾章來，麥君大為心折，催她早日完稿，並代她在美物色到一位女經紀，很快找到大出版商 Scribner 接受出版，大家都為她高興。

遠赴東京

1952 年 11 月，張愛玲離港，遠赴日本東京找其好友炎櫻。1966 年 5 月 7 日張愛玲寄信給夏志清提到了這趟旅程：

讀了不到一學期，因為炎櫻在日本，我有機會到日本去，以為是赴美捷徑，匆匆寫信給 Registrar's Office 辭掉獎學金，不知道這份獎學金還在開會討論，老教授替我力爭，然後發現人已不在，大怒之下，我三個月後回港道歉也沒用。

張愛玲於 1966 年 6 月 4 日致美京英國大使館的一封信中，提及她在 1952 年 11 月赴日本謀職未果，但在香港的美國新聞處找到一份翻譯的工作，於是她在 1953 年 2 月回港。從中可以得知張愛玲翻譯的《老人與海》初版本在香港面世時，她本人不在香港，而在日本東京。1953 年 2 月張愛玲返回香港，入住香港基督教女青年會，由於她沒有說明位置，只能根據女青年會在網上提供的以下地址來推斷：

1. 般含道 38 號 C
2. 北角英皇道 429 號
3. 中環都爹利街 11 號律敦行
4. 中環麥當勞道 1 號
5. 其他女青年會

基於張愛玲曾入讀香港大學，相信她對港大附近的般咸道比較熟悉，她選擇入住般含道 38 號 C 女青年會的機會估計是最大。雖然張愛玲低調地住在這女青年會埋首寫作，但後來身分泄露，她託摯友宋淇夫婦在他們北角的家附近的一條橫街租了一間斗室暫住，正如張愛玲《對照記 —— 看老照相簿》所寫，她於 1954 年在北角英皇道居住，街角有一家「蘭心照相館」，後來根據宋以朗憶述他當時傭人所指，張愛玲應該是住在蘭心附近的英皇道 400 多號。

宋淇在《私語張愛玲》提及：「這房間陳設異常簡陋，最妙的是連作家必備的書桌也沒有，以致她只能拘束地在牀側的小几上寫稿。說她家徒四壁並非過甚其詞。她一直認為身外之物都是累贅，妨礙一個人生活的自由。」據張愛玲的《連環套》小說中寫有英皇道的形容：「霓喜沒奈何，在英皇道看了一間房，地段既荒涼，兼又是與人合住，極是狹隘腌臢的去處，落到那裏去，頓時低了身分，終年也見不着一個整齊上流人，再想個翻身的日子，可就難了。」

從繼園山到加多利山

有人說張愛玲曾居於北角繼園街「輝濃臺」，其實是個美麗的誤會，宋以朗曾提及當時他家在繼園街大斜路轉角第一幢，其家裏的工人常「下山」送飯到張愛玲家，往返需時，若住在今輝濃臺應是「上山」。為甚麼有這誤會出現？源於張愛玲的一張籤文，當時宋淇收藏了一本牙牌籤書，張愛玲每逢出書、出門、求吉凶都每次借牙牌籤書問卦，宋淇太太鄺文美都會用墨水筆寫上問題及籤文，偶有批注。曾有一籤文寫了「問應否來港？」，而批注寫上「雨中搬去輝濃台」，其實搬家的不是張愛玲而是指宋淇一家。

繼園山

上世紀四十年代，廣東陸軍上將「南天王」陳濟棠的兄長陳維周，亦是現代香港著名教育家陳樹渠之父，舉家來港定居後，把大塊北角土地買來，興建私人大宅「繼園」，參照中國的傳統紅牆綠瓦設有亭台樓閣，景緻迷人。作家司馬長風、京劇演員孟小冬及戲劇家宋春舫之子宋淇等曾經居於繼園街一帶地方，司馬長風在其散文集提到：「繼園的建築非常別致，外形四四方方，像一座中古歐洲的城堡，可是四角的綠瓦飛簷，以及鑲有汗白玉，欄杆的迴廊，紅磚砌成的圍牆，則又純粹是中國風。」

北角又稱小上海，在五十年代聚居了不少上海政商及文藝等人，宋淇一家都是上海人，在 1949 年帶着女傭從上海來香港。根據宋以朗著的《宋淇傳奇 —— 從宋春舫到張愛玲》得知，宋淇一家抵達香港後，即租住在半山寶雲道，家裏放有由上海老家搬來的扭條花鐵餐桌，並運來一架美國大房車。可是宋淇到港後不久，他的財產化為烏有，原來他的積蓄存進了同鄉開辦的四海銀行，但他的同鄉竟虧空公款，所有的積蓄便付諸流水。

宋淇由於失去儲蓄，再沒有能力租住半山的房子，只好搬到較多上海人居住的北角區繼園山，選擇了「繼園臺」居住。宋以朗在 2018 年一次訪問中，透露對於張愛玲在北角繼園山的印象，宋以朗坦言記憶不多，但就從他以前家中傭人，以及爸爸媽媽與張愛玲的書信等，了解她更多。不少人都認為張愛玲有住在繼園山，即是宋淇一家那處，其實不然。宋以朗親自解畫：「我在繼園山的家有五間房，我、父母、姐姐、外婆各佔一間，第五間騰出來的，初初由我爸爸在北京的同學徐誠斌（後來成為天主教香港教區首任華人主教）暫住，之後就輪到予我的三叔宋希。當時，如果房間空了出來，我爸爸媽媽都應該很樂意請愛玲來住。」

廣東陸軍上將陳濟棠的兄長陳維周，在上世紀四十年代於北角興建一座傳統三進庭院大宅建築「繼園」，直至七十年代被拆卸並改建成私人樓宇。

司馬長風在其散文集提到北角「繼園」:「繼園的建築非常別致，外形四四方方，像一座中古歐洲的城堡，可是四角的綠瓦飛簷，以及鑲有汗白玉，欄杆的迴廊，紅磚砌成的圍牆，則又純粹是中國風。」

圖中六層高的建築物，是位於繼園街的輝濃臺，右下可見塗上紅底白字的該樓宇名稱的金屬牌。

1957 年，由知名建築師任冠生設計的繼園街 60 至 74 號唐樓群建成，揉合摩登流線型建築及包浩斯風格，沿長命斜而上，基座為店鋪，樓上為住宅，圓角設計，外型仿如遊輪，設計特別，成為電影取景及打卡勝地，可惜於 2021 年被拆卸。

筆者身處北角繼園街，手持印有張愛玲叉腰照為封面的《號外》雜誌，左手指向印上繼園街的路牌，照片攝於 2020 年。

加多利山

由於繼園臺大宅日漸殘舊，再住下去很快變危樓，宋家最後於七十年代遷往九龍加多利山山景大樓三樓租住，一處非常鄰近宋鄺文美於同座二樓的美國新聞處美國之音辦公室。1978 年，宋家所住的單位業主恐怕會受到內地文化革命的牽連，決定盡快賣樓套現，宋淇看準這次機會，以低過市價買下這個單位，一直持有至今天。

1961 年 10 月，張愛玲第三次來港，目的是在香港探索創作素材，在旺角花墟附近租了一間斗室，從宋淇家步行過去只需幾分鐘。後來她返美前退了租，卻發現還有電影劇本未寫好，便到宋淇加多利山家借宿兩星期。只有 12 歲的宋以朗才首度見到這位大作家，他聽從父母要求讓出睡房給張愛玲，自己暫住在客廳，張愛玲住過的房間如今早已改建為廁所，沒變的是窗外的獅子山景色。

根據宋以朗的憶述，張愛玲在宋家借宿兩星期內，整天躲在臥室內，在離開房間吃飯時也非常靜默，她從不挑剔飯菜，胃口也不大，最愛吃的是隔夜麵包。至於外表，她身材高瘦，打扮樸素，衣服都是她自己裁的，宋以朗印象中沒見過她穿旗袍，但記得最清楚的是她深近視而不戴眼鏡，看事物總要俯前。直至 1962 年 3 月，張愛玲返回美國，以後再沒有重臨香港。

九龍嘉道理道 (Kadoorie Avenue) 是加多利山其中一條主要道路，於 1969 年命名，起點由太子道西近加多利大廈至亞皆老街近嘉麗園，沿此路不遠可達嘉道理道 46–48 號山景大樓。

山景大樓位於九龍嘉道理道 46–48 號，圖為大門入口處石柱。

位於九龍嘉道理道的山景大樓，樓高五層，單位共 28 個，於 1972 年入伙。宋家於七十年代由繼園山遷往山景大樓租住，一處鄰近宋鄺文美於同座的美國新聞處美國之音辦公室。

宋淇於 1963 年 1 月 7 日以掛號信件寄往新加坡國際電影懋業有限公司陸運濤拿督 (Dato Loke Wan Tho) ，信封背面留有寄信人宋淇在九龍嘉道理道山景大樓的地址。陸運濤不幸於翌年 6 月 20 日因飛機失事逝於台灣。

張愛玲是書的敵人嗎？

一本由葉靈鳳翻譯的《書的敵人》初版本，著者為英國19世紀藏書家威廉・布列地斯，於2002年由揚智文化事業股份有限公司出版，中文譯稿由生活・讀書・新知三聯書店授權。《書的敵人》是藏書家及愛書家所愛讀的書，作者在書中所列舉有關書的敵人，除了蠹魚（又稱衣魚蟲）、火、水外，還有塵埃，遺忘，僕役，小孩，釘書匠人，甚至藏書家自身在內。但以上種種書的敵人，就沒有現代人所謂「書的天敵——女人」在內，皆因外國不像香港，大部分人的房子不太寬敞，有些更非常狹窄，持家女士終日抱怨家中細小，空間被藏書霸佔，限時限刻要「男藏書家」清理書籍，否則在不被通知下，藏書有機會被掉到街外，男士到發現時已欲哭無淚！

張愛玲一生搬遷無數次，日常家中甚少傢具及雜物，可謂斷捨離之代表，與美籍劇作家費迪南・賴雅（1891—1967）於1956年閃電結婚。賴雅除藏書數千外，身無長物更窮途潦倒，但張愛玲向好友鄺文美提及「這婚姻說不上明智，卻充滿熱情，總之我很快樂和滿意。」

1958年9月22日張愛玲寫信給鄺文美，在尾段提到：「我們十月底離開這裏，在紐約住一星期料理點瑣事，乘飛機到洛杉磯去，趁這機會賣掉 Ferd 存在堆棧裏的幾千本書（大部分是 Americana〔有關美國的書〕），至少夠來回旅費。我這樣反對藏書的人，這也真是人生的諷刺，弄上這麼許多書。你想，以你們的家境，Stephen 買書我尚且搖頭。」從這信中可知道張愛玲除反對自己丈夫賴雅藏書外，對比較富裕的鄺文美的夫君 Stephen（即宋淇）買書亦不贊成。

誰是書的摯友？

張愛玲雖是作家，不喜買書，除反對自己丈夫賴雅藏書外，對她的摯友鄺文美的夫君宋淇買書亦搖頭，至於她是否書的敵人，見仁見智，難有定論。但有一人，視書為友，讀書為樂，藏書為趣，他就是張愛玲的表親，一代藏書家及愛書家葉靈鳳先生。

葉靈鳳（1905—1975）原名葉蘊璞，江蘇南京人，筆名為葉林豐、霜崖、L.F.、白門秋生、臨風、亞靈、秦靜聞、佐木華、雨品巫、柿堂、南村、任訶、任柯、風軒、燕樓等。葉靈鳳不只是一名著名的小說家、散文家、版畫家、歷史研究家，更是一名愛書家及藏書家，亦是一個傳奇的人物，至今他的著作、畫作甚至以往在上海及香港的生活點滴及經過，都成為中港台三地的學者及讀者作研究的對象。

根據葉靈鳳《讀書隨筆》中的一篇〈書痴〉，內文寫有：「讀書是一件樂事，藏書更是一件樂事。但這種樂趣不是人人可以獲到，也不是隨時隨地可以拈來即是的。學問家的讀書，抱着『開卷有益』的野心，估量着書中每一個字的價值而定取捨，這是在購物，不是讀書。版本家的藏書，斤斤較量着版本的格式，藏家印章的有無，他是在收古董，並不是在藏書。至於暴發戶和大腹賈，為了裝點門面，在旦夕之間便坐擁百城，那更是書的敵人了。」

葉靈鳳認為真正的愛書家和藏書家，他必定是一個在廣闊的人生道上嘗遍了哀樂，而後才走入這種狹隘的嗜好以求慰藉的人。他固然重視版本，但不是為了市價；他固然手不釋卷，但不是為了學問。葉靈鳳喜歡買書、讀書、藏書，他的藏書量豐富，古今中外的書本樣樣都有，包括中西美術、西洋文學、史地文物、古典文學、地方誌、民族、民俗風土等。他將書當作友人，將讀書當作和朋友談天說地，為人生樂事，葉靈鳳可被稱為「書的摯友」！

葉靈鳳（1905—1975）原名葉蘊璞，江蘇南京人。

葉靈鳳的《讀書隨筆》復興一版，於 1946 年 3 月由上海雜誌公司發行。

《書的敵人》由藏書家威廉・布列地斯著，葉靈鳳翻譯。

美籍劇作家費迪南・賴雅
(1891—1967)

賴雅的著作 *I Heard Them Sing* 於 1946 年 4 月發行，由美國 Little, Brown and Company 出版社出版。

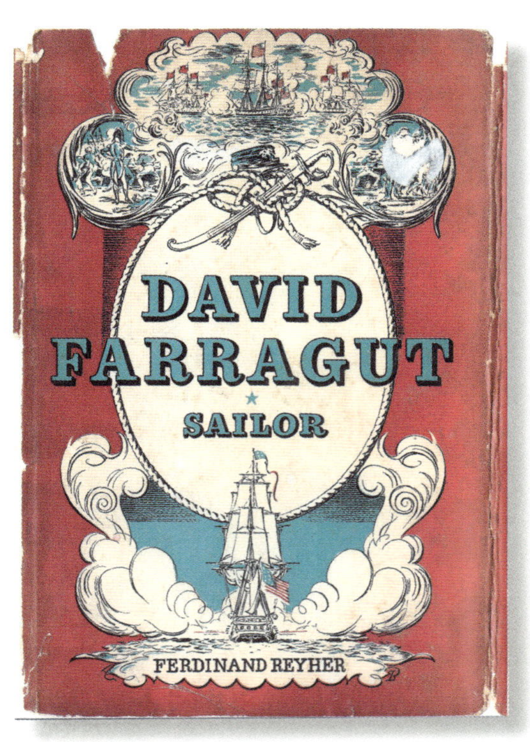

1953 年，作家賴雅發行 David Farragut，Sailor 初版書，圖右可見賴雅的親筆簽名。

to the Ladies of the
Ziegfeld Follies Girls' Club
whose immortal graces
shall still command fame
as long as manly boys
grow into admirals.
With the constant devotion of
the Author,
Ferdinand Reyher
N.Y. 4:24:54

上海張愛玲故居

上海自古除了是十里洋場及紙醉金迷的地方外，更是一處歷史悠久的文化城市。上海有數十處景點被列入全國重點文物保護單位，市級文物保護單位更超過 200 多處，鄰近常德路、淮海中路、武康路、多倫路、思南路、陝西南路等處民居，住了不少文人雅士包括張愛玲、孫中山、宋慶齡、巴金、魯迅、梅蘭芳、豐子愷、張樂平、柯靈、丁玲等，每天訪客絡繹不絕，熱鬧非常！

常德公寓

筆者於 2017 年及 2023 年曾到訪張愛玲的故居「常德公寓」，原名為愛丁頓公寓，又名愛林登公寓，位於靜安區常德路 195 號。它始建於 1933 年，樓高 8 層，出資建造者為意大利籍律師兼房地產商人拉烏爾・斐斯。

張愛玲曾寫道，公寓是絕佳的避世地方，厭倦都市喧囂的人們，時常嚮往寧靜安詳的田園生活，憧憬着有朝一日歸隱山林，養蜂種菜，安享晚年之樂。然而他們不知道生活在鄉間生活，比起生活在公寓，可能會有更多閒言閒語。

在香港山上，只有冬季裏，北風徹夜吹着常青樹，還有一點電車的韻味。長年住在鬧市裏的人大約非得出了城之後才知道他離不了一些甚麼。城裏人的思想一條紋布的幔子，淡淡的白條子便是行馳着的電車——平行的，勻淨的，聲響的河流，汩汩流入下意識裏去。

以上句子出自張愛玲的著名文章《公寓生活記趣》，寫這文章時張愛玲剛從香港返回上海常德公寓，香港及電車成了她的回憶。

建於 1933 年的張愛玲故居「常德公寓」，樓高 8 層，原名為愛丁頓公寓，又名愛林登公寓，位於上海靜安區常德路 195 號。

張愛玲的上海故居「常德公寓」，吸引不少張愛玲愛好者，包括來自香港的喬嫂及喬囡在大門前拍照。

張愛玲故居「常德公寓」，位於上海靜安區常德路 195 號，被上海市人民政府評為優秀歷史建築。圖為在常德公寓的牆身的路牌及不同標誌。

千彩書坊

千彩書坊，位於常德路 195 號常德公寓的地面層，一家集咖啡廳及書店於一身的咖啡書屋，是以張愛玲概念為主題，來書坊的人多半是慕名而來的。沿南京西路方向的那一長排落地玻璃窗戶很是顯眼，大門高位上的招牌「讀書是我的生活方式」，像是向途人說明書坊的定位。經露天咖啡廳推門進入，可見一整排書架引人注目，放着一本本全是張愛玲的小說或散文書籍，牆上掛着多幅畫有張愛玲的油畫及水墨畫，其中一幅是由國家一級美術師丁小方所畫的水墨畫，繪畫出張愛玲雙手叉腰的樣子，活靈活現，畫藝精湛。另外，師從中國美術學院油畫系著名教授崔小冬的女畫家陸毅，她畫的一幅「張愛玲肖像」油畫，受到兩岸三地的張迷喜歡，來到千彩書坊必然「打卡」。在廳中被歲月磨至發亮的皮沙發，書吧播放着老上海的音樂，舊木檯上的花瓶插有的紅玫瑰及白玫瑰，使人沉浸在張愛玲的世界當中，真是此情可待成追憶。

1939 年，張愛玲與母親及姑姑搬入昔日赫德路的常德公寓 5 樓 51 室，同年 8 月，張愛玲離開公寓，前往香港大學攻讀，後於 1942 年中離開淪陷的香港，返回上海常德公寓，但已轉至 65 室居住。張愛玲在常德公寓完成了《傾城之戀》、《封鎖》、《金鎖記》、《心經》、《花凋》、《紅玫瑰與白玫瑰》、《沉香屑 —— 第一爐香》和《沉香屑 —— 第二爐香》等等著作，寫出了她人生大部分最精彩及最重要的作品。1943 年，當時只有 23 歲的張愛玲聲名大噪，在戰爭尚未結束的孤島時期，她很快紅遍上海，是她寫作事業的高峰，獲得人生最輝煌的成績。

張愛玲小說裏的愛情故事，膾炙人口，為人津津樂道，但自己的愛情故事就一直被人議論。常德公寓這處地方，令張愛玲成名，令張愛玲戀愛，更令張愛玲結婚，但最後張愛玲與胡蘭成於 1947 年分手。

常德公寓入口旁的「千彩書坊」，是一家以張愛玲概念為主題的咖啡書屋，除了收藏祖師奶奶出名的著作外，更展示不少著名畫家的作品，吸引不少張迷及愛好者慕名而來。

「千彩書坊」內展示了一幅由國家一級美術師丁小方畫的張愛玲叉腰水墨畫，並題有來自張愛玲短篇小說《花凋》的名句：「笑，全世界便與你同聲笑；哭，你便獨自哭。」

上海出生的著名女畫家陸毅，師從中國美術學院油畫系著名教授崔小冬，她畫的一幅「張愛玲肖像」油畫掛在千彩書坊內作展覽，吸引不少兩岸三地張迷前來「打卡」。

筆者於 2023 年在上海「千彩書坊」留影。

筆者於 2025 年在上海「千彩書坊」留影。

香港建築師建張愛玲故居

一名祖籍蘇格蘭的香港著名建築師甘洺（Eric Cumine，1905—2002），生於上海，後移居本港超過半個世紀，一生設計了不少我們熟悉的建築物，像啟德機場客運大樓、大專會堂、邵氏片場行政樓、富麗華酒店、怡東酒店、希爾頓酒店、廣華醫院、贊育醫院、明德醫院、海港城、北角邨、蘇屋邨及澳門葡京酒店等等，其中他設計的一座上世紀三十年代的著名建築物，成為張愛玲於 1939 年至 1947 年（除了在香港大學就讀期間）的生活起居地方，以及寫作靈感之地，更令她完成人生大部分最精彩及最重要的作品。這個地方位於上海靜安區的一座令世界各地喜歡張愛玲的粉絲及讀者，不管千里迢迢皆前來朝拜及參觀，它正是位於上海常德路 195 號的「常德公寓」。

公寓是最合理想的逃世的地方。厭倦了大都會的人們往往記掛着和平幽靜的鄉村，心心念念盼望着有一天能夠告老歸田，養蜂種菜，享點清福，殊不知在鄉下多買半斤臘肉便要引起許多閒言閒語，而在公寓房子的最上層你就是站在窗前換衣服也不妨事！

以上的描述出自張愛玲的《公寓生活記趣》，可知她認為公寓是最理想的逃世的地方，她舉了一個形象化的例子，像鄉下多買半斤臘肉便要引起許多閒言碎語，而在公寓房子的最上層即使你站在窗前換衣服也不妨事。這是公寓隱私保護方面的好處，即給了個人足夠的私人空間。當張愛玲看待生活隱私卻是打趣的說法，她說：「人類天生愛管閒事……長的是磨難，短的是人生。」她用一顆寬容和接納的心，去接受公寓的一切，也接受俗人的平常生活。

張愛玲喜歡公寓的程度，可從這篇文章的描述得知，從公寓的內部設施，到外部圍繞公寓運轉的人，再到屋頂花園裏的小吵小鬧以及公德心的披露，這些都是生活的瑣事，生活的味道，卻也處處彰顯着不同的人性。張愛玲即使身在喧囂之處，一關上公寓之門，便成為「逃世」之地，不受任何人的打擾。

張愛玲寫這文章時，剛從香港返回上海常德公寓，香港、電車及公寓成了她的回憶。1939 年，張愛玲與母親及姑姑遷入昔日的常德公寓，同年 8 月張愛玲選擇前往香港大學專攻中國文學，後來離開淪陷的香港，返回上海居住於常德公寓。當時僅 23 歲的張愛玲已開始嶄露頭角，在戰爭尚未結束的孤島時期紅遍兩地，是她寫作事業的人生高峰。

常德公寓始建於 1933 年，三年後建成，由著名建築師甘洺設計。常德公寓原名愛丁頓公寓（又名愛林登公寓），位於常德路 195 號，樓高 8 層，為裝飾藝術派（Art Deco）風格，出資建造者為意大利籍律師兼房地產商人拉烏爾・斐斯。建築師甘洺於 1905 年生於上海，自幼受到良好教育，從倫敦的建築學院畢業後，返滬加入其父的克明洋行，後改組為錦名洋行任建築師，於 1936 年完成常德公寓，為具裝飾藝術風格的代表作。1940 年代，甘洺獲聘聖約翰大學建築系教席，後於政權交替之前，南下香港，以甘洺之名開設建築設計所，成為著名的建築師，直至 2002 年因病離世。

筆者於 2025 年 5 月在上海常德公寓大門前留影。

著名建築師甘洛於 1933 年以裝飾藝術派（Art Deco）風格設計常德公寓，出資建造者為意大利籍律師兼房地產商人拉烏爾・斐斯，直至 1936 年建成。

張愛玲曾在常德公寓生活過六年多時間，1939 年張愛玲與母親、姑姑第一次居住在這裏，後來離開公寓前往香港就學，1942 年香港淪陷，她便返回常德公寓與姑姑第二次居住，直至 1947 年 9 月遷出。

天津張愛玲舊居

一座天津城，半部近代史；

一個張愛玲，留名赤峰道。

張愛玲於 1920 年生於上海，其父親張志沂是晚清名臣張佩綸和直隸總督李鴻章的愛女李菊耦之子。當張愛玲祖母過世後，她父親與姑姑跟着兄嫂過活，拘管得十分嚴苛，而遺產被侵吞[6]。直至 1922 年，張志沂與兄分家後，攜全家從上海急急搬到天津，只有兩歲的張愛玲便跟隨父母，一起住在位於「赤峰道 83 號」，一座李鴻章留下來三層高的西式房子。

赤峰道 83 號

赤峰道是中國天津市和平區的一條古舊街道，在 1861 年天津法租界開闢時就被劃入該租界，這裏建有許多洋樓建築，兩側的房

6 張愛玲：《對照記 —— 看老照相簿》（香港：皇冠出版社，1994 年 7 月初版一刷）。

主大多為下野的軍閥及督軍，故赤峰道稱為「督軍街」，其中最著名之一的是俗稱少帥府的「張學良故居」，在其對面不遠的便是「張愛玲故居」。

張愛玲於 1922 年至 1928 年住在天津赤峰道 83 號，渡過了由兩歲至八歲的童年，在她的記憶裏，天津是她的第一個家，亦是她回憶裏最快樂的時光，她的寫作才能亦是在天津萌芽，而在 1939 年於上海《西風》雜誌的徵文比賽中獲得「名譽獎第三名」的一篇創作散文〈天才夢〉，描述的部分內容及場景，皆源於天津家裏。

我三歲時能背誦唐詩。我還記得搖搖擺擺地立在一個滿清遺老的藤椅前朗吟「商女不知亡國恨，隔江猶唱後庭花」，眼看着他的淚珠滾下來。七歲時我寫了第一部小説，一個家庭悲劇。遇到筆畫複雜的字，我常常跑去問廚子怎樣寫。……我僅有的課外讀物是《西遊記》與少量的童話，但我的思想並不為它們所束縛。八歲那年，我嘗試過一篇類似烏托邦的小説，題名《快樂村》。快樂村人是一好戰的高原民族，因克服苗人有功，蒙中國皇帝特許，免徵賦稅，並予自治權。

愛玲故事

現在位於天津的張愛玲故居，不僅是一處歷史建築，還是一處富有愜意生活格調的咖啡廳——「愛玲故事」，更提供駐場專業攝影師拍攝服務，收費優惠，遊客們可以在這裏品嚐飲品，同時感受張愛玲曾經生活過的環境。愛玲故事設有三層及露台，大大的「83 號」掛在門前顯眼奪目，其入口處仍保留的三層梯級及旁邊的矮柱，與兒時梳「冬菇裝」的張愛玲和其弟弟張子靜抱着英國寄來的洋娃娃及玩具狗所拍照的地方一樣。進入地下層是舒適的咖啡廳，牆身掛有數幅具代表性的張愛玲大畫像，包括在香港蘭心照相館所拍的叉腰相及側面相，非常吸引！內部客廳更掛上寫有「梁京先生的家」橫幅的名人墨寶，梁京就是張愛玲的筆名。整體四周放有古色古香的家具、裝飾、老式鋼琴、留聲機、打字機、圓桌椅子等，以及舊式書櫃內的張愛玲著作、紀念品、紅玫瑰、白玫瑰等，保留了民國時期的天津樣貌，盡顯張愛玲童年的一事一物。漫步在故居的每一個角落，彷彿能聽到張愛玲的筆尖在紙上沙沙作響，感受到她對文學的熱愛和對生活的獨特見解。

小時候在天津常吃鴨舌小蘿蔔湯，學會了咬住鴨舌頭根上的一隻小扁骨頭，往外一抽抽出來，像拔鞋拔。與豆大的鴨腦比起來，鴨子真是長舌婦，怪不得它們人矮聲高，「咖咖咖咖」叫得那麼響。湯裏的鴨舌頭淡白色，非常清腴嫩滑。到了上海就沒看過這樣菜。

以上是張愛玲寫的散文〈談吃與畫餅充飢〉，所回憶在天津吃鴨舌小蘿蔔湯的描述，但在她八歲回到上海後就沒有看過甚至吃過，父母離異後更得不到像天津的家庭溫暖。

張愛玲的舊居位於天津赤峰道 83 號，是一座三層高西式的房子。

飯廳掛有「梁京先生的家」橫幅的名人墨寶，梁京就是張愛玲的筆名。

天津張愛玲舊居的原址，現為生活咖啡廳 ——「愛玲故事」。

筆者在天津張愛玲舊居前留影。

現時天津的張愛玲故居，其入口處仍保留的三層梯級及旁邊的矮柱，與兒時的張愛玲和其弟弟張子靜分別抱着的洋娃娃及玩具狗所拍照的地方沒有改變。

天津張愛玲故居吸引不少張迷前來拍照。

筆者的千金穿着孔雀藍色旗袍，在張愛玲天津故居拍照留念。

愛玲愛月亮

月亮自古是文人寄情抒懷的好對象，從嫦娥奔月開始，月亮與愛情結下了不解之緣。出自宋代歐陽修《生查子・元夕》的名句：「月上柳梢頭，人約黃昏後。」短短十字，意境優美，韻味無窮，黃昏時刻，情人約會，溫馨浪漫。月亮亦與思鄉情懷聯在一起，像李白的「牀前明月光，疑是地上霜。舉頭望明月，低頭思故鄉。」但在張愛玲筆下，月亮這個大自然物象，經過其雕琢和潤飾，被賦予了不同的寓意，在其簡單卻強烈的筆觸中，傳達出蒼涼的意識及意蘊。

張愛玲是鍾情月亮的表表者，她喜歡月亮的程度，甚至在其小說經常引用、比喻和描寫。她筆下的月亮是充滿色彩的魅惑，像藍色、蓮子白、銀色、或帶着紅黃的濕暈，像點綴在胸口的那硃砂痣；她的月亮形象更千變萬化，像一塊銅錢、一抹淚珠，或是紅色的月牙。但張愛玲小說中的月亮，不是我們所想的圓滿、光亮和喜悅，而是殘缺、朦朧和傷感。1943 年 11 月至 12 月《雜誌》月刊中，張愛玲首次發表《金鎖記》，以月亮為開篇，亦以月亮來結束，其文如下：

三十年前的月亮

《金鎖記》—1943 年

開篇：「三十年前的上海，一個有月亮的晚上⋯⋯我們也許沒趕上看見三十年前的月亮。年輕的人想着三十年前的月亮該是銅錢大的一個紅黃的濕暈，像朵雲軒信箋上落了一滴淚珠，陳舊而迷糊；老年人回憶中的三十年前的月亮是歡愉的，比眼前的月亮大，圓，白；然而隔着三十年的辛苦路望回看，再好的月色也不免帶點淒涼。」

結尾：「三十年前的月亮早已沉了下去，三十年前的人也死了，然而三十年前的故事還沒完——完不了。」

月亮原形在《金鎖記》小說結尾的重現，使其成為貫穿全篇的主題意象，隨着月亮的「沉了下去」，也結束了曹七巧的命運，同時也增強了故事悲劇的延續與永恆，象徵着整個人生就是一部完不了的悲劇。張愛玲藉着月亮的上升和降落，比喻過去和現在，表現滄海桑田的變化，以及對人生的了解、對生命的追憶，對命運的揭示，意蘊蒼涼，令人感慨。

除《金鎖記》引用月亮且首尾呼應的寫作技巧外，張愛玲在花季少女的時候寫的短篇小說〈牛〉已早運用月的景象。在 1936 年 10 月 20 日，上海聖瑪利亞女校國光會發行的《國光》創刊號上，就讀該校高中三的張愛玲已發表一篇短篇小說〈牛〉，以「黃黃的月亮斜掛在煙囱，薰得月色迷迷濛濛⋯⋯」的前後出現，帶出窮苦農民的悲慘生活，以及小說中小人物命運的絕望與悲苦。主人公祿興為春耕被迫賣掉家中僅有的兩隻母雞，租借鄰居的壯牛，但這頭牛在耕作時突然發狂，牛角刺穿祿興腹部致其身亡，只留下孤苦絕望的祿興娘子。雖然張愛玲寫這篇文章時只有 16 歲，但整篇文章已特別顯出悲涼的命運。

黃黃的月亮

〈牛〉—1936 年

前段：「黃黃的月亮斜掛在茅屋煙囪口上，濕茅草照成一片清冷的白色。煙囪裏正蓬蓬地冒炊煙，薰得月色迷迷濛濛，雞已經關在籠裏了，低低地，吱吱咯咯叫着。茅屋的門半開着，漏出一線橘紅的油燈光，一個高大的人影站在門口把整個的門全塞滿了，那是祿興，叉着腰在吸旱煙，他在想，明天，同樣的晚上，少了雞羣吱吱咯咯的叫聲，該是多麼寂寞的一晚呵！」

結尾：「黃黃的月亮斜掛在煙囪，被炊煙薰得迷迷濛濛，牽牛花在亂墳堆裏張開粉紫的小喇叭，狗尾草蔽蔽地搖着栗色的穗子。展開在祿興娘子前面的生命就是一個漫漫的長夜——缺少了吱吱咯咯的雞聲和祿興的高大的在燈前晃來晃去的影子的晚上，該是多麼寂寞的晚上呵！」

張愛玲有關月亮的其他作品，有以下例子：

肥胸脯的白月亮

《第一爐香》— 1943 年

薇龍向東走，愈走，那月亮愈白，愈晶亮，彷彿是一頭肥胸脯的白鳳凰，棲在路的轉彎處，在樹椏杈裏做了窠。愈走愈覺得月亮就在前頭樹深處，走到了，月亮便沒有了。薇龍站住了歇了一會兒腳，倒有點惘然。再回頭看姑媽的家，依稀還見那黃地紅邊的窗櫺，綠玻璃窗裏映着海色。那巍巍的白房子，蓋着綠色的琉璃瓦，很有點像古代的皇陵。

從你的窗戶裏看月亮

《傾城之戀》— 1943 年

她也聽得見柳原的聲音在那裏心平氣和地說：「流蘇，你的窗子裏看得見月亮麼？」流蘇不知道為甚麼，忽然哽咽起來。淚眼中的月亮大而模糊，銀色的，有着綠的光棱。

牀上忽然有人笑道：「別嚇着了！是我的鞋。」流蘇停了一會，問道：「你來做甚麼？」柳原道：「我一直想從你的窗户裏看月亮。這邊屋裏比那邊看得清楚些。」……那晚上的電話的確是他打來的 —— 不是夢！他愛她。這毒辣的人，他愛她，然而他待她也不過如此！她不由得心寒，撥轉身走到梳妝枱前。十一月尾的纖月，僅僅是一鉤白色，像玻璃窗上的霜花。然而海上畢竟有點月意，映到窗子裏來，那薄薄的光就照亮了鏡子。

黑月亮白月亮

《金鎖記》— 1943 年

隔着玻璃窗望出去，影影綽綽烏雲裏有個月亮，一搭黑，一搭白，像個戲劇化的猙獰的臉譜。一點，一點，月亮緩緩的從雲裏出來了，黑雲底下透出一線炯炯的光，是面具底下的眼睛。天是無底洞的深青色。久已過了午夜了。長安早去睡了，長白打着煙泡，也前仰後合起來。七巧斟了杯濃茶給他，兩人吃着蜜餞糖果，討論着東鄰西舍的隱私。

今天晚上的月亮比哪一天都好，高高的一輪滿月，萬里無雲，像是黑漆的天上一個白太陽。

出名要趁早的藍月亮

《傳奇再版的話》— 1944 年

以前我一直這樣想着：等我的書出版了，我要走到每一個報攤上去看看，我要我最喜歡的藍綠的封面給報攤子上開一扇夜藍的小窗户，人們可以在窗口看月亮，看熱鬧。我要問報販，裝出不相干的樣子：「銷路還好嗎？—— 太貴了，這麼貴，真還有人買嗎？」呵，出名要趁早呀！來得太晚的話，快樂也不那麼痛快。

因為有月

《童言無忌》— 1944 年

有天晚上，在月亮底下，我和一個同學在宿舍的走廊上散步，我十二歲，她比我大幾歲。她說：「我是同你很好的，可是不知道你怎麼樣。」因為有月亮，因為我生來是一個寫小説的人。我鄭重地低低説道：「我是……除了我的母親，就只有你了。」她當時很感動，連我也被自己感動了。

藍影子的月亮

《怨女》— 1966 年

她忽然嚇了一跳，看見自己的臉映在對過房子的玻璃窗裏。就光是一張臉，一個有藍影子的月亮，浮在黑暗的玻璃上。遠看着她仍舊是年輕的，神秘而美麗。她忍不住試着向對過笑笑，招招手。那張臉也向她笑着招手，使她非常害怕。

蓮子似的月亮

《半生緣》— 1968 年

兩個人一個面朝外，一個面朝裏都靠在欄杆上。今天晚上的月亮，稍帶長圓形的，像一顆白淨的蓮子似的月亮，四周白濛濛的發出一圈光暈。人站在陽台上，在電燈影裏，是看不見月色的，只看見曼楨露在外面的一大截子手臂浴在月光中，似乎特別的白。她今天也仍舊穿了件深藍布旗袍，上面罩着一件淡綠的短袖絨線衫，胸前一排綠珠鈕子。

黃色的大月亮

《半生緣》— 1968 年

他們這一段談話完全是煙幕作用。在煙幕下，他握着她的手。兩人都有一種說不出來的感覺。

馬路上的店家大都已經關了門。對過有一個黃色的大月亮，低低地懸在街頭，完全像一盞街燈。今天這月亮特別有人間味。它彷彿是從蒼茫的人海中升起來的。

大半個白月亮

《小團圓》— 2009 年

這洋台不小，但是方方正正的，又甚麼傢具都沒有，粗重的闊條水泥欄杆築得很高，整個幾何式。燈火管制的城市沒甚麼夜景，黑暗的洋台上就是頭上一片天，空洞的紫黝黝微帶鐵鏽氣的天上，高懸着大半個白月亮，裹着一團清光。

皇冠出版社自 1968 年首次出版張愛玲小說《秧歌》，以稻草加上黃月亮配以黃底色為封面，其後的《怨女》、《流言》和《張愛玲短篇小說集》的封面設計亦都以月亮為主，可看出設計師夏祖明知道張愛玲喜愛月亮而特別設計。

北京出版集團公司及北京十月文藝出版社於 2019 年 6 月出版《張愛玲作品全集》(共 15 冊)，每冊封面以不同形狀的月亮設計而成，非常吸引。封面繪畫者署名「巍」。

張愛玲肖像畫

張愛玲自小喜歡繪畫，多次為自己的作品親繪插圖，可見於中學聖瑪利女校畢業年刊《鳳藻》，及後在《雜誌》、《天地》等雜誌繪畫扉頁、插圖，她特別在意自己著作的封面設計。張愛玲多次談到封面的設計包括圖案及色彩含義，視為內容意義的象徵，甚至彷彿是書的序文。

1944 年 8 月 15 日，不足 24 歲的張愛玲首次在滬出版《傳奇》小說集，初版本一經發行便轟動上海文壇，在短短四天就銷售一空，在翌月 15 日再發行第二版，是為《傳奇》再版本，創出當時上海現代文學出版歷史上新的紀錄。1946 年，修訂後的《傳奇》增訂本出版，亦是一紙風行，甚受讀者歡迎。這三次出版的《傳奇》，其三個版本的封面設計很獨特及很不同，但每次都有張愛玲的參與或與好友炎櫻聯手合作。上海學者陳子善教授說過：「在中國現代文學史上，親自設計自己作品封面的作家並不多。魯迅與張愛玲的很多作品都是他們自己親手設計的。」不同版本《傳奇》的封面設計，都表達了她對不同圖文的獨特理解與意念，及表現豐富的文化內涵。張愛玲的《傳奇》初版本，封面由她本人親自設計，以「傳奇張愛玲著」六個隸書大字，配以她母親喜歡的孔雀藍底色，分外吸引！張愛玲在中國漢字中選擇隸書為封面的字體，從中可看出她對隸書的「蠶頭雁尾」、「一波三折」的喜好及欣賞，符合小說的變化及曲折的故事內容，且隸書字體代表舊派及莊重，由書法家、篆刻家鄧散木題字。

《傳奇》初版本除共收錄了張愛玲的中短篇小說十篇：《金鎖記》、《傾城之戀》、《茉莉香片》、《沉香屑 —— 第一爐香》、《沉香屑 —— 第二爐香》、《琉璃瓦》、《心經》、《年青的時候》、《花凋》及《封鎖》，還印有一頁張愛玲留有長而曲髮的側面玉照。張愛玲對發表這初版《傳奇》，在其散文留下個人的回憶：「自己設計的封面就是整個一色的孔雀藍，沒有圖案，只印上黑字。不留半點空白，濃稠得使人窒息。」這份窒息卻顯出一種視窗的效果：「我的書出版了，我要走到每一個報攤上去看看，我要我最喜歡的藍綠的封面給報攤子上開一扇夜藍的小窗戶，人們可以在視窗看月亮，看熱鬧。」

畫家陸毅

一名在上海出生的著名女畫家陸毅，參考《傳奇》初版本張愛玲的玉照，於 2006 年畫下一幅「張愛玲肖像」油畫，掛在上海常德公寓即張愛玲故居一樓的千彩書坊內作展覽，這幅油畫吸引不少兩岸三地張迷及讀者，甚至學者前來「打卡」，彷彿成為拜訪張愛玲故居的印記。「許多台灣、香港、新加坡的訪客，來到上海的第一站就是這裏。」千彩書坊負責人說。

陸毅，上海女畫家，2005 年畢業於華東師範大學藝術學院，獲學士學位；2008 年畢業於中國美術學院油畫系第一工作室，獲碩士學位，師從中國美術學院油畫系教授崔小冬。2006 年 10 月至 2007 年 2 月被中國美術學院派遣，受巴黎國際藝術城邀請作研修，對法國、義大利、德國、荷蘭、西班牙、奧地利等國的美術館進行考察。2009 年成為上海黃埔畫院院士和松江新城油畫院院士，現於上海工作。

陸毅以擅長畫張愛玲而聞名，她了解上海，亦了解上海的女性，更了解海派的文化，將刻劃上海女性視為創作的靈魂。她畫張愛玲筆法獨特，色彩豐富，整體感強，很多作品成為多間藝術機構及收藏家的藏品。著名實力派畫家及中國美術學院油畫系教授崔小冬說：「陸毅人如其畫，上海使她具有一種學院派的端莊，又在端莊裏兼容着靈敏和鮮活。寬容，懷舊，唯美，平靜是海派的精神，這造就了陸毅的繪畫風格，也伴隨着她感知、感悟。願在她的世界裏不受紛擾，從容漫步。」在 2023 年 8 月筆者幸獲上海千彩書坊店長的穿針引線，得到畫家陸毅的信任及割愛，容筆者收藏她的一幅代表作「張愛玲肖像」，真是喜出望外！將來若有機會定會與其他珍藏品一起展覽，以供有興趣的讀者及朋友參觀。

著名上海女畫家陸毅，於 2006 年完成「張愛玲肖像」，才華洋溢。

老年張愛玲。（李志清作品）

跋

擱筆之際，暮色中的香港街頭彷彿還徘徊着那個熟悉的身影。《張愛玲在香港》這三十八篇文章雖已傾盡心力，卻終究未能道盡張愛玲與這座邊城的萬般情緣。那些未及細說的故事，就像她筆下未竟的句子，在時光中靜待續寫。

本書雖已呈現諸多珍稀文獻與藏品，卻仍有遺珠待拾，計劃成為下一新篇。追尋張愛玲的足跡，猶如在維港岸邊拾貝。每當以為已看盡風景，潮汐總會帶來新的驚喜。她筆下的故事如此豐盈，生命的軌跡如此跌宕，而香港這座城市，永遠珍藏觀與她有關的最動人記憶。

畢竟，關於張愛玲這位文壇傳奇，我們永遠都有說不盡的故事，寫不完的篇章。

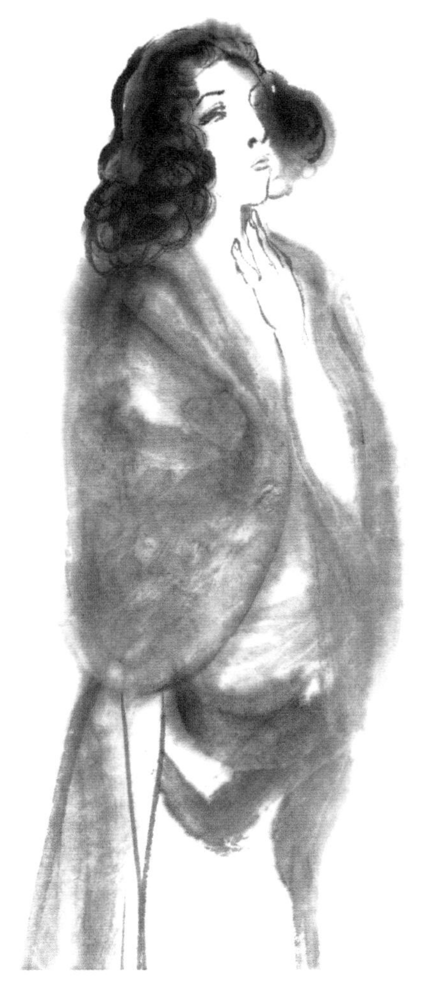

李志清作品

張愛玲大事年表

1920 年

- 9 月 30 日（農曆庚申年八月十九日），張愛玲（原名張煐）在上海出生，生肖屬猴。外太公李鴻章及祖父張佩綸是清末名臣，祖母是李鴻章之長女李菊耦。

1921 年

- 12 月，張愛玲的弟弟張子靜於上海出生。

1922 年

- 張愛玲的父親張志沂（又名張廷重）任天津津浦鐵路局秘書，全家從上海搬到天津 32 號路 61 號大宅（今天津赤峰道 83 號）。

1924 年

- 四歲的張愛玲在私塾學習。同年，張愛玲的姑姑張茂淵赴英國留學，母親黃逸梵（又名黃素瓊）陪同前往，撇下一對子女在家。父親張志沂不務正業，沉迷鴉片，在家裏納小妾。

1928 年

- 張家搬回上海，同年母親黃逸梵和姑姑張茂淵從英國回國，居住在寶隆花園。

1930 年

- 母親黃逸梵將女兒原名張煐改為「張愛玲」，源自英文「Eileen」的譯音。同年，張愛玲的父母離異，母親和姑姑租住法租界白爾登公寓，張愛玲則跟隨父親生活，仍居住在寶隆花園，開始閱讀《紅樓夢》。

1931 年

- 9 月，張愛玲入讀上海白利南路 65 號著名的美國教會女子中學 —— 聖瑪利亞女校（St.Mary's Hall），為初中一年級乙組的學生，在校的英文名字是 Tsang Ai-ling。

1932 年

- 張愛玲在聖瑪利亞女校的年刊《鳳藻》第十二期上，發表了她的處女作〈不幸的她〉短篇小說和首篇以英文寫的散文 *The School Rats Have a Party*（校鼠派對）。

1933 年

- 張愛玲在聖瑪利亞女校的年刊《鳳藻》第十三期上，發表〈遲暮〉和 *Something About Our Lady Moon*（關於我們的月亮女神）。

1935 年

- 張愛玲在聖瑪利亞女校的年刊《鳳藻》第十五期上，發表 *A Dream on the Journey*（書旅一夢）。

1936 年

- 張愛玲在聖瑪利亞女校的年刊《鳳藻》第十六期上，發表〈秋雨〉和 *The Sun Parlor*（太陽房）。同年，張愛玲在上海聖瑪利亞女校《國光》創刊號上，發表名為〈牛〉的散文。

1937 年

- 張愛玲在上海聖瑪利亞女校的年刊《鳳藻》第十七期上，寫下首篇影評〈論卡通畫之前途〉和兩篇英文作品 *Sketches of Some Shepherds*（牧羊者素描）& *My*

Great Expectations（心願）。同年，在《國光》第九期上，發表〈霸王別姬〉。1937 年夏畢業。

- 張愛玲的父親張志沂與民國政府前總理孫寶琦的女兒孫用蕃再婚。之後，張愛玲和繼母不和，曾經因為和繼母吵嘴，遭父親痛打，更被父親鎖在大宅的房間幽禁了半年。

1938 年

- 張愛玲將被幽禁及痛打的痛苦經歷，寫成英文散文 *What a life! What a Girl's Life*! 刊登在《大美晚報》上，成為張愛玲首篇在報刊發表的英文文章。後來張愛玲離家出走，至開納路 195 號開納公寓（今武定西路），投奔生母黃逸梵。
- 美國女作家哈爾賽（Margaret Halsey）出版作品 *With Malice Toward Some*（不對任何人懷惡意）。這部作品後來引起在港大攻讀的張愛玲的注意，決定動筆翻譯。

1939 年

- 張愛玲搬到上海靜安寺路赫德路（今常德路）195 號愛丁頓公寓 5 樓 51 室，又名愛林登公寓（今常德公寓）。後考獲倫敦大學的獎學金，卻因第二次世界大戰爆發，轉讀香港大學文學院。
- 8 月 29 日，張茂淵介紹居港的李開第工程師作張愛玲的監護人，張順利在香港大學註冊，入讀文學院選修中文及英文科。求學期間，結識斯里蘭卡裔女子炎櫻（Fatima Mohideen），成為摯友。
- 張愛玲在香港大學求學期間，投稿於上海《西風》雜誌舉辦的三周年徵文比賽，以一篇〈天才夢〉獲得名譽獎第三名，也是她首次公開發表獲獎的作品。

1940 年

- 《西風》月刊 8 月號第 48 期中，榮獲名譽獎第三名的《天才夢》原文首次刊出。

1941 年

- 6 月，首篇發表的翻譯作品〈謔而虐〉，刊登在《西風》月刊社出版的《西書精華》第六期（民國 30 年夏季號）上。

- 12 月 8 日，日軍侵港，經過 18 天的戰爭，在聖誕節當天香港無條件投降，成為日本佔領地。張愛玲身在香港大學當上臨時防空員及護士。

1942 年

- 香港淪陷後，張愛玲學業中斷，回到上海後轉到聖約翰大學求學，兩個月後因為經濟窘困輟學，轉而賣文為生。當時她從租住的赫德路愛林登公寓 51 室遷至 65 室，與姑母張茂淵為鄰。

1943 年

- 獲得《紫羅蘭》主編、鴛鴦蝴蝶派著名作家周瘦鵑賞識，在《紫羅蘭》上先後發表《沉香屑 —— 第一爐香》和《沉香屑 —— 第二爐香》兩篇中短篇小說。往後在上海最具影響力的雜誌包括《萬象》、《雜誌》、《天地》、《小天地》、《大家》、《新中國報》、《苦竹》、《古今》、《新東方》等等都有她的作品出現。
- 9 月及 10 月，中篇小說《傾城之戀》首次刊登在上海的《雜誌》文學月刊。
- 11 月 10 日，蘇青主編的《天地》第二期上，刊登張愛玲的短篇小說《封鎖》。汪精衛政權宣傳部次長兼作家胡蘭成因看過此文，後與張愛玲相識、交往、相知及相戀。
- 11 月及 12 月，《金鎖記》連載於上海《雜誌》第十二卷第二期及第三期。

1944 年

- 5 月 10 日，上海《雜誌》刊有張愛玲、蘇青及汪麗玲三位作家的玉照，另刊有張愛玲的著名小說《紅玫瑰與白玫瑰》及胡蘭成的〈評張愛玲〉。
- 7 月，胡蘭成與張愛玲舉行簡單婚禮，只有炎櫻和胡蘭成的侄女胡青芸在場。張愛玲在婚書上寫道：「胡蘭成與張愛玲簽訂終身，結為夫婦」；胡蘭成在句子後加上「願使歲月靜好，現世安穩」。
- 8 月 15 日，雜誌社出版張愛玲的小說集《傳奇》初版本，收錄了中短篇小說共 10 篇，包括：《金鎖記》、《傾城之戀》、《茉莉香片》、《沉香屑 —— 第一爐香》、《沉香屑 —— 第二爐香》、《琉璃瓦》、《心經》、《年青的時候》、《花凋》及《封鎖》。《傳奇》初版本創下了四天銷售一空的紀錄。
- 9 月 25 日，雜誌社發行《傳奇》再版本，張愛玲在序言〈再版的話〉中的一句「出名要趁早呀」，成為膾炙人口的名言。

- 10 月，張子靜與友人出版刊物《飆》，張子靜發表散文〈我的姐姐張愛玲〉，張愛玲畫插圖《無國籍的女人》。
- 11 月 1 日，《天地》雜誌第 14 期出版，封面改由張愛玲設計及繪畫，以綠、紅、白三色畫有面向天的菩薩，該期還刊有張愛玲的〈談跳舞〉散文。
- 11 月胡蘭成離開新婚的張愛玲，獨自去武漢辦報。
- 12 月，上海五洲書報社總經售張愛玲首本散文本《流言》，封面由炎櫻設計，書名、繪圖及作者名稱均出自張愛玲手筆。
- 12 月 16 日，編劇張愛玲及導演朱端鈞合作四幕八場話劇《傾城之戀》，在上海新光大戲院上演，連演 80 場。

1945 年

- 8 月 15 日，日本宣佈無條件投降，中國光復，胡蘭成成為國民政府通緝的要犯。胡化名張嘉儀，逃亡到浙江溫州，期間結識女子范秀美，共赴同居。

1946 年

- 2 月，張愛玲從上海至溫州找胡蘭成，失望而回。
- 6 月 15 日，張愛玲以筆名「世民」在上海《今報‧女人圈》副刊發表〈不變的腿〉，連載三天至 6 月 17 日為止。
- 12 月底，以半個月的時間撰寫電影劇本《不了情》。電影由文華影片公司首次發行，桑弧執導。

1947 年

- 4 月 9 日，文華影片公司的處女作《不了情》於上海滬光大戲院試映，大獲好評，被譽為「勝利以後國產影片最適合觀眾理想之巨片」。文華影片公司印刷一批精美的「試映票」贈予傳媒及嘉賓名流，免費入場觀看。
- 6 月 10 日，張愛玲把《不了情》、《太太萬歲》的編劇稿酬共 30 萬元給胡蘭成，與胡正式分手。
- 12 月 3 日，張愛玲在《大公報‧戲劇與電影》發表散文〈〈太太萬歲〉題記〉，引起外界評擊。
- 12 月 14 日，桑弧執導、張愛玲編劇的《太太萬歲》，在上海的四大影院的皇后、金城、金都、國際同日獻映。

1948 年

- 10 月 30 日，環球出版社發行《幸福》第 22 期，主編為汪波（即沈寂），刊有毛姆短篇小說《牌九司務》中文譯文，譯者署名為「霜廬」，即張愛玲。
- 12 月 1 日，以「霜廬」筆名在《春秋》期刊發表毛姆短篇小說《紅》中文譯文。

1949 年

- 4 月 21 日，《哀樂中年》電影於上海首映，電影廣告上指編導為桑孤，演員有石揮、朱嘉琛、沈揚、李浣青及韓非等。《哀樂中年》既有超前的愛情觀，又諷刺了各種守舊觀念，是一套突破時代規範的電影。
- 10 月 1 日，新中國成立，張愛玲留在上海。

1950 年

- 3 月 25 日，以筆名「梁京」在《亦報》連載首部長篇小說《十八春》，1951 年 2 月 11 日連載完畢。

1951 年

- 11 月 4 日，以筆名「梁京」在《亦報》發表中篇小說《小艾》，1952 年 1 月 24 日連載完畢。

1952 年

- 7 月，張愛玲以「繼續因戰事而中斷的學業」，離開中國大陸，重回香港，暫住女青年會。
- 12 月，香港中一出版社發行《老人與海》中譯本初版，譯者為范思平，即張愛玲的筆名。

1953 年

- 張愛玲的父親張志沂在租住的上海江蘇路 285 弄 28 號吳家小客廳去世，終年 57 歲。
- 張愛玲結識畢生摯友鄺文美及宋淇。
- 《今日世界》第 44 期開始連載張愛玲《秧歌》中篇小說。

1954 年

- 1 月，香港天風出版社發行由張愛玲選譯的《愛默森選集》。
- 5 月，中一出版社出版《老人與海》中譯本再版，著者海明威，譯者范思平（即張愛玲）。
- 7 月，今日世界社出版張愛玲《秧歌》單行本。
- 鄺文美陪伴張愛玲到北角英皇道 338 號香港蘭心攝影公司（Lee's Studio）拍照。

1955 年

- 4 月 3 日《紐的時報》刊登了 The Rice Sprout Song 的書評，並選用了張愛玲身穿一件深色的高領及修腰的短襖，雙手叉腰的一張照片作插圖。
- 5 月，中一出版社發行《老人與海》中譯本第三版，作者海明威，譯者張愛玲。書內張愛玲寫有序言，日期註明為 1954 年 11 月。
- 張愛玲乘搭「克利夫蘭總統號」郵輪離港赴美，到碼頭送行的只有鄺文美及宋淇。

1956 年

- 張愛玲居住在新罕布夏州彼得堡的麥克道威爾文藝營（MacDowell Colony），結識 65 歲的左翼劇作家賴雅（Ferdinand Reyher）。
- 張愛玲因懷孕與賴雅閃電結婚，最後選擇墮胎。

1957 年

- 5 月 29 日，《情場如戰場》在香港首映，是張愛玲為國際電影懋業有限公司撰寫的首個電影劇本。1957 年至 1964 年期間，張愛玲為電懋公司共編寫十部劇本，其中八部被拍成電影，包括《情場如戰場》（1957 年）、《人財兩得》（1958 年）、《桃花運》（1959 年）、《六月新娘》（1960 年）、《南北一家親》（1962 年）、《小兒女》（1963 年）、《一曲難忘》（1964 年）、《南北喜相逢》（1964 年）、《紅樓夢》（分上、下集，未有拍成）、《魂歸離恨天》（未有拍成）。

1958 年

- 獲加州韓廷敦哈特福基金會資助半年，在加州專門從事寫作，發表小說《五四遺事》。

1959 年

- 4 月 9 日，張愛玲為《桃花運》編劇的電影正式上映，該戲由岳楓導演，主演有陳厚、劉恩甲、葉楓及王萊等。

1960 年

- 1 月 23 日，星島晚報刊登了由葛蘭主演的《六月新娘》電影廣告，並寫有名女編劇家張愛玲精心傑作及宣傳字句「魯男子失愛得愛，俏新娘拒婚完婚」。
- 7 月，張愛玲成為美國公民。

1961 年

- 10 月 15 日，張愛玲於台灣花蓮的「金茂照相館」與王禎和及其母蘇招治拍下合照。

1962 年

- 7 月，今日世界出版社出版翻譯本《鹿苑長春》，作者 M· 勞林斯，譯文者張愛玲。

1963 年

- 3 月 28 日於美國雜誌《The Reporter》發表英文遊記〈*A Return To The Frontier*〉。

1966 年

- 張愛玲的《怨女》初稿開始在 1966 年 8 月 23 日《星島晚報》第十一版《星晚》上刊登，連載兩個多月，直至同年 10 月 30 日為止。

1967 年

- 5 月，今日世界出版社了由張愛玲、林以亮、於梨華和葉珊翻譯的《美國現代七大小說家》。
- 10 月 8 日，賴雅因病去世。

1968 年

- 旅美期間將《十八春》的內容修改，小說名字改為《惘然記》，至後來定名為《半生緣》，於 3 月至 7 月份《皇冠》雜誌第 168 期至 173 期重新發表。

1969 年

- 張愛玲移居加州舊金山灣區，應陳世驤教授之邀，受聘於伯克利加州大學的中國研究中心、擔任高級研究員。

1971 年

- 陳世驤教授逝世，張愛玲從伯克利加州大學離職。

1972 年

- 1 月，今日世界社出版《老人與海》初版，譯者張愛玲，譯序者李歐梵，封面設計及插圖繪者為蔡浩泉。

1973 年

- 張愛玲定居加州洛杉磯，晚年於寓所深居簡出。

1976 年

- 3 月，香港文化・生活出版社出版張愛玲的散文集《張看》。出版社主持人是詩人戴天，責任編輯是黃俊東。

1977 年

- 8 月，皇冠出版社發行張愛玲的《紅樓夢魘》。
- 12 月，張愛玲的《色，戒》於《皇冠雜誌》發表。

1978 年

- 11 月 27 日，張愛玲撰寫《羊毛出在羊身上 —— 談色戒》，羅列理據反擊署名域外人在《中國時報》的〈不吃辣的怎麼胡得出辣子？—— 評《色，戒》〉，該文刊於台北《中國時報・人間》。

1982 年

- 4 月至翌年 11 月，張愛玲將《海上花列傳》吳語小說翻譯為國語本，命名為《海上花》。

1983 年

- 11 月，皇冠雜誌社出版單行本，題為《海上花》，後來收入《張愛玲全集》。《海上花》分為上下兩冊出版，上冊至第三十二回「諸金花效法受皮鞭，周雙玉定情遺手帕」而止，題為《海上花開 —— 國語海上花列傳 I》，下冊則題為《海上花落 —— 國語海上花列傳 II》。
- 在出版的《惘然記》的序中，張愛玲說明《色，戒》由 1953 年開始動筆，書中收錄的三個小故事，包括《色，戒》都曾經使她震動，因而甘心改寫這麼些年，甚至想起來想到最初獲得材料的驚喜，與改寫的歷程，一點不覺得這期間三十年的時間過去了。

1984 年

- 張愛玲在洛杉磯正準備搬家整理行李時，看到一張自己在香港北角英皇道蘭心照相館拍攝的相片，照片中自己雙手叉腰，照片上的署名與日期剛巧是整整三十年前。不禁自題「悵望卅秋一灑淚，蕭條異代不同時。」

1992 年

- 2 月 14 日，張愛玲在美國立了一份遺囑，在法定公證人與其他三位證人面前宣誓完成，一切依照當地法律。遺囑當中有三項要點：
  第一：去世後，將擁有的所有一切都留給宋淇及鄺文美（宋淇夫婦）。
  第二：遺體立時焚化 —— 不要舉行殯儀館儀式 —— 骨灰撒在荒蕪的地方 —— 如在陸上就在廣闊範圍內分撒。
  第三：委任林式同先生為這份遺囑的執行人。

1994 年

- 7 月，皇冠出版社發行張愛玲生前最後一本著作《對照記》，是她首度披露的自傳式圖文集，書中所羅列的照片，從童年、青年到中年都經過她親自篩選，每張照片並配有張愛玲的說明文字，展現她不同時期的回憶及情感。
- 12 月，台灣《中國時報》授予張愛玲第十七屆文學獎特別成就獎。張愛玲為此寫了《憶〈西風〉 —— 第十七屆〈時報〉文學獎特別成就獎得獎感言》。

1995 年

- 9 月 8 日，張愛玲的房東發現她逝世於洛杉磯家中，終年七十四歲，死因是心血管疾病。遺囑執行人林式同（張愛玲朋友莊信正的大學同學）在《有緣得識張愛玲》裏寫道 :「張愛玲是躺在房裏唯一的一張靠牆的行軍牀上去世的。身下墊着一牀藍灰色的毯子，沒有蓋任何東西，頭朝着房門，臉向外，眼和嘴都閉着，頭髮很短，手和腳都很自然地平放着。她的遺容很安詳，只是出奇的瘦，保暖的日光燈在房東發現時還亮着。」
- 9 月 19 日，林式同遵照張愛玲的遺願，將她的遺體在洛杉機玫瑰崗墓園火化，沒有舉行公開葬禮。
- 9 月 30 日，當天正是張愛玲的 75 歲誕辰，張愛玲的骨灰被撒在太平洋，結束了她傳奇的一生。

參考資料

1. 張愛玲著作

張愛玲 :《不幸的她》，上海聖瑪利亞女校《鳳藻》第 12 期，文瑞印書館，1932 年 6 月。

張愛玲 :《遲暮》，上海聖瑪利亞女校《鳳藻》第 13 期，文瑞印書館，1933 年 6 月。

張愛玲 :《秋雨》，上海聖瑪利亞女校《鳳藻》第 16 期，文瑞印書館，1936 年 6 月。

張愛玲 :《牛》，上海聖瑪利亞女校《國光》創刊號，1936 年。

張愛玲 :《論卡通畫之前途》，上海聖瑪利亞女校《鳳藻》第 17 期，文瑞印書館，1937 年 6 月。

張愛玲 :《霸王別姬》，上海聖瑪利亞女校《國光》，1937 年。

張愛玲 :《天才夢》，西風雜誌第 48 期，上海西風社，1940 年 8 月。

張愛玲 :《謔而虐》，《西書精華》第 6 期，上海西風社，1941 年 6 月。

張愛玲 :《傾城之戀》，《雜誌》9 月號，上海雜誌社，1943 年。

張愛玲 :《必也正名乎》，《雜誌》第 12 卷第 4 期，上海雜誌社，1944 年 1 月。

張愛玲 :《傳奇》初版本，上海雜誌社，1944 年 8 月 15 日。

張愛玲 :《傳奇》再版本，上海雜誌社，1944 年 9 月 25 日。

張愛玲 :《流言》，上海五洲書報社，1944 年 12 月。

張愛玲 :《傳奇》增訂本，上海山河圖書公司，1946 年 11 月。

張愛玲 :《十八春》，筆名梁京，亦報社，1951 年 11 月。

張愛玲 :《老人與海》初版，作者海明威，翻譯范思平，香港中一出版社，1952 年 12 月。

張愛玲：《小鹿》初版，作者瑪喬麗•勞林斯，翻譯張愛玲，香港天風出版社，1953 年 9 月。
張愛玲：《愛默森選集》，作者愛默森，翻譯張愛玲，香港天風出版社，1954 年 1 月。
張愛玲：《老人與海》再版，作者海明威，翻譯范思平，香港中一出版社，1954 年 5 月。
張愛玲：《張愛玲短篇小說集》，香港天風出版社，1954 年 7 月。
張愛玲：《秧歌》初版，香港今日世界社，1954 年 7 月。
張愛玲：《海底長征記》初版，作者比齊，翻譯愛珍，《中南日報》，1954 年 8 月。
張愛玲：《赤地之戀》，香港天風出版社，1954 年 10 月。
張愛玲：《老人與海》第三版，作者海明威，翻譯張愛玲，香港中一出版社，1955 年 5 月。
張愛玲：《鹿苑長春》，作者 M ·勞林斯，翻譯張愛玲，今日世界出版社，1962 年 7 月。
張愛玲：《歐文小說選》，張愛玲、方馨、湯新楣等翻譯，今日世界出版社，1963 年。
張愛玲：《美國現代七大小說家》，翻譯張愛玲、林以亮、於梨華和葉珊譯，今日世界出版社，1967 年 5 月。
張愛玲：《張愛玲短篇小說集》，台北皇冠出版社，1968 年 7 月。
張愛玲：《怨女》初版，皇冠雜誌社，1968 年 7 月。
張愛玲：《半生緣》，皇冠雜誌社，1969 年 3 月。
張愛玲：《老人與海》初版，作者海明威，翻譯張愛玲，今日世界社，1972 年 1 月。
張愛玲：張愛玲短篇小說集之一《傾城之戀》，皇冠出版社，1980 年。
張愛玲：翻譯《睡谷故事 李伯大夢》，作者華盛頓 · 歐文，翻譯張愛玲、方馨。今日世界出版社，1980 年。
張愛玲：《傾城之戀》，蘭嶼出版社，1984 年 2 月。
張愛玲：《傳奇》增訂本，香港山河圖書公司，1985 年。
張愛玲：《傾城之戀》，女神出版社，1985 年。
張愛玲：《老人與海》初版本，作者海明威，翻譯范思平，台灣英文雜誌社，1988 年 6 月。
張愛玲：張愛玲短篇小說集之二《第一爐香》，皇冠出版社，1999 年。

張愛玲：《流言》，陳子善圖文，浙江文藝出版社，2002 年 6 月。
張愛玲：《同學少年都不賤》，皇冠出版社，2004 年 03 月。
張愛玲：《重訪邊城》，皇冠文化出版，2008 年。
張愛玲：張愛玲典藏 08《小團圓》，皇冠出版社，2009 年。
張愛玲：張愛玲典藏 09《雷峰塔》，皇冠出版社，2009 年。
張愛玲：張愛玲典藏 01《傾城之戀》短篇小說集一，皇冠出版社，2010 年。
張愛玲：張愛玲典藏 13《對照記》散文集三，皇冠出版社，2010 年。
張愛玲：《雷峯塔》，皇冠出版社，2010 年。
張愛玲：《老人與海》初版本，作者海明威，翻譯張愛玲，北京十月文藝，2012 年 3 月。
張愛玲：《少帥》，皇冠出版社，2014 年。
張愛玲：〈愛憎表〉，《印刻文學生活誌》，第 12 卷，第 11 期，2016 年 7 月。

2. 報章雜誌

大東書局：《半月》第四卷第二十四號，臨別紀念號，1925 年 12 月。
大東書局：《紫羅蘭》第四卷第十五號，主編周瘦鵑，1930 年 2 月 1 日。
上海西風社：「西風月刊三週年紀念現金百元懸賞徵文啓事」，西風雜誌第 41 期，1940 年 1 月號。
上海西風社：「三週年紀念徵文揭曉」，西風雜誌第第 44 期，1940 年 4 月號。
大東書局：張愛玲《沉香屑 · 第一爐香》，《紫羅蘭》第二期，1943 年 4 月。
大東書局：張愛玲《沉香屑 · 第二爐香》，《紫羅蘭》第六期，1943 年 8 月。
萬象：張愛玲《心經》，《萬象月刊》第三年第三期九月號，1943 年 9 月。
天地出版社：《天地》雜誌創刊號，蘇青主編，1943 年 10 月 10 日。
天地出版社：張愛玲《封鎖》，胡蘭成《言語不通之故》，《天地》第二期，1943 年 11 月。
天地出版社：張愛玲《公寓生活記趣》，《天地》第三期，1943 年 12 月 10 日。
天地出版社：張愛玲《燼餘錄》，《天地》雜誌第五期，1944 年 2 月。
上海雜誌社：張愛玲散文《愛》，《雜誌》四月號，1944 年 4 月 10 日。
天地出版社：張愛玲《童言無忌》，《天地》春季特大號《生育問題特輯》，1944 年 5 月 1 日。

上海雜誌社：張愛玲《紅玫瑰與白玫瑰》，《雜誌》五月號，1944 年 5 月 10 日。
萬象：迅雨《論張愛玲的小說》，《萬象月刊》，1944 年 5 月。
天地出版社：炎櫻《炎櫻語錄》，《小天地》創刊號，1944 年 8 月 10 日。
光化出版社：告白〈張愛玲手札》，《光化》創刊特大號，1944 年 10 月 10 日。
天地出版社：張愛玲封面設計，《天地》第十四期，1944 年 11 月 1 日。
天地出版社：張愛玲《私語》，《天地》第十期，1944 年。
上海雜誌社：胡蘭成《評張愛玲》，《雜誌》五月號，1945 年 5 月 10 日。
上海雜誌社：張愛玲散文《姑姑語錄》，《雜誌》五月號，1945 年 5 月 10 日。
文華影片公司：《不了情》試映票，1947 年 4 月 9 日。
新聞報出版社：《不了情》廣告，《新聞報》，1947 年 4 月 24 日。
山河圖書公司：《不了情》廣告，《大家》創刊號，1947 年 4 月。
浙甌日報出版社：不了情》廣告，《浙甌日報》，1947 年 7 月 5 日。
文華影片公司：張愛玲《太太萬歲題記》，《大公報．戲劇與電影》第 59 期，1947 年 12 月 3 日。
飛報出版社：《張愛玲香閨之祕密》，《飛報》，1947 年 12 月 11 日。
文華影片公司：張愛玲編劇，《太太萬歲》電影本事，1947 年 12 月。
文華影片公司：東方蝃蝀〈張愛玲的風氣〉，《太太萬歲》電影本事，1947 年 12 月。
益世報出版社：《太太萬歲》廣告，《益世報》，1948 年 2 月 26 日。
天津綜合藝術雜誌社：沙易「電影編劇應如何取材 ？ 評《太太萬歲》」，《綜藝》第一卷第五期，1948 年 2 月。
中國電影出版社：《哀樂中年》短文，《電影周報》，1948 年 7 月 24 日。
環球出版社：《牌九司務》，作者毛姆，翻譯霜廬，《幸福》第 22 期，1948 年 10 月 30 日。
春秋雜誌社：《春秋》十一月號及十二月號合刊，1948 年 12 月 1 日。
春秋雜誌社：《紅》，作者毛姆，翻譯霜廬，春秋》11 月號及 112 月號合刊，1948 年 12 月 1 日。
上海潮鋒出版社：《哀樂中年》劇本，編導桑弧，文學者叢刊之七，1949 年 2 月。
上海西風社：張愛玲《天才夢》，三週年紀念得獎徵文選集，1949 年 2 月第十版。
新聞報出版社：《太太萬歲》廣告，《新聞報》，1949 年 3 月 17 日。
解放日報：《哀樂中年》廣告，《解放日報》，1949 年 7 月 8 日。
解放日報：《哀樂中年》電影廣告，1949 年 7 月 10 日。

文華影片公司:《哀樂中年》全部對白本事,編導桑弧,1949 年 7 月。
亦報社:明朗《也談「十八春」》,《亦報》副刊,1950 年 9 月 30 日。
亦報社:梁京《十八春》第十三章(十),《亦報》,1950 年 10 月 1 日。
亦報社:梁京《小艾》(首日刊登),《亦報》副刊,1951 年 11 月 4 日。
亦報社:《十八春》預訂廣告,《亦報》,1951 年 12 月 8 日。
國際電影懋業公司:《情場如戰場》電影本事及拍攝特輯,1957 年 5 月。
明報:簡而清介紹新書《爸爸海明威》(Papa Hemingway),作者 A.E.Hotchner,明報月刊第七期,1966 年 7 月。
皇冠出版社:張愛玲美男子原型,皇冠雜誌 249,1974 年 11 月。
明報出版社:張愛玲「回顧《傾城之戀》」,《明報》,1984 年 8 月 3 日。
台灣聯合報:《哀樂中年》首篇劇本,編者張愛玲,1990 年 9 月 30 日。
台灣聯合報:《哀樂中年》第十六篇劇本,編者張愛玲,1990 年 10 月 16 日。
明報出版社:〈張愛玲不滅的傳奇〉特輯,《明報月刊》,1995 年 10 月號。
聯合文學雜誌社:〈最後的傳奇張愛玲〉特輯,《聯合文學》第 132 期,1995 年 10 月。
近代中國雜誌社:〈永遠的張愛玲〉特輯,《香港筆薈》第五期,1995 年 11 月。
近代中國雜誌社:〈張愛玲在港大〉特輯,《香港筆薈》第八期,1996 年 6 月。
東方電影:《半生緣》的宣傳海報,1997 年 9 月 12 日。
印刻文學生活雜誌社:特選張愛玲作品《南北喜相逢》,印刻文學生活誌第貳卷第壹期,2005 年 9 月。
皇冠出版社:永遠的張愛玲逝世十周年特集,皇冠雜誌,2015 年。

3. 其他作者的文章及著作

張子靜:《我的姐姐張愛玲》,《飆》創刊號,飆出版社,1944 年 10 月。
張子靜、季季著:《我的姐姐張愛玲》,印刻出版社,2005 年 10 月。
夏志清著,劉紹銘等譯:〈第十五章張愛玲〉,《中國現代小說史》,香港友聯出版,1990 年。
夏志清:《張愛玲給我的信件》,聯合文學出版,2013 年。
李歐梵:〈張愛玲筆下的日常生活和「現時感」〉,《蒼涼與世故:張愛玲的啟示》(香港:牛津大學出版社,2006 年。

李歐梵：〈張愛玲與好萊塢電影〉，《張愛玲：文學 · 電影 · 舞台》，香港：牛津大學，2007 年。
王德威：〈女作家的現代鬼話——從張愛玲到蘇偉貞〉，《眾聲喧嘩》，遠流出版，1988 年。
王德威：〈從「海派」到「張派」——張愛玲小說的淵源與傳承〉，麥田出版，1998 年。
王德威：《落地的 · J · 麥子不死》，山東畫報出版社，2004 年 05 月。
王德威：〈雷峰塔下的張愛玲：《雷峰塔》、《易經》，與「迴旋和「衍生」的美學〉，《印刻文學生活誌》86 期，2010 年 10 月。
劉紹銘：《張愛玲的文字世界》，台灣九歌，2007 年。
劉紹銘、梁秉鈞、許子東編：《再讀張愛玲》，香港牛津大學出版社，2002 年。
劉紹銘、梁秉鈞、許子東編：《再讀張愛玲》，牛津大學出版社，2002 年。
劉以鬯：《舊文新編》，天地圖書，2007 年 12 月。
陳子善：《張愛玲叢考》(上、下)，海豚出版社，2015 年。
陳子善：《作別張愛玲》，文匯出版社，1996 年 02 月。
陳子善：說不盡的張愛玲，上海三聯書店，2004 年 06 月。
陳子善：私語張愛玲，浙江文藝出版社，1995 年 11 月。
陳子善：看張及其他，中華書局，2009 年。
陳子善：研讀張愛玲長短錄，九歌出版社有限公司，2010 年。
陳子善：《說不盡的張愛玲》，遠景，2001 年。
陳子善：《張愛玲的風氣：1949 年前張愛玲評說》，山東畫報出版社，2004 年 05 月。陳子善：從魯迅到張愛玲，北京大學出版社，2017 年 07 月。
陳子善：《沉香譚屑 —— 張愛玲生平與創作考釋》，上海書店出版社，2012 年 03 月。
陳子善：《記憶張愛玲》，山東畫報出版社，2006 年 03 月。
陳子善：〈〈炎櫻衣譜〉略考〉，《現代中文學刊》總第 2 期，現代中文學刊雜誌社，2009 年 2 月。
蔡登山：《張愛玲色戒》，作家出版社，2007 年 08 月。
蔡登山：《張愛玲傳奇未完》，雲南人民出版社，2004 年 04 月。
蔡登山：《重看民國人物：從張愛玲到杜月笙》，中華書局，2015 年 05 月。
蔡登山：《臨水照花人《色・戒》中的鄭蘋如與張愛玲》，福建教育，2015 年 06 月。

止庵：《張愛玲全集》，北京十月文藝出版社，2009-2012 年。
止庵：《張愛玲畫話》(與萬燕合著) ，天津社會科學院出版社，2003 年。
止庵：〈女作家盛九莉本事〉，載沈雙編：《零度看張 - 重構張愛玲》，香港中文大學出版社，2010 年。
水晶：《張愛玲的小說藝術》，大地出版社，1990 年。
水晶：《替張愛玲補妝》，山東畫報出版社，2004 年 05 月。
張愛玲 · 宋淇 · 宋鄺文美著：《張愛玲私語錄》，台北皇冠出版公司，2010 年版。
宋以朗：〈《小團圓》前言〉，張愛玲：《小團圓》，皇冠出版公司，2009 年版。
宋以朗：《宋家客廳：從錢鍾書到張愛玲》，陳曉勤整理，花城出版社，2015 年 3 月。
宋以朗、符立中：《張愛玲的文學世界》，北大百年講堂學術會議論文集，2013 年 1 月。
蘇偉貞：《魚往雁還——張愛玲的書信因緣》，允晨文化出版公司，2007 年版。
蘇偉貞：〈生成—書信：張愛玲的創作—演出〉，《東吳中文學報》第 18 期，2009 年 11 月。
蘇偉貞；〈私語雷峰塔——張愛玲的家庭劇場及家庭運動〉，《 淡江中文學報》第 27 期，2012 年 12 月。
蘇偉貞：《魚往雁返：張愛玲的書信因緣》，台灣允晨文化，2007 年 2 月初版。
蘇偉貞：《長鏡頭下的張愛玲》，上海文藝出版社，2012 年。
王梅香：「不為人知的張愛玲：美國新聞處譯書計畫下的《秧歌》與《赤地之戀》」，《歐美研究》第四十五卷第一期 ，2015 年 3 月。
胡蘭成：《今生今世》，遠景與香港「新聞天地」雜誌社，1976 年 7 月。
胡蘭成：《今生今世》，長安出版社，2013 年。
胡蘭成：《山河歲月》，遠景出版社，1975 年 5 月。
桑弧：手稿《交待我在 1952 年前所編劇和導演的影片》，1969 年 2 月 10 日。
林幸謙：《荒野中的女體：張愛玲女性主義批評》，廣西師範大學，2003 年。
林幸謙、卓有瑞、陳啓仙合編：《印象張愛玲》，聯經出版，2012 年 5 月。
司馬新：《張愛玲與賴雅》，大地出版社，1996 年 5 月。
周芬伶：〈張愛玲夢魘—她的六封家書〉，《孔雀藍調》，麥田出版，2005 年版。
莊信正：《張愛玲來信註》，印刻出版公司，2008 年版。
張小虹：〈「合法盜版」張愛玲從此永不團圓〉，《聯合報 · 要聞版》A4 版，2009 年 2 月 27 日。

沈雲英記述：《往事歷歷 · 青芸口述回憶錄》，槐風書社，2018年7月1日。
高全之：《張愛玲學續篇》，主編王德威，麥田城邦文化，2014年4月。
黎華標編錄：《意有未盡：胡蘭成書信集》，朱天文主編，新經典文化，2011年9月。
袁瓊瓊：〈多少恨：張愛玲未完〉，〈讀書人〉，《聯合報》，2009年3月8日。
毛尖：〈所有能發生的關係〉，《這些年》，印刻文學生活誌出版公司，2012年。
淳子：《張愛玲地圖》，格致出版社，2003年9月。
蔣翔華：〈張愛玲小說中的現代手法—試析空間〉，《聯合文學》115期，1994年5月。
藍天雲：〈鴻鸞禧：張愛玲筆下的婚姻喜劇〉，《張愛玲電懋劇本2：舉案齊眉》，香港電影資料館，2009年。
何杏楓：《重探張愛玲：改編．翻釋．研究》，中華書局，2018年8月。
何杏楓主編：《春燕六重奏：第六屆全球華文青年文學獎作品集》，
天地圖書，2023年06月01日。
周芬伶：《豔異：張愛玲與中國文學》，台灣遠流出版，1999年。
黃德偉編著：《閱讀張愛玲》，香港大學比較文學系，1998年。
鄭樹森：《張愛玲的世界》，臺灣允晨文化實業股份，1989年。
梁慕靈：《想像與形塑：上海、香港和台灣報刊中的張愛玲》，秀威資訊科技股份，2022年3月。
梁慕靈：《視覺、性別與權力：從劉吶鷗、穆時英到張愛玲的小說想像》，聯經，2018年。
張學良口述、唐德剛著：《張學良口述歷史》，台北：遠流出版事業有限，2009年。
楊澤編：《閱讀張愛玲 - 張愛玲國際研討會論文集》，台北：麥田出版股份有限公司，1999年。
魏可風：《張愛玲的廣告世界》，臺灣聯合文學出版社，2002年。
李岩煒：《張愛玲的上海舞臺》，臺灣未來書城股岩，2004年。
李黎著：《浮花飛絮張愛玲》，台灣印刻，2006年11月初版。
莊信正：《張愛玲來信箋注》，印刻文學生活雜誌，2008年。
符立中：《上海神話 —— 張愛玲與白先勇圖鑑》，台灣印刻出版社，2009年。
鄭遠濤：譯張愛玲《少師》，皇冠出版社，2014年09月。
馮晞乾：《在加多利山尋找張愛玲》，三聯書店，2018年。

高麗、張瑞英合編：《「霜廬」張愛玲及幾篇佚文的考証》，2018 年 3 月。
陳炳良：《張愛玲短篇小說論集》，遠景出版事業，1983 年。

4. 外語

Tsang Ai-Ling: The School Rats Have a Party, St. Mary's Hall Graduation Journal - The Phoenix, June 1932
Tsang Ai-Ling: Something About Our Lady Moon, St. Mary's Hall Graduation Journal - The Phoenix, June 1933
Tsang Ai-Ling: A Dream on the Journey, St. Mary's Hall Graduation Journal - The Phoenix, June 1935
Tsang Ai-Ling: The Sun Parlor, St. Mary's Hall Graduation Journal - The Phoenix, June 1936
Tsang Ai-Ling: Sketches of Some Shepherds & My Great Expectations, St. Mary's Hall Graduation Journal - The Phoenix, June 1937
Tsang Ai-Ling: Sketches of Some Shepherds & My Great Expectations, St. Mary's Hall Graduation Journal - The Phoenix, June 1937
Margaret Halsey: With Malice Toward Some, Simon & Schuster, 1938
Eileen Chang: Chinese Life and Fashions, The Twentieth Century 4.1, January 1943
Eileen Chang: Still Alive, The Twentieth Century 4.6, June 1943
Eileen Chang: Demons and Fairies, The Twentieth Century 5.6, December 1943
Eileen Chang: The Rice-Sprout Song, Charles Scribner's Sons, 1954
Eileen Chang: Naked Earth, Hong Kong Union Press, 1956
Eileen Chang: The Rouge of The North, Cassell & Company Ltd., 1967
Eileen Chang: Written on Water, translated by Andrew F. Jones, Columbia University Press, 2005
Ernest Hemingway: The Old Man and the Sea, Charles Scribner's Sons, 1952
Ferdinand Reyher: David Farragut, Sailor, 1953
日本光文社：張愛玲著，《傾城之戀》，藤井省三翻譯，1990
Ullstein Buchverlag：張愛玲著，《色·戒》、《傾城之戀》、《留情》、《封鎖》和《等》，洪素珊（Susanne Hornfeck）和包惠夫（Wolf Baus）德譯，2009

5. 電影劇本

《不了情》，導演桑弧，編劇張愛玲，文華影片公司，1947 年。

《太太萬歲》，導演桑弧，編劇張愛玲，文華影片公司，1947 年。

《哀樂中年》，導演桑弧，編劇張愛玲 / 桑弧，文華影片公司，1949 年。

《情場如戰場》，導演葉楓，編劇張愛玲，國際電影懋業公司，1957 年。

《人財兩得》，導演葉楓，編劇張愛玲，國際電影懋業公司，1958 年。

《桃花運》，導演葉楓，編劇張愛玲，國際電影懋業公司，1959 年。

《六月新娘》，導演唐煌，編劇張愛玲，國際電影懋業公司，1960 年。

《南北一家親》，導演王天林，編劇張愛玲，國際電影懋業公司，1962 年。

《小兒女》，導演王天林，編劇張愛玲，國際電影懋業公司，1963 年。

《一曲難忘》導演鍾啟文，編劇張愛玲，國際電影懋業公司，1964 年。

《南北喜相逢》，導演王天林，編劇張愛玲，國際電影懋業公司，1964 年。

《傾城之戀》，導演許鞍華，改編自張愛玲同名小說，邵氏兄弟（香港），1984 年。

《紅玫瑰白玫瑰》，導演關錦鵬，改編自張愛玲同名小說，金韻電影，1994 年。

《半生緣》，導演許鞍華，改編自張愛玲《十八春》小說，東方電影製作，1997 年。

《怨女》，導演但漢章，改編自張愛玲《北地胭脂》小說，中央電影，1988 年。

《色，戒》導演李安，改編自張愛玲同名小說，焦點電影公司，2007 年。

鳴謝

蒙以下人士及機構協助本書的出版，謹此致謝。排名不分先後：

李志清先生
何杏楓教授
梁慕靈博士
陳子善教授
蔡登山先生
宋以朗博士
蘇賡哲博士
鄭啟明先生
歐陽文利先生
李偉雄先生
鄭明仁先生
鄭思華先生
林曉敏小姐
康妮・虞女士
吳凱程小姐
鍾景輝先生
許鞍華導演
鄺保威先生
張彧博士
蔡思行博士
黃峪博士

林順杭先生
鄭景元先生
鄧小宇先生
陸毅小姐
廖順光先生
廖雋然先生
黎漢傑先生
林冠中先生
張順光先生
馮務毅先生
胡兆昌先生
陳逸華先生
李榮樂先生
蕭永龍先生
香港大學
香港中文大學
香港機場管理局
香港遺美
香港電臺
商業電臺
上海市檔案館

上海千彩書坊
天津張愛玲舊居「愛玲故事」
老總書房
三劍俠舊書拍賣
香港收藏家協會
新亞圖書中心
神州舊書文玩有限公司
大業藝術書店
古音坊
真香港文史地收藏谷
明報有限公司
孔夫子舊書網
皇冠文化出版
皇冠出版社
印刻文學生活雜誌出版
九龍舊書店
512 平價書攤
我的書房舊書拍賣羣組
初文出版社

李志清作品